Markus Krall
Die bürgerliche Revolution

»Geld ist das Barometer der Moral einer Gesellschaft. Wenn Sie sehen, dass Geschäfte nicht mehr freiwillig abgeschlossen werden, sondern unter Zwang, dass man, um produzieren zu können, die Genehmigung von Leuten braucht, die nichts produzieren, dass das Geld denen zufließt, die nicht mit Gütern, sondern mit Vergünstigungen handeln, dass Menschen durch Bestechung und Beziehungen reich werden, nicht durch Arbeit, dass die Gesetze Sie nicht vor diesen Leuten schützen, sondern diese Leute vor Ihnen, dass Korruption belohnt und Ehrlichkeit bestraft wird, dann wissen Sie, dass Ihre Gesellschaft vor dem Untergang steht.«

Ayn Rand

MARKUS KRALL

DIE BÜRGERLICHE REVOLUTION

WIE WIR UNSERE FREIHEIT UND UNSERE WERTE ERHALTEN

LANGENMÜLLER

Die Freiheit gewinnt ihren Wert auch aus der Tatsache, dass wir um sie kämpfen müssen. Gewidmet all denen, die diesem Kampf zum Opfer gefallen sind und ihm noch zum Opfer fallen werden.

MIX
Papier aus verantwortungsvollen Quellen
FSC® C083411
www.fsc.org

6. Auflage, April 2020
5. Auflage, April 2020
4. Auflage, April 2020
3. Auflage, April 2020
2. Auflage, März 2020
1. Auflage, März 2020

© 2020 LangenMüller in der
F. A. Herbig Verlagsbuchhandlung GmbH, Stuttgart
Alle Rechte vorbehalten
Umschlaggestaltung: Network! Werbeagentur GmbH, München
Satz: VerlagsService Dietmar Schmitz GmbH, Heimstetten
Druck und Binden: CPI-books GmbH, Leck
Printed in Germany
ISBN 978-3-7844-3550-3

www.langen-mueller-verlag.de

INHALT

VORWORT ZUR 3. AUFLAGE

Fünf Tage nach Erscheinen der »bürgerlichen Revolution« sind die ersten beiden Auflagen vergriffen, und das mitten in der »Corona-Krise«, die unter anderem zur Schließung aller Buchläden geführt hat. Die Mutter aller schwarzen Schwäne hat nicht nur dieses Land, sondern gleich den ganzen Planeten erreicht, und plötzlich ist nichts mehr wie es einmal war.

Die Pandemie hat den Prozess in Gang gesetzt, der die in 15 Jahren angestauten Ungleichgewichte falscher Geld- und Wirtschaftspolitik wie Dominosteine zum Kippen bringen wird, und sie hat den Ablauf der Krise in einen Zeitraffer gepackt, der alles bisher Dagewesene in den Schatten stellt. Der in meinem Krisenszenario prognostizierte Ablauf von Deflation, Geldschwemme und folgender Hyperinflation wird durch den panikartigen Übergang zum Helikoptergeld im März des Jahres 2020 von Quartalen auf Wochen komprimiert.

Noch vor dem Kollaps der Zombieunternehmen und der Banken fluten die Zentralbanken die Wirtschaft mit Geldsummen jenseits jeder Fähigkeit, diese gewaltigen Summen auch in die halbwegs zielführende Verwendung steuern zu können. Eine gewaltige Gießkanne überschüttet erst die großen, dann die kleinen Unternehmen und schließlich auch die Bürger, ihre Kaufkraft wird nicht mehr durch die Verfügbarkeit von Geld limitiert, sondern durch die Rationierung von Waren. Eine schnell wachsende Geldmenge trifft auf ein Warenangebot, das durch den Angebotsschock kollabierender Lieferketten schrumpft.

Jetzt werden wir feststellen, dass die Knappheit an Gütern nicht dadurch abgeschafft werden kann, dass man die Knappheit des Geldes beseitigt. Die Modern Monetary Theory, die dies propagierte, erst wenige Monate alt, stirbt den plötzlichen Tod durch Infarkt, scheitert am ersten Test der Realität, wird von der Empirie auf den Müllhaufen gescheiterter Theorien geworfen. Da gehörte sie von Anfang an hin.

Das Auseinanderlaufen von Warenangebot und Geldmenge wird auf direktem Wege in die Hyperinflation führen. Sie passiert aktuell schon. Eine Packung Nudeln kostet 3,50 Euro, 150% mehr als vor 8 Wochen. Eine Rolle Klopapier, versteigert auf Ebay, sprengt alle Prozentrechnungen. Man geht in sein Badezimmer, schaut sich um und stellt fest: Ich bin reich, denn mein Klopapier reicht für einen Mercedes C-Klasse!

Aber es ist kein Reichtum, es ist eine Geldillusion, eine Flucht aus dem Euro in die dringend benötigten Güter des täglichen Bedarfs, deren Versorgung der kleine Mann dem System bald nicht mehr zutraut.

Wenn wir in einigen Wochen – hoffentlich – aus dem Alptraum der Quarantäne, der Ausgangssperren und Infektionsstatistiken aufwachen werden, so werden wir uns in eine andere Welt hineintasten. Eine Welt, in der Güter wieder knapp sind, in der das Geld täglich an Kaufkraft verliert, in dem eine fallende Güterproduktion auf unsere Einkommen durchschlägt und in der Millionen Menschen in die Arbeitslosigkeit gehen. Das bedeutet: Depression und Inflation in Kombination, also Stagflation, und das in noch nie dagewesenem Ausmaß.

Dann werden wir feststellen, dass auch unser gesellschaftliches System den Stresstest nicht besteht. Die Kräfte der Veränderung werden die gescheiterte Parteiendemokratie zur Abdankung zwingen. Aber was folgt dann? Folgen unsere Völker den Sirenenstimmen des Sozialismus und beginnen wir also den Abstieg in die dann drohende Barbarei? Oder besinnen wir uns als Volk auf die Kraft der Freiheit und der Marktwirtschaft und führen unsere Zivilisation, unseren Kontinent und unser Land so zu neuer Blüte?

Als ich »Die bürgerliche Revolution« schrieb, hatte ich die Hoffnung, dass uns noch einige Quartale der Vorbereitungszeit für diese Auseinandersetzung bleiben würden. Das war ein Trugschluss. Die Realität war schneller. Die unverhoffte Aktualität der Bedienungsanleitung für die Errichtung einer freien Republik, die dieses Buch sein soll, macht es erforderlich, dass wir schneller denken, schneller unsere Schlüsse ziehen und schneller handeln, wenn wir dieses Land vor dem Weg in den Abgrund bewahren wollen.

Schon ruft die Antifa dazu auf, die Gelegenheit zu nutzen, um die öffentliche Ordnung zu zerstören, bis hin zum Instrument der Plünderung. Die gewalttätige Machtergreifung der nach stalinistischem Vorbild agierenden Verfechter der Tyrannei ist eine reale Bedrohung. Ihr menschenverachtendes Weltbild versetzt sie in die Lage, dabei jedwede Grenze zu überschreiten. Gewalt ist nicht ihr Tabu.

Gleichzeitig besteht die Gefahr, dass unsere parteipolitische Klasse der Umverteilungsnomenklatura Gefallen an der neu entdeckten Machtfülle findet. Ihre Lippenbekenntnisse in den Talkshows der Medienclaqueure, wie schwer es ihnen falle, unsere Grundrechte einzuschränken, kollidieren mit einer gefährlichen Versuchung:

Denn sie lernen gerade dank der seuchenpolitischen Notwendigkeiten, wie man ein ganzes Volk einsperrt. Honecker hätte das gefallen.

Und ich fürchte, auch sie werden von diesem Geschmack nach dem Ende der akuten Pandemiekrise nicht mehr lassen wollen. Die Tyrannis hat schnell Blut geleckt.

Dem müssen wir uns mit den Mitteln des Rechtsstaates und des bürgerlichen Ungehorsams entgegenstellen. Denn wenn wir das nicht tun, wird die Tyrannei siegen. Dann könnte der Satz von Jefferson wieder Aktualität erlangen: »Der Baum der Freiheit muss von Zeit zu Zeit mit dem Blut von Patrioten und von Tyrannen begossen werden. Dies ist sein natürlicher Dünger.«

I •
PROLOG:
WAS IST LIBERAL?

»Die Menschen stolpern gelegentlich über die Wahrheit, aber sie richten sich danach auf und gehen weiter, als sei nichts geschehen.«

Sir Winston Spencer Churchill

Als ich 2018 das Buch »Wenn schwarze Schwäne Junge kriegen« publizierte, waren die Reaktionen der liberalen Politik, selbst bei vielen Politikern, die meine kritische Sicht auf den Geldsozialismus der Europäischen Zentralbank für richtig halten, geteilt. Zustimmung kam vor allem von der außerparlamentarischen liberalen Opposition im Lande, die sich in Hayek-Clubs und Erhard-Gesprächszirkeln, in staatspolitischen Vereinigungen und Gruppen organisiert. Aus der Politik wurde mir vorgeworfen, dass meine Ausführungen nicht liberal seien, sondern einem »gefühligen Konservativismus« das Wort redeten. Das sei das Gegenteil von liberal, ja sogar das Gegenteil von dem, wofür Hayek gestanden habe.

Diese Kritik entzündete sich vor allem an meinen Zweifeln an der Parteiendemokratie, an der Anprangerung des Völkerselbstmordes, ausgelöst durch ein auf Umverteilung von Kinderreichen zu Kinderlosen angelegtes Renten- und Sozialsystem und die Freigabe der Abtreibung, an dem Kapitel über das »geostrategische Vakuum«, und damit verbunden der Ablehnung unkontrollierter Einwanderung eines fundamentalistisch orientierten Islam, sowie meinem Ruf nach einer auf Territorialverteidigung fokussierten Milizarmee mit Wehrpflicht nach Schweizer Vorbild.

Ich will gerne konzedieren: Für einen Liberalen der politischen Schule unserer Parteiendemokratie war das alles schwer verdaulich. Hat man sich doch dort in den letzten Jahrzehnten damit begnügt, die Früchte des Wohlstands, welche die Marktwirtschaft zur Verfügung stellt, für selbstverständlich zu halten und das liberale Dasein auf die »gesellschaftspolitischen Themen« reduziert zu fristen, die man mit Feminismus, sexueller Selbstbestimmung, Gleichstellung von Minderheiten und anderen verwandten Themen zur eigentlichen, wahren und einzigen liberalen Agenda verklärt hat.

Und ja, persönliche Selbstbestimmung ist auch konstitutiv für eine freie Gesellschaft, die dem Diktum Friedrichs des Großen genügen will, dass »jeder nach seiner Façon selig werden könne«. Diese Politik ist jedoch aufgrund ihres Tunnelblicks einer Reihe von fundamentalen Irrtümern aufgesessen.

Die liberale Politik hat nicht erkannt, dass die Früchte der marktwirtschaftlichen Ordnung gegen die Gleichmacher und Umverteiler permanent verteidigt werden müssen, wenn sie erhalten bleiben sollen. Im Gegenteil: Der politische Liberalismus ist auf das süffige Schlagwort vom »dritten Weg« hereingefallen, der für seine Erfinder in Wahrheit nie ein Kompromiss zwischen Marktwirtschaft und Sozialismus sein sollte, sondern eine Zwischenstufe von der Marktwirtschaft zum Sozialismus. Heute sehen wir, dass die Mahner von Hayek bis Baader in dieser Frage recht hatten. Die Politik hat in ihrem Umverteilungs- und gleichmacherischen Wahn jedes Maß verloren, und der Marsch in den planwirtschaftlichen Staatsmonopolkapitalismus gewinnt täglich an Geschwindigkeit. Der stärkste Motor dieser Entwicklung ist unser entgleistes Geldsystem. Hat dies den politischen Liberalismus wachgerüttelt? Bis heute jedenfalls nicht. Dort scheint man sich darauf zu beschränken, die große geistige Auseinandersetzung unserer Tage für eine Marketingübung zu halten. Mehr Arbeit und Mühe fließen in die Auswahl des Farbtons für den Briefkopf und die Plakate des Stellvertreters des parteipolitischen Liberalismus auf Erden als in die Frage, wie eine freiheitliche Republik gestaltet werden sollte.

Die liberale Politik hat auch nicht erkannt, dass eine übersteigerte Vergötzung des Individuums ohne jegliche Bindung

14

und Verantwortung, den wichtigsten Baustein der freiheitlichen Gesellschaft untergräbt, nämlich die Familie. Freiheitliche Werte stehen nicht isoliert nebeneinander und werden nicht einfach ohne Wechselwirkung auf 100 Prozent maximiert. Ein Element überzubetonen kann zulasten eines anderen Elements der Freiheit gehen. Wenn man das nicht beachtet, wird man zum Opfer neuer »-ismen«, in diesem Fall des Feminismus und des Genderismus.

Beide stehen heute nicht für eine freiheitliche Gesellschaftsordnung, weil der von ihnen propagierte Lebensstil nicht ohne massive Umverteilung und Enteignung der Leistungsträger realisiert werden kann.

Der politische Liberalismus hat in diesem Kontext aber vor allem an einer Stelle in massiver Weise versagt: Er hat die unbedingte Conditio sine qua non der Maximierung der Freiheit in einer Gesellschaft vergessen, die da lautet: Die Freiheit des Einzelnen findet ihre Grenze dort, wo die Freiheit und die fundamentalen Rechte des anderen anfangen. Dieser erste und wichtigste Grundsatz wurde durch einen Taschenspielertrick der »linksliberalen«, also der in Wahrheit sozialistisch denkenden und fühlenden Protagonisten des tonangebenden politischen Liberalismus beim Recht auf Leben über Bord geworfen. Dabei ist doch das Recht auf Leben die Voraussetzung dafür, dass der Mensch Freiheit überhaupt ausüben kann. Man hat, indem man eine Gruppe von Menschen des persönlichen Menschseins entkleidet hat, diese Gruppe der vollkommenen Willkür ausgeliefert. Es ist hier die Rede von den Ungeborenen. Diese Politik hat die Menschen in den westlichen Ländern mittlerweile gegenüber dieser Gruppe in einem Ausmaß verroht, dass es keinen Aufschrei mehr verursacht, wenn die Jungsozialisten in Deutschland die totale Freigabe der Abtreibung bis zur Geburt fordern, eine Forderung, die der Auffassung die juristische Tür öffnet, dass ein Kind, welches seine Abtreibung überlebt, auch außerhalb des Mutterleibes noch getötet werden sollte, weil seine Geburt ja dann nur ein medizinischer Kunstfehler sei, der nach dem Willen der Mutter zu korrigieren ist.[1] In New York hat man diese Forderung im Jahr 2019 zum Gesetz erhoben. In den USA ist diese Forderung Mainstream der sich selbst als »liberal« bezeichnenden Demokratischen Partei.[2] So öffnen sich durch schrittweise Gewöhnung die Tore zur Barbarei.

Keine Gesellschaft kann ihre Freiheit erhalten, wenn sie die Werte, die diese Freiheit in Wahrheit begründen, mit Nonchalance und Achtlosigkeit über Bord wirft. Während die Umverteiler ständig die Rechte der angeblich Schwachen der Gesellschaft im Munde führen, vergreift sich eine gewaltsam die Augen verschließende Gesellschaft in der Frage der Abtreibung an den Schwächsten in ihrer Mitte mit einer kaum noch überbietbaren Brutalität. Diese Haltung kann niemals liberal sein. Sie ist in Wahrheit eine Perversion des übersteigerten individualistischen Egoismus, der vor den Rechten Schwächerer nicht mehr haltmachen will. Ich sehe die Gefahr, dass es dann nur noch eine Frage der Zeit ist, bis sich seine raubtierartige Natur auch gegen die geborenen Mitmenschen richtet.[3] In der Wollkleidung des Linksliberalen wohnt in Wahrheit ein beinharter Sozialist, und auf die unvermeidlich genozidale Logik des Sozialismus wird in diesem Buch noch einzugehen sein.

Friedrich von Hayek war gegenüber der Abschaffung von Traditionen und tradierten Normen äußerst skeptisch eingestellt.[4] Er war in diesem Sinne ein konservativer Liberaler. Der Grund dafür ist in seiner Perspektive auf die spontane Ordnung zu sehen, die eben nicht nur das rein ökonomische Leben bestimmt, sondern vor allem das Regelwerk, die Gesellschaftsordnung, die Werte, die der freien Marktwirtschaft zur Entfaltung und zum Erfolg verhelfen. Traditionen und Werte, die über sehr lange Zeit funktioniert haben, haben den Test der gesellschaftlichen Evolution bestanden. Sie sind oft auch dann Grundvoraussetzungen für das Funktionieren der freien

Gesellschaft, wenn wir ihre komplexen Wirkmechanismen gar nicht wissenschaftlich verstanden haben. Erst das Experiment ihrer Abschaffung macht dann oft genug schmerzhaft deutlich, welchen Wertbeitrag sie geleistet haben und warum ihre Zerstörung eine schlechte Idee für den Wohlstand und das Wohlergehen der Gesellschaft und des Einzelnen darstellt.

Der linksliberale gesellschaftspolitische Mainstream verweigert sich dieser Erkenntnis aber und spricht denen ab, liberal zu sein, die das Konzept der spontanen Ordnung auch dort ernst nehmen, wo es nicht nur um Preisbildung und Preissignale des freien Tausches geht. Das ist grundfalsch. Wertkonservativismus, der Werte als das Ergebnis eines evolutionären gesellschaftlichen Prozesses versteht, ist im Gegenteil ein konstitutiver Bestandteil liberalen Gedankengutes.

Wenn wir unsere Freiheit gegen den in vollem Gange befindlichen sozialistischen Angriff erfolgreich verteidigen wollen, dann sollten wir uns das besser schnell und gründlich klarmachen.

II •
FREIHEIT ODER KNECHTSCHAFT

»Man ist frei, die Realität zu ignorieren. Man ist frei, seinen Verstand von jedem Fokus zu befreien und jeden Weg blind hinabzustolpern, den man möchte. Aber man ist nicht frei, den Abgrund zu vermeiden, den zu sehen man sich weigert.«

Ayn Rand

Die Bürger gehen nicht auf die Straße. Der Deutsche macht keine Revolution. Wenn er am Bahnhof demonstrieren geht, wird er erst mal eine Bahnsteigkarte lösen. Das soll sogar schon Lenin erkannt haben, dem das (nicht wirklich belegte) Zitat zugeschrieben wird: »Revolution in Deutschland? Das wird nie etwas, wenn diese Deutschen einen Bahnhof stürmen wollen, kaufen die sich noch eine Bahnsteigkarte.« Der deutsche Michel: Brav. Lieb. Obrigkeitsgläubig.

Der Bürger neigt nicht zum Demonstrieren. Das überlässt er lieber dem Proletariat bzw. den Proleten. 2000 bezahlte Antifa-Aktivisten mischen Deutschland mehr auf als 15 bis 20 Millionen Leistungsträger, die mit ihrer Arbeit den ganzen Laden zusammenhalten. G-20 in Hamburg mit ein paar Molotow-Cocktails macht mehr Wind als 1800 Milliarden Euro Steuern und Abgaben, die von den Fleißigen, Pflichtbewussten, Leistungsorientierten dieses Landes erbracht werden.

Um akzeptiertes Mitglied einer Schafsherde zu werden, muss man vor allem eines sein: ein Schaf.

In der durch die empirische Beobachtung der letzten Jahrzehnte gestärkten Überzeugung scheint die politische Klasse Europas, insbesondere Deutschlands, davon auszugehen, dass sie die Leistungsträger als Schafsherde behandeln kann, dass es nicht zu einer bürgerlichen Revolte und Revolution kommt. Die Erwartung der Folgenlosigkeit des zur Fassungslosigkeit einladenden Tuns unserer Machteliten verführt diese in zunehmendem Maße dazu, den Wohlstand, der von einer kleinen, ja immer schneller schrumpfenden Minderheit des Volkes erwirtschaftet wird, als Selbstbedienungstheke, als Buffet zu betrachten, an dem man sich unverdient und dreist bereichern kann. Die Fantasie bei der Bereicherung korrupter Fußtruppen kennt dabei kaum noch Grenzen.

Der Bürger wird herangezogen, die Indoktrination, die ihn klein hält und verdummt, auch noch selbst zu finanzieren. Die ARD gibt 120 000 Euro des ihr gutgläubig anvertrauten Geldes der Bürger für ein Handbuch der Meinungsmanipulation, genannt »Framing« aus.[5, 6] Das ist Portokasse bei einem Budget von 9,1 Milliarden.[7] Die Kanzlerin beschäftigt eine Abteilung mit der Aufgabe des »Nudging«, der sublimen Beeinflussung des Wahlvolkes zur manipulativen Verhaltensänderung.[8]

In unzähligen Posten der öffentlichen Haushalte finden sich versteckte Transfers an politische Interessen- und Kampfgruppen, deren ganzes Handeln und deren Ideologie gegen die Interessen der Leistungsträger des Bürgertums gerichtet sind. Unter dem Deckmantel politischer »Stiftungen« und sogenannter »Nichtregierungs-Organisationen« (Non-Governmental Organisations, »NGOs«)[9] werden Aktivitäten finanziert, die sich gegen die freiheitlich-demokratische Grundordnung richten[10], und niemanden scheint es zu kümmern. Ideologische Schemata vom »Klimaschutz« bis zur »Flüchtlingshilfe« werden gebraucht, um großflächig Möglichkeiten für die politischen Insider zu schaffen, Steuermittel für private Zwecke in korrupter Manier abzugreifen.[11]

Die Umverteilung durch versteckte Mechanismen der Geld- und der Europapolitik erreicht mittlerweile Dimensionen, die mehr als die Hälfte des Vermögens der Deutschen quasi der programmierten Enteignung zuführen. Target-2, der allseits bekannte Billionenkredit der deutschen Bundesbank[12] und damit des deutschen Steuerzahlers an die Defizitländer der Eurozone, wird ergänzt und flankiert von einer immer größeren Zahl von Maßnahmen der Risikoteilung, die in Wahrheit Risikoüberwälzung der verschwenderisch wirtschaftenden Umverteiler an die solide wirtschaftenden Bürger in Europa darstellen. Unter dem Etikettenschwindel der »Bankenunion« wird eine weitere Schleuse zu den bereits installierten »kommunizierenden Röhren« des Geldes und des Risikos in Europa hinzugefügt.[13] Ihnen allen ist eines gemeinsam: Die Risiken fließen immer in ein und dieselbe Richtung, nämlich nach Norden, und die Gelder fließen in die entgegengesetzte Richtung, nämlich nach Süden.

Wo Geld in Bewegung gesetzt wird, da positionieren sich die Schleusenwärter einer korrupten Bürokratie, einer neuen »Classe distributive«[14], einer verteilenden Klasse des neuen europäischen Adels. Sie sehen die gewaltigen Ströme der Umverteilung als Gelegenheit und Chance, den Rahm an diesem Strom von Milch und Honig abzuschöpfen. Je mehr Umverteilung, desto mehr Existenzberechtigung beansprucht die kafkaeske Brüsseler Bürokratie, die keine demokratische Legitimation hat, sie auch nicht will und geradezu ablehnt, da diese mit stärkerer Kontrolle und Verantwortung vor dem Souverän einhergehen würde. Denn die Tatsache, dass die Bürger Europas ein – weitgehend machtloses – EU-Parlament wählen dürfen, lenkt von der Tatsache ab, dass die Kontrollbefugnisse dieser Debattierrunde praktisch bedeutungslos sind und sich das Haus nach einem Wahlrecht zusammensetzt, bei dem das Prinzip »eine Person – eine Stimme« nachgerade verhöhnt wird. So benötigen zum Beispiel die Wähler in Malta oder Luxemburg im Vergleich zu Deutschland weniger als ein Zehntel der Wählerstimmen, um einen Abgeordneten in das EU-Parlament zu entsenden. So funktioniert Demokratie nicht, und demokratische Kontrolle wird zur Farce. Wer die ganze Tragweite der auf Aushebelung der demokratischen Kontrolle angelegten EU-Bürokratie begreifen will, dem empfehle ich die Lektüre des Buches »The Rotten Heart of Europe« von Bernard Connolly.

Die Krönung der Regierung am Volk vorbei ist die Weigerung der Regierenden, das Volk überhaupt noch als Souverän anzuerkennen. Frei nach Brecht, der in seiner Kritik an den DDR-Machthabern im Zuge des Aufstandes von 1953 formulierte, dass die Regierung sich doch ein neues Volk suchen möge[15], haben die abgehobenen politischen Eliten Europas unter der Führung von Juncker, Macron und Merkel damit begonnen, diesen ironischen Satz wörtlich zu nehmen und mit einer Öffnung der Schleusen für eine seit 1600 Jahren nicht gesehene Völkerwanderung in Europa die tektonischen Platten unserer westlichen Zivilisation zu verschieben. Es ist ihnen klar, dass die Herrschaft der Lüge nur von zeitlich begrenzter Dauer sein kann. Also haben sie sich aufgemacht, die Realität an ihre Lüge anzupassen. Die Schaffung eines eingewanderten neuen Proletariats in ganz Europa soll die Notwendigkeit ihrer auf Umverteilung und bürokratische Zuteilung ausgerichteten Existenz nach ihrem Willen auf ewig zementieren. Dafür möchte man den mit KanzlerInnen-Selfies, Werbevideos und Rundum-Vollkasko-Versorgungspaket Gerufenen möglichst schnell das Wahlrecht verleihen. Zum Volk hat Frau Merkel sie ja schon ernannt.[16]

Wo das noch nicht ausreicht, um den Wählerwillen ins Gegenteil des Volkswillens zu verkehren, helfen Quoten, die dem allgemeinen, freien und gleichen Wahlrecht Hohn sprechen und deren Idee und Konzeption eine tiefe Verachtung für eben dieses Volk bzw. die europäischen Völker offenbart.[17]

So wird die Demokratie zur Travestie ihrer selbst.

Die wirtschaftlichen Ungleichgewichte, bedingt durch eine ebenfalls auf Umverteilung ausgerichtete Geldpolitik, haben mittlerweile ebenfalls den Bruchpunkt erreicht. Wir stehen vor einer epochalen Wirtschaftskrise. Das monetäre System steht vor seinem Kollaps.[18] Die Konsequenz wird eine gesamtwirtschaftliche Verwerfung sein, wie Europa sie seit 1929 nicht gesehen hat. Die verborgenen Kosten der Enteignung des Bürgertums, der Leistungsträger unserer Gesellschaft, werden in aller Brutalität sichtbar werden. Der aufgesparte Schmerz von

40 Jahren unterdrückter Volatilität und Weigerung zur Anpassung und zum Lernen wird in kürzester Zeit auf diese Gesellschaft treffen. Sie ist, verblendet vom Konsumterror und geblendet durch die Vorspiegelungen der Einheitsmedien, in keiner Weise auf diese Krise vorbereitet.

Wenn sich diese Wirtschaftskrise entfaltet, wird es zur finalen Auseinandersetzung kommen. Einige Tausend zu allem entschlossene, gewaltbereite, ideologisierte Fußtruppen der Antifa, verstärkt durch ein Heer gewaltbereiter Islamisten, stehen dann gegen die bürgerliche und freiheitliche Ordnung in Europa. Sie werden die Not, die Arbeitslosigkeit, die Existenzangst der Menschen im Sinne einer kommunistischen Revolution zu nutzen suchen. Es stellt sich dann die Frage nach unserer freiheitlichen und zivilisatorischen Existenz.

Dann stellt sich aber auch die Frage nach der Konterrevolution. Es stellt sich die Frage nach der bürgerlichen Revolution gegen die neofeudalistischen Sozialisten. Es stellt sich die Frage, ob wir eine Herde von Schafen sein wollen oder ob wir Mittel und Wege finden, uns eben nicht zur Schlachtbank führen zu lassen. Es stellt sich die Frage, ob es uns gelingt, das Bürgertum aus seinem Schlaf zu erwecken. Es stellt sich die Frage, ob die Leistungselite bereit und in der Lage ist, die freiheitliche Kraft der bürgerlichen Revolution, die schon einmal eine Adelskaste in Pension geschickt hat, zu neuer Blüte zu führen. Es stellt sich die Frage nach Freiheit oder Knechtschaft.

Das ist unsere Ausgangslage.

III •

DAS VERSAGEN DER POLITISCHEN ELITE

»Nur die Lüge braucht die Stütze der Staatsgewalt,
die Wahrheit steht von allein aufrecht.«

Thomas Jefferson

»Wer die Wahrheit nicht weiß, der ist bloß ein Dummkopf.
Aber wer sie Wahrheit weiß und sie eine Lüge nennt,
der ist ein Verbrecher.«

Bertolt Brecht

»Es wird niemals so viel gelogen wie vor der Wahl,
während des Krieges und nach der Jagd.«

Otto von Bismarck

Die politische Elite in Deutschland – aber auch in fast allen übrigen europäischen Ländern – zieht sich in ihrem mittlerweile von ihr selbst erkannten sachlich-inhaltlichen Versagen gerne darauf zurück, dass Politik die Kunst des Machbaren sei und man schließlich immer Kompromisse schließen müsse, wenn man nicht die absolute Mehrheit im Parlament habe – was aber praktisch seit den 1950er-Jahren nicht mehr vorgekommen ist.

Dies ist die Rückzugslinie, ja die taktische Nebelgranate, mit der vom eigenen radikalen Komplettversagen, aber auch von der eigenen Korruption, Freunderlswirtschaft und Selbstbedienungsmentalität abgelenkt werden soll. Denn die brutale Wahrheit ist: Es sind nicht die Kompromisse, die man sich in der Politik gegenseitig aufzwingt, die zu den bekannten Ergebnissen führen. Vielmehr ist man dem jeweiligen politischen Gegner für dieses Alibi dankbar, in dessen Windschatten man das eigene Interesse über die langfristigen Anliegen der Wähler stellen kann.

Die Betonung liegt auf langfristig. Denn die kurzfristigen Interessen der Wähler werden sehr wohl von der Politik bedient. Ja, sie sind geradezu der Motor, der es der Politik ermöglicht, den Eigennutz der bürokratisch-administrativen Klasse über das Wohl des Volkes zu stellen, weil kurzfristige Bedürfnisbefriedigung und das langfristig Richtige weit auseinanderklaffen. Nachdem alle konventionellen Möglichkeiten ausgeschöpft sind, die Gegenwart zulasten der Zukunft zu beleihen und so die kurzfristige Befriedigung über das langfristig Notwendige zu stellen, hat man nun mit dem Nullzins den finalen Punkt der resultierenden Illusionswelt erreicht. Er gaukelt vor, dass es zwischen beiden gar keinen Unterschied gebe. Eine alte Redensart besagt:»Der Mensch ist gut. Aber die Leut san a Gsindel!«

In diesem Satz liegt eine tiefe Wahrheit verborgen, die etwas damit zu tun hat, dass der Mensch als Individuum im Leben vorankommt, wenn er seine langfristigen Interessen über seine kurzfristige Bedürfnisbefriedigung stellt. In der Masse (»die Leut«) tut er das nicht, weil er davon ausgeht, dass die Folgen der kurzfristigen, schnellen Befriedigung nicht zulasten seiner eigenen langfristigen Wohlfahrt gehen, sondern er sie irgendwie auf andere überwälzen kann. Der Einzelne bemerkt das nicht, weil sich die Folgen jedes einzelnen Raubes über das Kollektiv fein verteilen. Gleichzeitig bekommt aber jedes Mitglied der Masse einen Anreiz, es anderen gleichzutun. Die Forderung der Beraubung wird dabei immer und ohne Ausnahme im Namen einer »höheren Moral« erhoben, am Ende zahlt die Zeche aber die schrumpfende Minderheit der Leistungsträger, die es – zu Recht – für unmoralisch hält, ihr Leben auf Kosten anderer zu führen. So führt der moralinsaure Anspruch der Räuber zur Herrschaft der Unmoralischen über die in Wahrheit einzig verbliebenen Moralischen.

Und wenn man die Folgen der von dieser Haltung inspirierten Politik betrachtet, dann geht das Konzept der kollektiven Beraubung ja auch auf – jedenfalls eine Zeit lang. Deshalb agiert der Mensch in der Masse völlig anders, als er es als Individuum tut. Die Masse derationalisiert den Menschen in gewisser Weise. Eine irrationale Ideologie wie der Sozialismus bedient sich daher des Begriffes der Massen, um eine gegen die wahren Interessen der Menschen gerichtete Politik durchsetzen zu können.

Der Mensch agiert in der Masse nicht so, wie er als Individuum agiert. Es lohnt sich, diesen Umstand genauer zu betrachten. Wie wir sehen werden, gibt es eine Beziehung zwischen der menschlichen Freiheit als Individuum, seiner Wahrnehmung der Zeit, daraus folgend dem Zins (!), der Existenz individueller Freiheit, die Unmöglichkeit einer Freiheit der »Masse« und der daraus zwingend folgenden Fehlleitung der politischen Klasse in der von uns so weinselig gepriesenen Parteiendemokratie.

Der Mensch unterscheidet sich vom Tier, basierend auf seinem Intellekt, also seiner Fähigkeit zur **Einsicht**, durch seine Fähigkeit zum individuell planvollen Handeln. Das Tier hingegen folgt seinem Instinkt, und zwar auch dann, wenn sein Handeln für uns Menschen planvoll erscheint, wie zum Beispiel die Vorratshaltung des Eichhörnchens. Das wirklich planvolle Handeln benötigt jedoch die Erfüllung von zwei Voraussetzungen: erstens die Erkenntnis des Selbst, also das »Cogito, ergo sum«[19] (Ich denke, also bin ich) zur Definition der Zielgerichtetheit des Handelns, und zweitens die Wahrnehmung der Zeit, also das Wissen um die Existenz einer Zukunft, in der unser heutiges Handeln auf unser sich dann einstellendes Wohlbefinden, unsere Existenz, ja unser Überleben und das unserer Nachkommen einen Einfluss hat.

Die Form des uns gegebenen Intellektes ermöglicht durch seine Erkenntnis des Selbst und der Zeit also ein Handeln, welches nicht weniger als die physische Grundlage des freien Willens und damit der Freiheit schlechthin ist.

Das Tier hingegen verfügt nicht über diese Fähigkeit. Die Zukunft als Konzept kommt in seiner Gedankenwelt nicht vor. Das Überleben wird ersatzweise durch Instinkthandlungen gesteuert, die die Evolution als geeignete Überlebensstrategien in einem kurz- bis mittelfristig statischen Ökosystem herausgearbeitet hat. Ändern sich die Bedingungen des Ökosystems, so erfolgt das anpassende Lernen nicht durch geistige Leistung, sondern durch einen neuen evolutorischen Selektionsprozess, bei dem Eigenschaften, Verhaltensweisen und Fähigkeiten in einem Prozess von Versuch und Irrtum über mehrere, oftmals sehr viele Generationen hervorgebracht werden. Der Prozess der genetischen Anpassung geht umso schneller vonstatten, je kürzer die Generationenfolge einer Spezies ist. In diesem Wettlauf sind die Insekten klar im Vorteil. Vielleicht ist das der psychologische Grund, warum das marxistische Utopia sich so sehr am Ameisenstaat anlehnt.

Der Irrtum wird von der Evolution mit dem Tod bestraft. Der erfolgreiche Versuch mit dem Überleben belohnt. Auch der Mensch lernt durch Versuch und Irrtum, kann diesen evolutionären Prozess aber dank seines Gehirns innerhalb seiner Lebensspanne durchführen. Er irrt sich, erleidet dadurch Kosten und lernt so. Er irrt sich nicht, erzielt dadurch Gewinn und lernt ebenfalls.

Es ist eine der wichtigsten Lektionen, die das Leben in der endlosen Kette von Versuch und Irrtum dem Menschen erteilt, dass es eine Wahl zwischen kurzfristiger Bedürfnisbefriedigung und langfristigem Wohlstand und Erfolg gibt. Diese Erkenntnis steht im Widerstreit mit unserer aus der tierischen Vergangenheit ererbten Nutzenfunktion, die die kurzfristige Bedürfnisbefriedigung, den Konsum heute, höher bewertet als die spätere Bedürfnisbefriedigung, also den Konsum morgen, in einem Jahr oder in zehn Jahren.

Ein Kind, das an der Supermarktkasse vor der buchstäblich so genannten »Quengelware« steht und die Schokolade jetzt, sofort, unverzüglich haben möchte, demonstriert uns, wie die Verkaufsstrategen diese menschliche Tendenz ausnutzen in der Hoffnung, dass auch die Mutter die schnelle Befreiung vom kurzfristigen Schmerz des Geschreis nach der Süßigkeit über die langfristige Zahngesundheit ihres Kindes stellt.

Tiere haben diese Form der Zeitpräferenz in exzessiver Form. Mein Hund, wenn er sich Zugang zum Fressvorrat verschaffen kann, wird buchstäblich nicht aufhören zu fressen, bis er schier platzt. Affen, insbesondere Bonobos, sind für ihren »Affenappetit« bekannt. Ihre Nutzenfunktion kennt keine

Abwägung zwischen dem Hier und Jetzt und der Zukunft, weil das Konzept Zukunft jenseits eines sehr kurzen Zeithorizonts im begrenzten Universum des Affen schlicht keinen Platz hat.

Die Planungsfähigkeit der Bonobos hat ihre maximale Entfaltung in der Erfahrung, dass die Weibchen dieser Art für das Anbieten von Essen sexuelle Gefälligkeiten erweisen. Wenn es aber einen Konflikt gibt zwischen dem Konsum heute und dem Konsum morgen und wenn der Mensch in der Lage ist, diesen zu begreifen, dann übersetzt sich das planvolle Handeln ganz automatisch in einen Ausgleich zwischen diesen zeitlichen Präferenzen. Auch der planvolle Mensch konsumiert lieber jetzt als morgen, aber er wird bewussten Verzicht üben, um die Konsummöglichkeit für später aufzusparen. Die nicht konsumierten Ressourcen können dann in produktive Anlagen investiert werden, die durch technischen Fortschritt und mit ihm einhergehende immer feinere Verästelung der Arbeitsteilung permanent produktiver werden und so in der Zukunft mehr Güter produzieren, als der Konsumverzicht zunächst benötigt hat. In unserer arbeitsteiligen und daher hochproduktiven Gesellschaft ist dieser Verzicht also mit einer Investition verbunden, die es sogar ermöglicht, durch den Verzicht auf eine Einheit Konsum in der Zukunft mehr als eine Einheit Konsum zu genießen.

Dieser Effekt, der sich im Laufe der Menschheitsgeschichte immer feiner verästelnden Arbeitsteilung ist nichts Geringeres als die Grundlage der menschlichen Zivilisation, weil Arbeitsteilung und Produktivität Hand in Hand gehen.

Die Quelle des Zinses

Daraus folgt: Der Konsumverzicht, in Form von Sparen, verzinst sich. Der Zins setzt Konsum und Zeit in eine preisliche Beziehung und ermöglicht es so den Mitgliedern der Gesellschaft, ebenso planvoll eine Abwägung zu treffen, die heutige und künftige Bedürfnisse ins Gleichgewicht bringt. Diese Preisinformation kann in ihrer Bedeutung kaum überschätzt werden. Deshalb ist die Existenz des Zinses eine zwingend notwendige Voraussetzung für Sparen und Investieren und damit wiederum für die Verfeinerung der Arbeitsteilung und den menschlichen Fortschritt schlechthin. Es ist daher keine Überraschung, dass Unternehmen bei Nullzinsen weniger Zukunftsinvestitionen tätigen: Ihre existierende Ineffizienz und Unproduktivität im Vergleich zu ihren Möglichkeiten hindert sie nicht am Überleben oder am Erzielen von Gewinn. Dieser Befund steht im diametralen Gegensatz zum keynesianischen Postulat, dass fallende Zinsen Investitionen fördern würden. Das tun sie vor allem bei schlechten Investitionen, die sonst keiner bei Verstand unternehmen würde, wenn das dafür aufgewendete Kapital etwas kostet.

In welchem Umfang die Verzinsung stattfindet, hängt davon ab, wie produktiv die durch Konsumverzicht investierten Ressourcen eingesetzt werden können. Je höher das Wachstum der Produktivität durch technischen Fortschritt, desto höher auch die Verzinsung. Da die Menge produktivitätssteigernder Investitionen bei gegebenem Wissen aber begrenzt ist, ist das Produktivitätswachstum der Investitionen auch abhängig vom Sparangebot. Der Preis des Konsumverzichtes wird so – wie in jedem Markt – zu einem Ergebnis des Wechselspiels von Angebot und Nachfrage.

Der Zins wird damit zum Preis der in einer Gesellschaft im Durchschnitt vorhandenen zeitlichen Konsumpräferenzen bei gegebenem technologischem Produktivitätsfortschritt. In einer Gesellschaft aus individuell planvoll handelnden Menschen kommt ihm daher *die* kritische Signal- und Informationsfunktion zu. Je höher der Zins ist, desto höher ist der Preis sofortigen, kurzfristigen Konsums in Form von Opportunitätskosten. Ist der Zins sehr hoch, dann lautet die Botschaft: Verzichte heute auf einen Kleinwagen, dann kannst du dir in 15 Jahren einen Oberklasse-12-Zylinder leisten.

Ist der Zins sehr niedrig oder sogar null, so lautet die Botschaft: Geh feiern und denke nicht ans Morgen, denn dein Verzicht wird nicht belohnt werden. Ein Zins von null ist also eine Einladung zum Affenappetit, oder zur Bonobo-Wirtschaft. Die Bonobo-Wirtschaft führt aber unvermeidlich zur Bonobo-Gesellschaft. Betrachten Sie die zeitlichen Konsumpräferenzen unserer im Konsumterror und Sexualisierung aufgezogenen Generation der Millennials und Sie wissen sofort, wovon hier die Rede ist. Das »Cogito, ergo sum« des vernunftbegabten Menschen degeneriert zum »Coito, ergo sum« des vernunftberaubten Objekts der Manipulation.

Die politische Elite, wie sie sich in Europa entwickelt hat, gedeiht jedoch in ihrer korrumpierten Selbstverliebtheit auf dem Dünger dieser kurzfristigen Bedürfnisbefriedigung. Es ist geradezu die neue Staatsraison, jede kurzfristige Unbequemlichkeit, jede Volatilität, jede Abweichung vom gewohnten Trott vom Wähler fernzuhalten. Dieser erweist sich als dankbares Objekt der Bevormundung einer als Fürsorge verkleideten Entmündigung, weil ihm die langfristigen Folgen dieser Politik nicht bewusst sind. Um diese zu erkennen, müsste er sich entweder mit den historischen Erfahrungen einer auf Kurzfristigkeit angelegten Politik auseinandersetzen oder sich mit dem ökonomisch-analytischen Rüstzeug ausstatten, welches ihm die Zusammenhänge transparent macht. Beides wird in den bildungsfernen Konsumwelten unseres Landes nur von einer kleinen Minderheit betrieben.

Eine politische Elite, die diesen Namen auch verdient hätte, würde sich daher Gedanken darüber machen, wie sie trotz dieser kurzfristigen Wählerwünsche durch Aufklärung und geistige Führung das langfristig Notwendige rational und mit Argumenten vermittelt und so unbequeme Entscheidungen wählbar macht. Ich rede dabei ausdrücklich von Argumenten und nicht von »Nudging«, »Framing« und einer immer häufiger anzutreffenden manipulativen Presseberichterstattung, die sich zum willfährigen Instrument der Macht deklassiert hat.

Dies kann unsere politische Klasse aber nicht leisten. Sie kann es deshalb nicht leisten, weil sie durch adverse ökonomische Selektionsprozesse ausgewählt wird, die die intellektuell nicht-befähigten und die Rückgratlosen an die Spitze bringt. Kaum eine Hypothese hat mir wütendere und schrillere Proteste eingetragen als diese Aussage, getätigt in meinem Buch »Wenn schwarze Schwäne Junge kriegen« und in einigen öffentlichen Vorträgen. Ich will diesen Gedanken hier im Folgenden noch einmal kurz darstellen.

Die tieferen Ursachen für das Elitenversagen in der Politik liegen demnach in der Auswahl unseres politischen Personals. Es unterliegt zwei ökonomischen adversen Selektionen:

1. Die Fixeinkommen der Abgeordneten in Höhe vom Zwei- bis Dreifachen des Durchschnittseinkommens der Bürger machen es für Bezieher unterdurchschnittlicher Einkommen attraktiver, in die Politik zu gehen, als für Bezieher höherer Einkommen. Da aber Einkommen und Intelligenz positiv korreliert sind, führt dies zu einer Negativauswahl. Die intellektuelle Elite dieser Republik geht nicht in die Politik, und es gilt der Satz von Franz Josef Strauß: »Man muss sich die Gestalten nur anschauen.«

2. Das Listensystem der Parteien sorgt dafür, dass die Karriere der Politiker der Kontrolle durch die Parteiführung unterliegt. Nicht der Wähler, sondern die Parteiführungen entscheiden. Das macht unabhängiges Denken und Rückgrat zu einem Karrierehindernis.

Beide Effekte in Kombination lassen stark daran zweifeln, dass unsere politische Klasse der aufziehenden Krise gewachsen ist. Das gilt nicht nur für die Frage ihrer Eingrenzung, sondern auch bezüglich der Bewältigung der Folgen, wenn diese Krise in vollem Umfang ausgebrochen sein wird.

Man ging wegen dieser Überlegungen so weit, mir Gegnerschaft zur verfassungsmäßigen Ordnung zu unterstellen, weil ich das Ende der Parteiendemokratie heutiger Prägung in der von ihr verursachten unvermeidlichen Krise prognostiziert habe. Diese Kritiker sollten sich einmal zu Gemüte führen, was unser Grundgesetz zur Rolle der Parteien zu sagen hat. Da steht: »Die Parteien wirken am politischen Willensbildungsprozess mit.« Da steht nicht, dass es sich umgekehrt verhalte, und schon gar nicht steht da: »Der Staat gehört den Parteien.«

Die politische Klasse hat über Jahrzehnte die kurzfristige Konsumneigung mit immer neuen Schulden akkommodiert. Als dies durch die einer Exponentialfunktion folgenden Zins- und Zinseszinskosten an seine Grenzen stieß, hat man die Geldpolitik vor den Karren gespannt und einen Manipulationsnullzins eingeführt, der die Party noch eine Weile am Laufen hielt und hält. Man hat sich mit dieser Manipulation absichtsvoll und sehenden Auges in die Überschuldung begeben und hofft nun, durch dauerhafte Manipulation des Zinses auf null oder darunter die nicht nachhaltige Party ad infinitum fortsetzen zu können. Man verzögert aber lediglich den Offenbarungseid, während das wirtschaftliche Lebensblut des Landes ausgepresst und vergeudet wird.

Dieser Nullzins hat gewaltige Verwerfungen und Spannungen in unser Wirtschafts-, Finanz- und Bankensystem eingeführt. Auf sie soll hier nicht näher eingegangen werden, denn sie wurden in meinen früheren Publikationen im Detail dargestellt.

Der Nullzins hat jedoch darüber hinaus noch etwas anderes bewirkt: Er hat die gesellschaftliche Nutzenfunktion auf die Bonobo-Wirtschaft umgestellt. Die Verschiebung des Konsums bringt keinen Vorteil mehr. Der Anreiz zur Vorsorge ist maximal unterdrückt. Die Voraussicht und die individuelle Lebensplanung wird durch den Nullzins sabotiert in einer Weise, als gäbe es keine Einsicht in die künftigen Notwendigkeiten der

Vorsorge. Es wird, mit anderen Worten, gewirtschaftet, als gäbe es kein Morgen.

Der Nullzins wirft die Gesellschaft in gewisser Weise auf den intellektuellen Stand der Tierwelt zurück. Das tut er natürlich nicht in allen Dimensionen, aber er tut es beim Thema Abwägung von Konsum und Vorsorge, beim Niveau der Investitionen und bei ihrer Auswahl. Selbst der, der in Einsicht dieser Zusammenhänge korrekt schlussfolgert, dass er eben mehr Geld für das Alter zurücklegen muss, wenn der Spargroschen nicht durch akkumuliertes Zinseinkommen im Laufe der Jahrzehnte vervielfacht wird, hat keine Chance auf eine langfristig rationale Anlagestrategie für das Zurückgelegte. Der Grund liegt in der Fehlbewertung von Vermögenswerten wie Immobilien, Aktien und Anleihen und der Blasenbildung, die der Nullzins bewirkt. Anleihen erbringen nicht nur keinen Zins mehr, sondern sind auch massiv überbewertet. Eine irgendwann einsetzende Rückkehr des Zinses wird zu Kursverlusten in derartiger Höhe führen, dass sie mit einer Pleite des Anleiheemittenten vergleichbar sind. Dazu kommt das Ausfallrisiko, das durch die nullzinsinduzierte Überschuldung der Staaten, aber auch des Unternehmenssektors täglich wahrscheinlicher wird.

Das Gleiche gilt für Aktien und Immobilien, Kunst, Oldtimer und was sonst noch an »alternativen Assets« kreucht und fleucht. Verluste sind programmiert, wenn die Blasen platzen. Und platzen werden sie.

Zugleich führt der Nullzins dazu, dass auch die real in der Volkswirtschaft erwirtschafteten Kapitalrenditen schrumpfen. Dies geschieht durch nachhaltige Zerstörung des Produktivitätswachstums. Da der Nullzins ineffiziente, unproduktive und schlechte Unternehmen als unsichtbare Subvention künstlich am Leben erhält, fließen immer mehr Ressourcen in unproduktive und schlechte Verwendungen. Von Mises, von Hayek, Rothbard und andere haben das vorausgesehen und daraus die österreichische Konjunkturtheorie abgeleitet. Wo durch Fehlallokation das Produktivitätswachstum abgewürgt wird, trocknen aber die Investitionsmöglichkeiten immer mehr aus.

Die Zinspolitik hat es so geschafft, für die Anleger und Sparer den risikofreien Zins abzuschaffen und durch das zinsfreie Risiko zu ersetzen.

Die Enteignung künftiger Erträge macht die Altersarmut unvermeidlich. Der Bürger wird so zu der Schlussfolgerung kommen, dass er im Alter sowieso Sozialhilfe in Anspruch nehmen muss. Was er dann noch übrig hat, wird ihm angerechnet werden. Dann ist es also auch egal, wenn er nichts übrig hat. So richtet er seine Bedürfnisbefriedigung auf das Hier und Jetzt – und zwar sofort bitte!

Die Väter unseres Grundgesetzes haben dieses Problem in gewissem Umfang vorausgesehen. Es war ihnen klar, dass die polit-ökonomischen Anreizstrukturen auch in einer Demokratie das Risiko bergen, dass sich die Gesellschaft auf einen abschüssigen Pfad begibt, bei dem eine Art Teufelskreislauf von Anreizen die Wechselwirkung zwischen Souverän und politischer Elite in einer Weise determiniert, die die Voraussetzungen des wirtschaftlichen Erfolges und damit letztlich auch die Voraussetzungen für eine funktionierende Demokratie untergräbt.

An den Folgen der Geldpolitik können wir erkennen, dass die Ausschaltung des Zinses genau das bewirkt. Die Wachstumskräfte der Volkswirtschaft erlahmen, und die wirtschaftliche Krise ist die unausweichliche Folge.

Die Identität von Zins und Wachstum

Wir können davon ausgehen, dass der Realzins historisch nicht höher ist als das Wachstum einer Volkswirtschaft, wenn wir die Abschreibungen auf Kreditausfälle als Teil der Gesamtverzinsung der Anleiheinvestoren ansehen. Der Grund liegt einfach darin, dass es nicht möglich ist, Zinsen zu erwirtschaften, die nachhaltig höher als das Wachstum sind, welches seine Ursache wiederum im technologiebedingten Produktivitätswachstum hat. Der über alle Kredit- und Anleiheportfolien hinweg erzielbare Zins findet daher im Wachstum seine langfristige Obergrenze. Davon kann er aufgrund unterschiedlichster Entwicklungen der Gesamtwirtschaft kurzfristig abweichen, wird jedoch nach dem Muster der »Reversion to the mean« immer wieder zu diesem Niveau zurückfinden, einfach weil das reale Wachstum die Zahlungsfähigkeit der Schuldner als gesamtwirtschaftliches Aggregat »deckelt«.

In der normalen Welt der freien Zinsbildung am Markt bestimmt also die Realwirtschaft über das Wachstum den langfristigen Zins. Das Wachstum wiederum wird bestimmt vom technischen Fortschritt und seiner betriebswirtschaftlichen Umsetzung in Form von Innovation.

Das gilt aber nur für eine Welt marktwirtschaftlicher freier Zinsbildung. Wir können sehen und wir werden derzeit wieder Zeuge des Phänomens, dass ein künstlicher, nach unten manipulierter Zins das Wachstum ebenfalls nach unten zieht, was die Identität wiederherstellt. *In der Welt der Geldplanwirtschaft tauschen Zins und Wachstum ihre Kausalitätsrichtung. Hier bestimmt nicht das Wachstum den Zins, sondern der Zins das Wachstum.* Das ist der Grund, warum das Wachstum der Weltwirtschaft und insbesondere der Eurozonenwirtschaft so anämisch ist. Ähnlich verhält es sich in Japan, wo diese Politik schon seit 30 Jahren betrieben wird.

Manipuliert die Zentralbank den Zins nach unten, oder sogar auf null, so löst sie eine Kaskade von großflächigen Fehlzuweisungen der knappen Produktionsressourcen einer Volkswirtschaft aus, die erst zu einer Schrumpfung des Produktivitätswachstums, dann zu einem Stillstand und schließlich zu einem Produktivitätsrückgang der gesamten Volkswirtschaft führen. Dies geschieht einerseits über die Zombifizierung der

Unternehmenslandschaft, andererseits über die Fehlsteuerung von Investitionen in eigentlich gesunden Unternehmen, die entweder große Investitionen tätigen, ohne die Kapitalkosten angemessen berücksichtigen zu müssen, oder Investitionen unterlassen, da der Nullzins zu einer Abwertung der Währung führt, die im Vergleich mit dem Ausland einen Wettbewerbsvorteil vorgaukelt, der in Wahrheit nicht existiert.

In der Regel geht die Nullzinspolitik einher mit einer dem Wachstum abträglichen Fiskal-, Wirtschafts- und Industriepolitik der Regierung, weil der Nullzins eigentlich inkompetente Regierungen alimentieren soll und ihnen so die Möglichkeit eröffnet, ihre meist falschen, auf Umverteilung und Korruption gerichteten Schemata fortzusetzen, wo der Kapitalmarkt in Form der Anleihenmärkte dem schon längst ein Ende bereitet hätte.

Das Ergebnis: Das Wachstum fällt so lange, bis es sich an den künstlich nach unten manipulierten Zins angepasst hat. So würgt die interventionistische, planwirtschaftliche Geldpolitik, seit Roland Baader bekannt als Geldsozialismus, das Wachstum ab und zerstört so die Zukunftschancen der nächsten Generation.

Zugleich erweist sich die Hoffnung, durch heruntermanipulierte Zinsen dem Offenbarungseid und der Staatspleite zu entgehen, als Trugschluss, da es durch das fallende Wachstum auch nicht möglich ist, der Schuldenfalle zu entgehen oder, wie die Politik es so schön, aber trügerisch falsch formuliert, »aus den Schulden herauszuwachsen«.

Es ist auch klar, dass die Demokratie einen totalen wirtschaftlichen Zusammenbruch nicht überleben kann. Was passiert, wenn die Gesellschaft nicht in der Lage ist, die Selbstheilungskräfte des Marktes wirken zu lassen, kann man am Kollaps der Weimarer Republik und der Machtergreifung Hitlers erkennen. Um dem entgegenzuwirken, haben sich die von einer langen Reihe großer Denker der Aufklärung inspirierten Väter unserer Verfassung auf ein System der wechselseitigen

Kontrolle der Macht verschiedener Institutionen geeinigt. Die in Teilen als Vorbild dienende US-Verfassung spricht von »Checks and Balances«. Sie manifestiert sich in Gewaltenteilung, in der Herrschaft des Rechts und damit auch in der Einklagbarkeit des Rechts. Das Ergebnis ist das Grundgesetz, welches die Handlungsfreiheit der Mächtigen beschränkt. Sie waren dabei natürlich von den Besatzern inspiriert und auch geleitet[20], aber das geschah nicht zum Schaden Deutschlands. Die auf diesen Prinzipien aufgebaute Verfassung ist in einer Demokratie das wesentliche Mittel, um die Regierung unter die Herrschaft des Rechts zu zwingen.

Heute wird schmerzhaft deutlich, dass unsere Verfassungsväter nicht gründlich genug gearbeitet haben, um diesen Prinzipien Dauerhaftigkeit zu verleihen. Wir müssen vielmehr feststellen, dass unsere Regierenden dabei sind, die Herrschaft des Rechts anzugreifen. Der tiefere Grund liegt darin, dass die im Grundgesetz umgesetzte Form der Gewaltenteilung keine echte solche ist.

Haben Sie sich, verehrte Leser, schon einmal gefragt, warum das Bundesverfassungsgericht immer häufiger mit seiner eigenen früheren Rechtsprechung bricht, ja sich selbst in seinen Urteilsbegründungen eklatant selbst widerspricht, wenn man diese mit früheren Urteilen vergleicht, und in allen wesentlichen Feldern den offensichtlichen Rechtsbruch durch die Regierung billigt?

Der Grund hierfür ist der gleiche, der auch für die Auswahl unseres politischen Personals gilt: adverse Selektion. Ich möchte das am Beispiel der Ultra-vires-Kontrolle (als Ultra-vires-Akt bezeichnet man einen Akt des Rechtsausbruches, man könnte auch sagen der Kompetenzanmaßung durch eine Stelle, der dafür die notwendige Zuständigkeit und demokratische Legitimation fehlt) durch das Bundesverfassungsgericht erläutern, welches uns demonstriert, wie das Gericht Rechtsbrüche bei der Eurorettung nicht verhindert.

Dass und warum die Geldpolitik der Europäischen Zentralbank EZB für unsere und die Zukunft unserer Kinder, den
Zusammenhalt Europas und die Stabilität unseres Gemeinwesens Probleme heraufbeschwört, dürfte sich mittlerweile
auch dem Letzten erschlossen haben. Sie eignet sich daher in
besonderer Weise für die Erläuterung der Folgen des Versagens
der Ultra-vires-Kontrolle.

Eine der wichtigsten Institutionen zur Sicherstellung des
Rechtsstaats und der Demokratie in unserem Land ist das
Bundesverfassungsgericht (BVG). Es ist der Hüter der freiheit-
lich-demokratischen Grundordnung oder soll das wenigstens
sein. Neuerdings sind daran ernsthafte Zweifel begründet.
Denn das von der Geldpolitik als Erfüllungsgehilfin der Fiskal-
politik geschaffene Dilemma hat es mittlerweile geschafft, diese
Verteidigungslinie unserer Freiheit massiv zu beschädigen.
Worin besteht dieses Dilemma, und was ist da passiert?

Die Politik fiskalischer Verantwortungslosigkeit in den Peri-
pheriestaaten der Eurozone plus Frankreich und die Unterlassung der Ahndung der permanenten Verstöße gegen den Vertrag von Maastricht haben eine Situation geschaffen, bei der die
Geldpolitik wählen muss zwischen der verbotenen Staatsfinan-
zierung oder der Pleite dieser Staaten, und damit dem Auseinanderbrechen der Eurozone, also dem Ende dieser Währung.
Die fortgesetzte Akkommodation durch die Nullzinspolitik hat
darüber hinaus durch die Zombifizierung der Unternehmen
und der Bankbilanzen weitere, gigantische und bei Entladung
unfinanzierbare Ungleichgewichte erzeugt. Es ist völlig klar,
dass ein Zentralbankrat, der vor der Wahl steht, entweder das
Gesetz zu brechen (wofür er aufgrund seiner Immunität nicht
belangt werden kann) oder seinen Job zu verlieren samt der
Abschaffung seiner machtvollen Institution, sich für den Geset-
zesbruch entscheiden wird. Ausnahmen bestätigen die Regel.

Da so viel Missbrauch anvertrauter Macht Menschen mit
staatsbürgerlicher Verantwortung dazu bringt, dem in den Arm

zu fallen, wurde das Bundesverfassungsgericht angerufen, den offensichtlichen Rechtsbruch zu stoppen.[21] Nun stand das höchste deutsche Gericht vor einer simplen Wahl mit höchst unterschiedlichen Konsequenzen: entweder den Rechtsbruch zu stoppen mit der Folge, dass der Euro auseinanderbricht in einem zumindest kurzfristig wirtschaftlich sehr unschönen Szenario, oder den Rechtsbruch zu dulden mit der Folge, dass es seiner Kernaufgabe nicht mehr gerecht wird, aber darauf hoffen kann, dass Politik und Geldpolitik das schon irgendwie alles wieder so hinbekommen und seine Selbstentmannung halbwegs folgenlos bleiben wird.

Damit war die Abwägung, die das Gericht zu treffen hatte, kein rechtliche mehr. Das Gericht wählte konsequenterweise einen scheinbar eleganten Weg: Es delegierte die Entscheidung einfach »zuständigkeitshalber« an den Europäischen Gerichtshof (EuGH), wohl wissend, dass dieser sich weniger als Normenkontrollinstanz versteht denn vielmehr als politischer Gerichtshof im Dienste der »immer tieferen Union Europas«.[22] Der EuGH tat dann auch genau das, was man von ihm erwarten durfte: Er praktizierte das Durchwinken des Rechtsbruchs mit fadenscheiniger Begründung.

Fast überflüssig zu erwähnen, dass der Präsident des Europäischen Gerichtshofes und vorsitzende Präsident der zuständigen Kammer Staatsbürger eines Landes war, dessen ökonomische Existenz im Euro vom Rechtsbruch der EZB abhing, nämlich Griechenlands.[23] So etwas nennt man Befangenheit.

In Deutschland aber wurde die Verantwortung so lange durch- und weitergereicht, bis keiner im Lande mehr zuständig war. Die Stunde der Wiesel.[24]

Es ist höchst zweifelhaft, wenn man dann aus Politik, Geldpolitik und linkstreuen Medien zu hören bekommt, die Geldpolitik sei rechtens, weil ja schließlich von den höchsten Gerichten mit Generalabsolution versehen.

Dieser kleine Hattrick der Verantwortungsverweigerung durch das Bundesverfassungsgericht kommt aber im Kleingedruckten mit einem Zünder daher, den man nur als staatsrechtlichen Sprengsatz für die Demokratie in Deutschland bezeichnen kann, wenn man sich eine Ausarbeitung des angesehenen Staatsrechtlers Prof. Dr. Dietrich Murswiek, emeritierter Inhaber eines Lehrstuhls für öffentliches Recht der Universität Freiburg, zu Gemüte führt.

Unter der harmlos klingenden Überschrift »Die Ultra-vires-Kontrolle im Kontext der Integrationskontrolle«[25] geht der Autor auf die Frage ein, mit welcher Begründung das BVG Klagen gegen Maßnahmen von EU-Organen auch dann zurückweist, wenn es selbst diese Maßnahmen für kompetenzüberschreitend hält.

Da die Europäische Union nicht über eine eigene demokratische Legitimation verfügt, erhält sie ihre Vollmachten durch Verträge der an ihr teilnehmenden Staaten. Diese Staaten sind demokratisch verfasst, und es ist daher notwendig, sicherzustellen, dass die Europäische Union sich aus diesen Verträgen keine Rechte anmaßt, die beim Abschluss nicht vorgesehen waren, weil dies nicht nur eine Vertragsverletzung wäre, sondern vor allem eine Aushebelung der demokratischen Kontrolle durch die Völker der Mitgliedsländer konstituieren würde.

Da jedes Volk der Mitgliedsländer der EU mit demokratischen Verfassungen ein Recht auf Demokratie und damit Kontrolle aller Entscheidungen durch den Souverän hat, wäre eine Aushebelung dieses Prinzips ein Akt der Einschränkung und damit der mindestens teilweisen Abschaffung der Demokratie. Man kann Demokratie aber nicht in Scheiben geschnitten haben, die gibt es am Stück oder gar nicht.

Die Ultra-vires-Kontrolle durch die Verfassungsgerichte der Länder der Union ist daher ein unverzichtbares Instrument zum Erhalt der demokratischen Rechte der Völker. Seine Ein-

schränkung, insbesondere im Lichte der ausgreifenden Rechtsanmaßung durch die EU-Kommission und die EZB, ist so
gesehen nicht weniger als eine Gefährdung der Demokratie.
Das ist gewissermaßen das politische Pendant zur übergriffi-
gen Körpersprache des früheren EU-Kommissionspräsidenten
Juncker, wenn er seine mittlerweile ahnungsvoll auf körper-
liche Distanz bedachten Opfer abbusselt und herzt bis über die
Schmerzgrenze des guten Geschmacks.

Zu einer wirksamen Ultra-vires-Kontrolle gehört, dass das
BVG nicht nur die Europäische Kommission oder die EZB kontrolliert, sondern auch dann eingreift, wenn der EuGH Kompe-
tenzüberschreitungen dieser Organe absegnet. In seinem Urteil
zum Vertrag von Lissabon (2009) hatte das BVG dies ausdrücklich festgestellt. Nun aber, so zeigt Prof. Murswiek auf, scheut es
den Konflikt mit dem EuGH und will dessen Urteile nur dann
korrigieren, wenn sie »offensichtlich willkürlich« (Zitat aus
dem BVG-Urteil!) sind – also praktisch nie, da es dem Böswil-
ligen immer an Offensichtlichkeit mangeln dürfte und dieser
Begriff selbst weich und interpretationsbedürftig ist. So hat das
BVG das OMT-Staatsanleihen-Kaufprogramm der EZB zwar
als Ultra-vires-Akt bewertet, aber das Urteil des EuGH, das mit
einer juristisch nicht tragfähigen und in sich widersprüchlichen Begründung die Rechtmäßigkeit des EZB-Programms
bejahte, schulterzuckend hingenommen: Das BVG teile zwar
nicht die Ansicht des EuGH, aber dessen Urteil sei »nicht offensichtlich willkürlich«.

Ohne auf alle Details der auch für juristische Laien durchaus bei gründlichem Lesen nachvollziehbaren Argumentation
von Prof. Murswiek eingehen zu wollen (ich empfehle jedem
pflichtbewussten Staatsbürger seine Lektüre!), muss man feststellen, dass das Bundesverfassungsgericht in seiner verzwei-
felten Navigation zwischen Skylla und Charybdis eine funktionierende Ultra-vires-Kontrolle mit seiner gelieferten
Urteilsbegründung praktisch abgeschafft und sich damit in

logischen Widerspruch zu seiner eigenen früheren Rechtsprechung gesetzt hat.

Ich kann mir nicht vorstellen, dass der zuständige Senat nicht geahnt hat, welches Tor zur Hölle er damit eigentlich aufstößt. Denn ohne diese Kontrolle ist der ausgreifenden Rechtsanmaßung durch die EU-Institutionen ohne jede demokratische Kontrolle Tür und Tor geöffnet. Wir werden in dieser Interpretation des Rechts nicht mehr von den von uns gewählten Vertretern regiert. Sie sind nur noch Statisten, Ausführende und Claqueure einer neuen europäischen Nomenklatura.

Das Bundesverfassungsgericht, die äußerste Verteidigungslinie des Rechts auf Demokratie in diesem Lande, hat in diesem Punkt kläglich versagt.

Ich stelle daher an dieser Stelle die Frage und ich rufe zur politischen Debatte über sie auf: Wenn unsere Institutionen nicht in der Lage sind, das Recht des deutschen Volkes auf demokratische Kontrolle der sein Leben betreffenden Entscheidungen zu schützen, und wenn auf diese Weise unsere fundamentalen demokratischen Grundrechte infrage stehen, wie ausgreifend muss dann die Rechtsanmaßung nicht gewählter Institutionen werden, bevor das BVG erkennt, dass es diese Rechte mit deutlich mehr Selbstbewusstsein verteidigen muss?

Wie ausgreifend, oder sollte man sagen übergriffig, muss die Rechtsanmaßung der europäischen Gemeinschaftsinstitutionen werden, bevor unsere in den Bundestag gewählten Vertreter bemerken, dass sie mehr sein sollten als ein Wahlmännergremium für die ewige Kanzlerin, von der eine klare Abgrenzung in dieser Frage wohl ohnehin nicht mehr erwartet werden kann, weil das ihre Chancen auf den Friedensnobelpreis oder das UN-Generalsekretariat schmälern würde?

Wie grenzüberschreitend muss die Anmaßung werden, bevor sich ein Restinstinkt der politischen Elite meldet, der ihnen sagt, dass die Bahn, auf der sie sich bewegen, graduell immer abschüssiger wird und auch am Ende in ihre eigene Entmündigung führt?

Wie selbstzerstörerisch kann sie noch werden, bevor auch die vordergründig von dieser Entgrenzung beförderten europäischen Institutionen bemerken, dass sie sich mit ihrem Verhalten ihr eigenes Grab schaufeln, weil die Wähler in den Mitgliedstaaten sich von ihnen ab und Parteien zuwenden, die fleißig, aber mehr und mehr vergeblich als »rechts« diffamiert werden?

Und schließlich: Wie groß sollen die Schäden an der Geldordnung, der Wirtschaftsordnung und der Fähigkeit dieses Kontinents, seinen Bürgern ein Leben in Wohlstand zu bieten, durch die zerstörerische Geldpolitik noch werden, bevor das Bundesverfassungsgericht realisiert, dass es nicht mehr die Wahl hat zwischen Rechtsprechung und vermeintlichem Pragmatismus, sondern nur noch zwischen dem lauten Knall heute und dem noch lauteren morgen?

Das alles hätte das BVG bedenken sollen, als die – erwartbar anmaßende – Antwort des EuGHs auf die neuerliche Klärungsfrage zur aktuellen Klage gegen diese Geldpolitik zurückkam. Das hat es aber nicht getan. Es ist seiner genuinen Aufgabe bis zur Selbstaufgabe aus dem Weg gegangen. Man fragt sich, was hier mehr gebeugt wurde: das Rückgrat der Richter oder das Recht selbst.

Es ist durchaus zu befürchten, dass dieser Schwenk auch nicht vor den Rechten der Bürger auf Privatsphäre, beim Schutz ihrer Meinungs- und Redefreiheit (Stichwort Netz-DG) und anderen bisher verbrieften und einklagbaren Bürgerrechten haltmachen wird.

Angesichts dieser Koordinatenverschiebung der höchstrichterlichen Instanz im Lande, weg von der Normenkontrolle des Regierungshandelns, hin zur Abnicktruppe einer es sich im gewohnheitsmäßigen Rechtsbruch gemütlich machenden Politik fragt man sich: Wie konnte das passieren? Haben wir denn keine Gewaltenteilung in Legislative (Gesetzgebung), Exekutive (Regierung) und Judikative (Rechtsprechung)?

Nein, eine echte Gewaltenteilung haben wir nicht.[26] Denn die Richter des Bundesverfassungsgerichtes, also des höchsten Organs der Judikative, werden von der Exekutive nach Parteienproporz ausgewählt und ernannt, dann von der Legislative (jeweils die Hälfte durch Bundesrat und Bundestag) bestätigt. Die erforderliche Zweidrittelmehrheit stellt sicher, dass niemand den Proporz als Leitwährung des Ämterschachers umgehen kann.[27] Das ging im Sinne der Gewaltenteilung nur so lange halbwegs gut, wie es zwischen den Parteien des demokratischen linken und demokratischen rechten Spektrums eine ideologische Distanz gab. Die Tatsache, dass beide Strömungen im Land ungefähr gleich stark waren, führte auch im BVG zu einem Gleichgewicht, zu Checks und Balances. Die Konvergenz von früher konservativen, liberalen, grünen, kommunistischen und sozialdemokratischen Parteien zu einer linken sozialistischen Einheitsbreipartei, der ganz großen Koalition in Berlin, hat dieses Gleichgewicht auch im Bundesverfassungsgericht zerstört.

Der bisher versteckte Konstruktionsfehler einer nicht wirklich realen Gewaltenteilung, die eigentlich fehlerhafte Governance der Richterernennung, gerät durch das Kippen der im Parlament vertretenen Parteien nach links aus den Fugen.

Dieser Trend ist global, aber wie meist, wenn sich irgendeine ideologische Marotte über den Globus verbreitet, sind die Deutschen die gründlichsten und glühendsten Adepten des sich propagierenden Irrsinns. Napoleon Bonaparte wird dazu immer mit dem Satz zitiert: »Keine Lüge kann grob genug ersonnen werden: Die Deutschen glauben sie.« Wo er recht hatte, hatte er recht.

Ich möchte das am Beispiel eines Skandals erläutern, der sich in Kanada im Jahr des Herrn 2019 zu einer veritablen Regierungskrise ausgeweitet hat. Dort warf man Premierminister

Trudeau, einem Frauenversteher und Genderakrobaten an den Schalthebeln der Macht, vor, er habe auf eine Staatsanwaltschaft »unangemessenen Druck« ausgeübt, um die Einstellung von Ermittlungen zu erwirken, die ihm aus welchen Gründen auch immer nicht genehm waren.[28]

Da können deutsche Innenminister oder Justizminister nur herzlich und laut drüber lachen. In unserem schönen Lande billigt sich die Politik gesetzlich das Recht zu, einem Staatsanwalt jederzeit durch »Weisungsbefugnis«[29] mitzuteilen, wann seine Schnüffelei im Namen des Rechts zur Frechheit gegen die Obrigkeit ausartet, die er gefälligst und schleunigst einzustellen hat. Meist passiert das zur Umsetzung eines wie auch immer nebulös formulierten übergeordneten staatlichen Interesses, welches sich natürlich einer juristischen oder faktischen Nachprüfung entzieht. Liebe Kanadier: Euer Trudeau ist nur ein kleiner armseliger Amateur im Fach Einflussnahme auf die Rechtsprechung. Was bei Euch ein Skandal ist, das ist bei uns in Deutschland Gesetz. Immerhin seid Ihr auch schon so weit die schiefe Bahn hinuntergeschlittert, dass der Premierminister diesen Versuch der Beeinflussung des Gangs der Rechtsprechung im Amt überlebt hat.

Die Hybris der Industriepolitik

Über das Versagen auf allen wesentlichen Feldern der Wirtschaftspolitik, der Energiepolitik, der Sicherheitspolitik, der Bildung und Infrastruktur wurde bereits in »Wenn schwarze Schwäne Junge kriegen« ausführlich diskutiert. In den wenigen Monaten seit Erscheinen dieses Buches hat es die Berliner Politik geschafft, ihre gnadenlose Inkompetenz auf einem weiteren und weiten Feld unter Beweis zu stellen: der Industriepolitik. Zu Zeiten Ludwig Erhards bestand kluge Wirtschaftspolitik vor allem in der Einsicht, dass der Staat nicht besser ist als der

Markt bei der Auswahl künftiger Gewinner. Er beschränkte sich darauf, eine eher passive Rolle einzunehmen, nämlich die Verhinderung einer Aushebelung der Marktwirtschaft durch Monopole und Kartelle. Das Bundeskartellamt sah seine vornehmste Aufgabe darin, die Ausbeutung des Konsumenten, also des Bürgers, durch das räuberische Verhalten wettbewerbswidriger Preispolitik von Konzernen zu verhindern. Der Weg zur Umgehung des Wettbewerbs ist eben entweder das Monopol oder das Kartell, bei dem sich die Anbieter zusammentun, um die Preise zu diktieren.

Die Erfahrung lehrt uns, dass Unternehmen nicht dadurch wettbewerbsfähiger werden, dass man sie vor Wettbewerb schützt. Dieser »Schutz« kann unterschiedliche Formen annehmen, beispielsweise Protektionismus oder eben das Zulassen wettbewerbsfeindlicher Strukturen wie Monopole und Kartelle. Diesen falschen Schutz zu verhindern nennt man Ordnungspolitik, und sie dient vor allem der Vermeidung der Ausbeutung des Konsumenten, des sprichwörtlichen kleinen Mannes, durch die mächtigen Großkonzerne. Diese Philosophie, die Kleinen vor den Großen zu schützen, steht in diametralem Widerspruch zu der industriepolitischen Vorstellung, dass der Staat »nationale Champions« auswählt und fördert.

Kaum stürzt sich der deutsche Wirtschaftsminister Altmaier, der sich offenbar eher als Industrieminister versteht, auf das Thema Industriepolitik, springt ein serviler Präsident des Bundeskartellamtes, Herr Mundt, dessen einzige und vornehme Aufgabe in der Verhinderung von Monopolen besteht, über das von der politischen Obrigkeit hingehaltene Stöckchen und spricht beim Interview mit dem Handelsblatt am 14.3.2019 den folgenden Satz in die Mikrofone:

»Man muss die Frage diskutieren, ob wir in Europa möglicherweise Monopole, Duopole und dann auch höhere Preise für europäische Verbraucher in Kauf nehmen müssen, damit europäische Unternehmen eine gewisse Größe und damit vielleicht auch eine verbesserte Wettbewerbsfähigkeit erreichen könnten.«[30]

So einen ordnungspolitischen Quatsch äußert man eigentlich nur dann, ohne rot zu werden, wenn man ordnungspolitisch völlig ahnungslos ist oder einen bösen Buben hochhalten kann, der angeblich nicht nach den Regeln spielt und dessen sich der arme belagerte Großkonzern und Möchtegern-Monopolist erwehren muss. Das war in den 1980er-Jahren Japan, jetzt ist es eben China.

Das ist ungefähr so, als würde ein Polizist in Palermo der örtlichen Bevölkerung erklären: »Die heimische Mafia kann sich nur dann noch gegen die übermächtige Konkurrenz aus Russland zur Wehr setzen, wenn wir uns als Polizei bei der Verfolgung der Schutzgelderpressung jetzt mal etwas zurückhalten, auch wenn das von den Gewerbetreibenden und Handwerkern bezahlt werden muss.« Wenn Ihnen, verehrte Leser, das absurd vorkommt: Genau das ist es auch.

Der Herr Wirtschaftsminister ohne Ahnung von seinem Fach kaut sich also vor lauter Sorge um die armen Monopolisten die Fingernägel wund und überlegt sich schon mal, welche nationalen Champions er unter seine Astralfittiche nehmen soll. Was bietet sich da an? Künstliche Intelligenz? 5G-Breitbandvernetzung? Internet of Things?

Wenn wir sicherstellen wollen, dass wir nichts von diesen Dingen in Deutschland oder EU-Europa in konkurrenzfähiger Form zu einem international führenden Preis-Leistungs-Verhältnis bekommen werden, dann sollten wir genau das der Politik anvertrauen. Denn dafür gibt es Datenpunkte.

In Frankreich entschied die Politik in den frühen 1980er-Jahren, dass sie einen nationalen Champion für Computer braucht. IBM war der Bösewicht, den es zu schlagen galt, und man erkor Honeywell-Bull 1982 zum verstaatlichten nationalen Champion[31], auf dass der gallische Hahn im Weltkrieg der Mainframes den Sieg davontrage. Ich weiß nicht, wie viele Steuergelder dabei verbraten wurden, aber ich weiß was anderes: Kein Mensch fragt heute noch nach Mainframes, und wer ist eigentlich Honeywell-Bull?

In den 1980er-Jahren überredete Frankreich die Deutschen, dass man einen europäischen Flugzeugbauer braucht, um Boeing und McDonnell Paroli zu bieten. Das Subventions-Milliardengrab Airbus hat den A-380 gerade eingestellt. Selbst die Abschlussrechnung kostet den Steuerzahler noch mal schlappe 750 Millionen Euro.[32] Aber das sind natürlich Peanuts für unsere Heroen Industriepolitiker.

Zu guter Letzt hat sich der eigentlich nicht für Industriepolitik zuständige Finanzminister »Ich kann Kanzler«-Scholz entschlossen, dieses vielversprechende Feld nicht seinem Nachbarn am Kabinettstisch zu überlassen.

Da trifft es sich gut, dass er einen Staatssekretär hat, der völlig frei von jeglichem Interessenkonflikt ist (per definitionem haben ehemalige Goldman-Sachs-Manager keine Interessenkonflikte, weil sie Chinese Walls par ordre du mufti zwischen ihre Großhirnlappen ziehen können, anders als wir Normalsterbliche) und der über die notwendige berufliche Erfahrung verfügt, aus Leichenteilen von Unternehmen funktionierende Frankensteins zusammennähen zu können. Man nennt das in der Fachsprache der Investment Banking-Branche »M&A«, ausgesprochen »em änd ey!« und ausgeschrieben »Mergers and Acquisitions«.

Und auf welche industriepolitische Marotte war man da verfallen im März des Jahres des Herrn 2019? Es war die geniale und Wirtschaftsnobelpreis-verdächtige Idee, dass Banken zu klein sind.[33] Wir haben da nämlich zwei sieche Großbanken in Deutschland, deren Fieberthermometer-Aktienkurs den Glauben der Marktteilnehmer anzeigt, dass diese Banken jetzt weniger als ein Viertel (beim Schreiben des Epilogs dieses Buches schon nur mehr ein Fünftel) ihres in der Bilanz ausgewiesenen Eigenkapitals wert sind. Dem Wächter der roten Zahlen

(Nullen sind es mittlerweile nicht mehr, sondern schöne saftige Defizite, und das trotz Nullzins) tat das mit seinem 15-Prozent-Paket an dem kleineren dieser beiden angeschlagenen Institute natürlich schrecklich weh. Eine Idee, wie man der Bank einfach durch besseres Management auf die Beine helfen könnte, hatte er natürlich nicht. Klar, ist ja auch nicht sein Job, muss er ja nicht haben. Dafür mag er sich aber eines gedacht haben: Wenn ich jetzt so eine Fusionsbombe bastle und die zwei Banken so lange unter Druck setze, bis sie verschmelzen wie die Atomkerne in der Wasserstoffbombe, dann kann ich das entstehende Chaos für ein paar Jahre als Ausrede für die miserable Performance dieser fehlgeleiteten Staatsinvestition missbrauchen. Das Ergebnis wäre eine Bank mit einer Bilanzsumme von 1800 Milliarden Euro gewesen.

Zu groß, um sie fallen zu lassen, und zu groß, um sie retten zu können. Too big to fail & too big to bail.

Für die Folgen derartiger ordnungspolitischer Fehlentscheidungen, um nicht zu sagen Amokläufe, wird am Ende nicht der Herr Superminister haften, sondern der Steuerzahler. Für den wirklich Verantwortlichen des absehbaren Desasters wird dank seiner politischen Immunität gelten: »Too big to jail«.

Das Beispiel der beiden Großbanken, deren Fusion letztlich gescheitert ist, macht klar: Die Hybris der »Industriepolitik« schickt sich an, das planwirtschaftliche Desaster der Ära Merkel auf immer neue Felder der Wirtschaft zu erweitern.

Fassen wir die Lage unserer politischen Elite zusammen, so müssen wir feststellen, dass alle drei Gewalten – Legislative, die sich aus ihr rekrutierende Exekutive und die nach Quote, nämlich Partei, zugeteilte und so gezähmte Judikative – vor der Aufgabe versagen, die verfassungsrechtliche Ordnung aufrechtzuerhalten und, getreu ihrem Amtseid, die verfassungsmäßig verbrieften Rechte der Bürger zu schützen und zu bewahren.

Die Regierung hat die Herrschaft des Rechts durch das Recht der Herrschaft ersetzt. Das Parlament zieht sich darauf zurück, sich hinter seiner intellektuellen Unkenntnis und Nicht-Durchdringung der Materie zu verstecken. Es verkommt damit zu einem Verein von Abnickern, und die höchste Instanz der Rechtsprechung zieht sich wieselflink aus der Verantwortung, nimmt Entscheidungen unter fadenscheinigen Begründungen nicht mehr an, verzögert Urteile, bis ihre Verkündung irrelevant geworden ist. Und sie delegiert letztinstanzliche Entscheidungen an ein Gericht, den Europäischen Gerichtshof, dessen Staatsraison nicht die Herrschaft des Rechts ist, sondern die »immer tiefere« Integration der Europäischen Union. Was sie befördert, muss rechtens sein.

Das erinnert mich an die Sowjetunion: Recht musste sein, was der Partei nutzte.

Die Gewaltenteilung korrigiert dies nicht, weil die Gewalten in Wahrheit gar nicht geteilt sind. Es ist dem Bürger verwehrt, sie getrennt und separat zu wählen und so der Pöstchenwirtschaft der Parteien zu entziehen. Ihr Gleichklang ist das Resultat von Gleichschaltung.

In dieser Situation des radikalen und kompletten Politikversagens stellt sich die Frage, ob die Zivilgesellschaft korrigierend eingreift. Was tut die »vierte Gewalt« im Staat, die Presse? Was tun die Kirchen? Diese einstmaligen »Säulen« der bürgerlichen Gesellschaft, ihre Wächterfunktion für Demokratie, Freiheit und die sie begründenden Werte, und ihr Versagen wollen wir in den nächsten zwei Kapiteln beleuchten.

IV •
DAS VERSAGEN DER KIRCHEN

»Pfaffen sollen beten und nicht regieren.«

Martin Luther

Eine Kirche, die sich nicht mehr vom Mainstream einer fehlgeleiteten Gesellschaft unterscheidet, braucht kein Mensch. Auch wenn den meisten Christen dies aufgrund der theologisch-soziologischen Deformation, der sich ein großer Teil der hierarchischen Führung der großen Kirchen unterworfen hat, kaum bewusst sein dürfte, so muss an dieser Stelle doch vorausgeschickt werden, dass die Erlösungslehre des Christentums die Individualität und Freiheit des Menschen wie keine andere Religion anerkennt, schützt und für von Gott gegeben hält.

Ein Glaube, dessen Kernbotschaft die Erlösung des Menschen aus und trotz der Sünde ist, steht per definitionem in diametraler Opposition zum Wahn der Vollkommenheit. Der Mensch ist Sünder und darf es auch sein, denn er kann an seiner Neigung zur Sünde nichts ändern. Dies führt in der christlichen Lehre nicht zum unumkehrbaren Verlust der Liebe Gottes, der dem Menschen dafür das Sakrament der Buße, also auch der Einkehr und Umkehr geschenkt hat.

Demgegenüber steht in unversöhnlicher Feindschaft die Uniformität, die Fehlerfreiheit, die immerwährende Funktionalität und Eingliederung in die Staatsmaschinerie der sozialistischen Ideologie. Der neue Mensch muss perfekt sein im Sinne seiner Anpassung an das System. Sünde, auch bekannt als Abweichung, unbequeme Meinung, geistige Unabhängigkeit, existiert in diesem System nicht. Der neue sozialistische Mensch ist perfekt in seiner Eignung zur Sklaverei. Er steht in Reih und Glied, salutiert, brüllt »Heil«, ist Kanonenfutter und Subjekt des im Namen der Reinheit des Blutes (bei den Nationalsozialisten)[34], der Reinheit der Lehre (bei den Kommunisten)[35] oder der Reinheit der Religion (bei den Islamisten) vollzogenen Genozids.[36]

Die Freiheit eines Christenmenschen hingegen ist von Gott erkauft durch die Zulassung des Bösen und damit der Möglichkeit des Fehlgehens in der Welt. Freiheit bedeutet immer auch Wahlfreiheit und setzt die Möglichkeit der Entscheidung zwischen Gut und Böse voraus. Dafür muss das Böse existieren. Es ist notwendige Bedingung für die Freiheit des Menschen, sich für das Gute zu entscheiden.

Die Knappheit als Ordnungsprinzip

Damit der Mensch an sich und seiner Welt wachsen kann, lebt er in einer Welt der Knappheit. In einem Schlaraffenland – so lehrt uns schon die Geschichte – degeneriert der Mensch zu einer konsumierenden Made und lässt sich den Zucker in den Mund wandern, bis er nur noch eine aufgedunsene Karikatur seiner selbst ist. Die Knappheit treibt ihn dazu an, die Widrigkeiten des Lebens zu akzeptieren, an ihnen zu wachsen und sich dem evolutionären Prozess des Lernens durch Versuch und Irrtum zu unterwerfen. Jeder Weinbauer weiß, dass es die Kargheit des Bodens ist, die die besten Trauben hervorbringt. Die Pflanze quält sich, und der Lohn ist ein großer Wein, kein gepanschtes, gezuckertes Gesöff. So ähnlich ist es auch mit dem Menschen.

Die Tatsache zu akzeptieren, dass die uns umgebende Welt von der Knappheit regiert wird, bedeutet daher auch, zu akzeptieren, dass dies so gewollt ist. Ein Leben und Überleben in einer Welt der Knappheit ist jedoch nur in einer Ordnung möglich, die das Eigentum schützt, und zwar nicht irgendein Eigentum, sondern das Privateigentum, welches Verfügung und Verantwortung in Einklang bringt.

60

Für einen Christen ist es daher eigentlich völlig klar und evident, dass der in den Zehn Geboten unmissverständlich geäußerte Wille Gottes »Du sollst nicht begehren deines nächsten Hab und Gut« auch das christliche Verständnis der Eigentumsordnung vorgibt. Wenn die Bibel uns zugleich dazu aufruft, zu teilen, so appelliert sie dabei immer an die Freiwilligkeit. Nur das freiwillige Geben hat einen positiven spirituellen Wert, für den, der gibt. Das unfreiwillige Geben ist eine Beraubung und setzt voraus, dass auf der anderen Seite einer ist, der da den Raub durchführt. Es ist dabei egal, ob sich dieser jemand Straßenräuber, Schutzgelderpresser oder Staat nennt. Es ist auch egal, ob der Vorgang Raub genannt wird, Steuer oder Umverteilung. Wenn es nicht freiwillig erfolgt, dann kann sich der Verursacher nicht auf die christliche Bibel berufen. Er mag sich auf andere, in gewissem Umfang sogar rationale Begründungen zurückziehen, aber die Theologie taugt dazu nicht.

Wir können deshalb beobachten, dass freie, halbfreie und unfreie Gesellschaften eine sehr stark voneinander abweichende Haltung zur Philanthropie im Sinne der freiwilligen Hilfe für die Schwächsten der Gesellschaft einnehmen. Man kann sie grob zusammengefasst wie folgt kategorisieren:

Freie Gesellschaften im Sinne einer ökonomischen Ordnung bringen ein Höchstmaß an freiwilligem Geben und sozialem Engagement zustande. Man konnte dies in den europäischen Gesellschaften vor 1914 in besonders ausgeprägtem Maße beobachten. Ob Heilsarmee, Suppenküchen oder das Rote Kreuz, ob Nobelpreis oder Sozialarbeit der Kirchen, es waren freiwillige, rein privat finanzierte Initiativen, und es gehörte damals zum guten Ton, sich für die Benachteiligten der Gesellschaft zu engagieren.

Unfreie Gesellschaften kennen so etwas wie Philanthropie nicht. Der Staat sorgt für alle, alles und jeden. Seine Vormundschaft reicht von der Wiege bis zur Bahre. Es besteht keine Notwendigkeit, sich um seinen Nächsten, Nachbarn oder Fremden zu kümmern, denn wenn dieser in Not ist, dann muss er etwas Staatsfeindliches verbrochen haben, sonst hätte sich die allgegenwärtige Bürokratie ja schon längst seiner angenommen. Zudem setzt karitative Tätigkeit voraus, dass der Wohltäter über eigene Ressourcen verfügt, um Hilfe leisten zu können. In einer unfreien Gesellschaft ist das nicht der Fall, denn sie kennt kein Privateigentum. Hier gilt: Mitleid ist kostenlos.

Eine Gesellschaft, die, wie die sowjetrussische, über 70 Jahre lang in diesem Zustand der unterdrückten Samariter gelebt hat, verroht daher im Laufe der Zeit gegenüber dem Leid des anderen. Diese Verrohung drückt sich aus in einer Verachtung für den Schwachen, einer Rücksichtslosigkeit bei der Durchsetzung des Rechts des Stärkeren, einem Verfall der Achtung für das Leben und einer Tendenz, kriminelle Aktivitäten als akzeptable Form des Lebensunterhaltes anzusehen. Kleine Inseln der Caritas finden sich dort nur noch bei den unterdrückten, aber nicht ausgelöschten Institutionen, im Falle Russlands der Orthodoxen Kirche. Sie bildet im postkommunistischen Russland die Keimzelle einer neuen Haltung freiwilligen Gebens und Helfens. Dieses Beispiel demonstriert uns, dass es ein jahrzehntelanger Prozess ist, bis eine Gesellschaft zu der wahren und einzig christlichen Caritas des freiwilligen Teilens zurückfindet.

Halbfreie Gesellschaften, wie die unsrige, mit ihrer Steuerlast von 50 Prozent selbst auf durchschnittliche Einkommen, der Zuständigkeit des betüdelnden Sozialstaates für alles und jedes Wehwehchen und der Allgegenwart der sozialstaatlichen Kümmerer, bringen eine andere Form der »ehrenamtlichen Tätigkeit« im philanthropischen Sinne hervor, nämlich die der halbstaatlichen, staatlich geförderten, alimentierten und kooptierten Organisation, die sich in die gigantische Sozialstaatsmaschinerie des bürokratischen Apparates eingliedert, sich ihm unterordnet und ihn zugleich melkt. Unterordnung, Anpassung und ideologische Konformität sind der Preis, der für das permanente Füttern an der Staatszitze zu erbringen ist.

Das Ergebnis ist eine Arbeitsteilung der Bevormundung, die – am Beispiel der evangelischen Kirche – noch nicht einmal dann haltmacht, wenn der kirchliche Beratungsschein zur Tötungslizenz für das ungeborene Leben wird, welches der Staat vorher per Gesetz für vogelfrei erklärt hat. Der Akt der Beseitigung eines Menschen wird dann auch noch in einem evangelischen Krankenhaus vollzogen. Die scheinmoralische Begründung der »Hilfe in der Not für die Frauen« wird als Kleister darübergestrichen. Man kann – wenn man keiner Kirche angehört – darüber anderer Meinung sein. Aber nach meiner festen Überzeugung kann man niemals eine christliche Begründung dafür finden, dem Auslöschen eines Menschenlebens durch Kooperation den Anschein und Anstrich zu geben, es sei durch die christliche Lehre gedeckt.

Die breitere Wirkung der steuerlichen Alimentation vormals privater philanthropischer Tätigkeit macht die von ihr profitierenden Organisationen zu genau dem, was das Wort sagt: zu profitorientierten Unternehmen, deren philanthropischer Zweck zum Produkt degeneriert. Ihr Betriebsmodus modifiziert sich zu dem einer bürokratischen Behörde, deren Mitarbeiter ihrem Nine-to-five-Job in der gleichen Weise und mit der gleichen Mentalität und Attitüde nachgehen wie jeder andere Angestellte der staatlichen Bürokratie auch. Berufung degeneriert in diesem System zum Beruf.

Das größere Bild, das entsteht, ist das der Kooptation. Die Kirchen mutieren in diesem System zum Wurmfortsatz des Staates. Im Unterschied zur prä-demokratischen Ordnung geben die Kirchen dabei aber nicht das ideologische Leitbild der Gesellschaft vor, denn die staatliche Herrschaft wird nicht mehr »von Gottes Gnaden« ausgeübt, sondern von Volkes Wille. Die letzte Instanz ist nicht mehr das theologisch interpretierte Wort Gottes, sondern das Verfassungsgericht, also das juristisch interpretierte Wort des Volkes – oder seiner Vertreter. In unserem System erodierter Halbfreiheit sind es die bürokratischen Eliten, die das letztinstanzliche Wort sprechen. Ihr elitäres Selbstverständnis ähnelt durchaus dem der sozialistischen Nomenklatura. Ihr Blick auf das Christentum und seine Institutionen ist im Herzen der einer heimlichen Verachtung. Die Selbstauslieferung der Kirchen in die beschriebene institutionelle Abhängigkeit bestärkt sie in eben dieser Ansicht.

Das Ergebnis dieser Abhängigkeit ist, dass sich die Kirchen mit dem Mainstream gemein machen. Sie sind nur noch ein besonders fettes Glied in der langen Kette der NGOs, der »Non-Governmental Organisations«, die in Wahrheit gar keine Nicht-Regierungs-Organisationen sind, sondern die Tentakel des Leviathans, des alles umfassenden und allmächtig agierenden Staates.

Die ideologische Unterwerfung

Das gilt auch und gerade für die ideologische Unterwerfung der Kirchen. Ihre Vertreter sind arriviert, treten regelmäßig in Talkshows auf, verurteilen dort alles vermeintlich »Rechte«, zeigen sich gerne mit Politikern der neuen sozialistischen Einheitsbreipartei, auch bekannt als ganz Große Koalition, und verstehen sich als Teil einer gesellschaftlichen Elite, deren radikales und totales Versagen sie gar nicht mehr realisieren. Ihre Predigten reihen sich ein in die endlose Schlange aufsteigender Sprechblasen, sie loben das System, leben mit ihm in einer materialistischen Symbiose und bemerken dabei gar nicht, wie sehr sie sich von der Botschaft, die sie verbreiten sollten, entfernt haben. Die von ihnen bereitgestellte Philanthropie ist ein Markenprodukt. Sein Markenzeichen ist das Kreuz, aber, um es in der Sprache des Marketings zu sagen, der Markenkern wird dabei ausgehöhlt. Der Glaube ist aber kein Produkt. Die aus ihm abgeleitete Caritas ist kein Produkt.

Dabei kommt der eigentliche Auftrag der Kirchen unter die Räder: die Seelsorge für die Menschen, die trostspendende Gegenwart einer Kirche, die den Gläubigen Gemeinschaft im Glauben, Gottesdienst, Handreichung bei der Erziehung der Kinder und vor allem Standfestigkeit im Kampf um die Seele, gegen die Ideologie des staatlich geförderten Konsumterrors, geben sollte. Denn dieser hedonistische Konsumterror ist der Motor der Verführung. Stattdessen sehen die Kirchen naiv, wohlwollend beim Tanz um das goldene Kalb des Konsums zu. Die Seelsorge degeneriert zu einer psychologischen Dienstleistung, die man sich mit den anderen Ideologen vom sozialistischen Ufer der Arbeiterwohlfahrt, der globalen Klimasekte und den Gewerkschaften teilt. Das Ergebnis ist eine spirituelle Verarmung der Gesellschaft, ein Verlust des Glaubens, der sich in den leeren Kirchen manifestiert. Die Richtung der Ursache-Wirkungs-Beziehung von kollabierender Seelsorge und leeren Gotteshäusern haben die Kirchenfürsten bis heute nicht verstanden, verständlicherweise, würde dies doch einen radikalen Wandel ihres bequemen Beamtendaseins mit Dienstwohnung, Dienstwagen und Dienstfahrer erfordern.

Zugleich fallen die Kirchenvertreter herein auf die angeblich feministische, aber in Wahrheit frauenverachtende Genderideologie.[37] Die ihr in Wahrheit innewohnende Frauenverachtung durch das Lächerlichmachen jeder anderen Rolle als der einer im Produktionsprozess integrierten weiblichen Arbeitsameise ist dabei eine Ausprägung einer tief verwurzelten Misanthropie gewaltigen Ausmaßes. Sie speist sich aus der kompromisslosen Menschenfeindlichkeit des Sozialismus selbst.

Die Kirchenfürsten suhlen sich ganz offensichtlich im Beifall von den falschen Zuschauerrängen. Wenn der linksgrüne Mainstream applaudiert, dann müsste ich mich als Kirche doch eigentlich sofort fragen, was ich falsch gemacht habe. Das passiert aber nicht.

Außerdem hat sich ein fundamentaler Irrtum in die Köpfe vieler kirchlicher Amtsträger eingeschlichen. Er speist sich aus dem bewussten Falschverstehen des Satzes, dass Gott die Sünde hasst, aber den Sünder liebt. In einem Anfall rabulistischer Perversion wird dieser Satz heute vielfach so uminterpretiert, als sei die Sünde selbst akzeptabel und hinzunehmen, ja nachgerade liebenswert, auf jeden Fall nicht mehr zu kritisieren. Tut man es doch, steht man schnellstens irgendeinem Sensibelchen auf den Füßen und wird für irgendwie »-phob« erklärt. Dem Ganzen die Krone aufgesetzt hat im Jahr des Herrn 2019 der »Evangelische Kirchentag«, indem er mit Steuergeldern gefördert seine Besucher zu einem Workshop »Vulva malen« einlud.[38] Diese Verhöhnung des christlichen Glaubens durch die öffentliche Quasi-Anbetung des weiblichen Geschlechtsteils ist in seiner Lästerlichkeit symptomatisch für den Verfall dieser einst vom tiefen Glauben an die Schrift durch Luther begründeten Institution.

Vor lauter Dankbarkeit darüber, dass der linke Mainstream den Missbrauchsskandal nicht mehr permanent mit dem Megafon herausbrüllt, weil er ja selbst erst in den 1980er-Jahren in der Gestalt der sogenannten »schwulen Plattform« der Grünen noch die Legalisierung dieses Missbrauchs selbst gefordert hat, haben sich die Träger konkordats-garantierter Amtsgewalt auf einen faustischen Pakt mit dem linken Mainstream eingelassen.

Schweigen die Kirchen deshalb so dröhnend und laut zur Erosion von Ehe und Familie, zur sogenannten »Ehe für alle«, zur pornografischen Überflutung der Jugend, die das Gefühl für echte Liebe und Beziehung abtötet, zur Dehumanisierung der Ungeborenen und damit der Entwertung und Verweigerung ihres Lebensrechtes, zur sich entfaltenden Zensur, zum Mehltau der politischen Korrektheit, zur langsam kriechenden, unaufhaltsamen Erosion der freiheitlichen Ordnung?

Stattdessen gefallen sich etliche ihrer Exponenten darin, vom »Erhalt der Schöpfung« zu reden, ohne eine Idee und ein

Konzept davon zu haben, wie diese Schöpfung am besten geschützt werden kann. Wenn in einer Predigt das Wort »nachhaltig« häufiger vorkommt als das Wort »Christus«, dann ist etwas entgleist, dann wird offenbar der falsche Gott angebetet. Gehen Sie, geschätzte Leser, mal in einen Gottesdienst und zählen Sie mit. Ich habe übrigens das Wort »nachhaltig« in der Bibel gesucht und nicht gefunden. Vielleicht findet es sich ja in der nächsten Auflage, ergänzt um das Erste Buch Greta. Was dort zuweilen gepredigt wird, ist nicht mehr der Glaube an den Erlöser, es ist eine neue Form von grünem Ablasshandel. In Abwandlung eines fälschlich dem Ablassgroßhändler Johan Tetzel zugeschriebenen Zitates könnte man passend dichten: »Das Eis am Pol noch lange blinkt, wenn das Geld im Kasten klingt.«[39]

Um dem Ganzen die Krone aufzusetzen, gefallen sich einzelne besonders exponierte Vertreter der Kirchen in einer von ökonomischem Analphabetismus gekennzeichneten »Kapitalismuskritik«. Wäre es nur eine ökonomische Lese- und Rechtschreibschwäche, die dieser Verirrung zugrunde liegt, könnte man noch darüber hinwegsehen und einfach den bayerischen König Ludwig I. zitieren, der dem sich in seine Lebensführung einmischenden Bischof von Würzburg zugerufen haben soll: »Bleib er bei seiner Stola, ich bleib bei meiner Lola.« Aber es geht dabei um mehr: Es geht um die Umstülpung der gottgewollten freiheitlichen Ordnung im Rahmen eines kommunistisch-sozialistischen Scheinsamaritertums. Es ist gewissermaßen auch theologisch eine Sünde wider den Heiligen Geist, einer Ordnung der Unfreiheit das Wort zu reden und dafür die Autorität des Glaubens in Anspruch zu nehmen.

So machen sich die Kirchen mit dem sozialistischen Mainstream gemein. Und ich wiederhole es noch einmal: Eine Kirche, die sich nicht von einem fehlgeleiteten Mainstream unterscheidet, braucht kein Mensch.

Der neue Aberglaube

Das fatale Ergebnis dieses Führungsversagens von Gottes Bodenpersonal ist die tiefgreifendste Erosion des Glaubens in unserer Gesellschaft, die je stattgefunden hat. Wo aber der Glaube erodiert, da feiert der Aberglaube fröhliche Urständ. Es ist nicht so, dass die Menschen dann an gar nichts glauben würden, sondern sie verinnerlichen einen Haufen Schwachsinn und wenden sich Spiritismus und anderen Formen des Aberglaubens zu, die geistige Abhängigkeiten schaffen, welche denen von Drogen und Sekten nicht unähnlich sind.[40]

Scheinwissenschaftliche Propaganda wird mit religiösen Wahrheitsanspruch verkündet und buchstäblich nach*gebetet*. Das beginnt mit der Klimahysterie, deren 16-jährige schwedische, als »Jeanne d'Arc«-Wiedergängerin inszenierte und als politische Kinderarbeiterin missbrauchte »Prophetin« (Zitat der Grünen-Politikerin Göring-Eckart von der Kanzel einer evangelischen Kirche[41]) Greta Thunberg »Fridays for Future«-Schulschwänz-Partys initiierte, die vom leibhaftigen Erzbischof von Berlin, Koch, ernsthaft mit Jesu Christi Begrüßung am Palmsonntag in Jerusalem verglichen wurden.[42] Thunberg stehe für eine »prophetische Botschaft«. Die ehemalige Bischöfin Margot Käßmann glaubt gar zu wissen, dass Jesus heute dort mitdemonstrieren würde.[43]

Ein Hirte der Gläubigen, der sich mit solchen Strömungen gemein macht, sollte sich ernsthaft fragen, woran er in Wahrheit glaubt. Er missbraucht die ihm verliehene geistliche Autorität in grober und den Glauben verzerrender Weise und setzt den Respekt aufs Spiel, der erforderlich ist, als geistliche Autorität die Gemeinschaft der christlichen Gläubigen zu führen. Und das gilt auch dann, wenn er selbstexkulpatorisch nachschiebt, er habe die gehypte »Prophetin« der neuen globalen Klimasekte nicht mit Jesus Christus vergleichen wollen.[44]

Das geht weiter über die gender-manipulative Sprachinquisition bis zu malthusianischen Wachstumsskeptikern, die den Menschen als eine Krankheit ansehen, die den Planeten befallen habe, wie ein Virus seinen Wirt. Ihr Motto lautet:»Die Erde leidet an Homo sapiens.«[45] Von der Qualifikation des Menschen als Infektionskrankheit des Planeten zum Gedanken an den Genozid ist es nicht weit, wie ich in Kapitel VI zum Wesen des Kulturmarxismus noch darlegen werde. Besonders lautstark in diese Phalanx der vermeintlichen Retter des Planeten reihen sich die Kinderhasser ein, die uns vorrechnen, wie viel CO_2 ein Kind im Lauf seines Lebens erzeugt und dass die Welt »Kinderfrei« (Titel eines Buches, das diese Dehumanisierung unserer nächsten Generation propagiert[46]) sein sollte. Ohne das Verbrechen des Holocaust verharmlosen oder relativieren zu wollen, muss die Frage gestellt werden, wie es möglich ist, dass die Kombination des Attributs »-frei (von)« wieder auf Menschen bezogen gebraucht werden kann, nach der Manier der nationalsozialistischen Wortschöpfung »Judenfrei«. Mehr Menschenverachtung ist kaum denkbar.

Wenn es den selbsternannten Sprachwächtern vom sprachlichen Reinheitsgebot wirklich um die Würde des Menschen ginge, dann hätte ihnen diese Wortkomposition aus dem Lexikon des Unmenschen als Topkandidat für das »Unwort des Jahres« auffallen müssen. Dass es das nicht tat, spricht Bände über diese auf dem linken Auge blinden Bessermenschen. Spätestens jetzt hätte es den Vertretern der Kirchen auffallen müssen, dass sie sich mit falschen Freunden umgeben.

Die zweite Kraft, die dieses Vakuum füllt, ist der Islamismus, dem sich protestantische und katholische Würdenträger gleichermaßen in vorauseilendem Gehorsam, ja vorauseilender Unterordnung, um nicht zu sagen: Unterwerfung, anbiedern. Ginge es dabei nur um den Diskurs der Religionen mit dem Ziel gegenseitiger Toleranz und wechselseitigen Respekts, wäre nichts dagegen einzuwenden. Der Dialog mit dem Andersdenkenden und Andersgläubigen auf der Basis wechselseitigen Respekts ist richtig und wichtig. Die Voraussetzung für solchen echten Respekt ist Selbstachtung. Wer den Satz »Ich achte dich« aussprechen will, muss sich zuerst einmal über das »ich« beziehungsweise das »wir« im Klaren sein.

Aber das ist nicht das, was da passiert. Stattdessen hat sich eine die Religionen vermischende Denkweise in die Theologengehirne eingeschlichen. Man tut so, als seien Christus und Mohammed für einen Christen auf gleicher Stufe angesiedelt. Das ist aber mitnichten der Fall. Respekt im Dialog erfordert es, dass man sich der Unterschiede bewusst ist und nicht so tut, als gäbe es sie nicht.

Denn für einen Menschen, der so denkt und der damit Mohammed als Propheten anerkennt, kann die einzig logische Konsequenz nur sein, zum Islam überzutreten. Dass das für einen dem Zölibat verpflichteten Bischof eine Versuchung ist, ist es doch mit der Aussicht auf vier Ehefrauen verbunden, kann ich gerade noch nachvollziehen. Aber, meine Herren: Das wird nichts ohne Abfall vom Glauben. Denn im Christentum ist Mohammed kein Prophet, und Christus selbst hat über diejenigen, die von sich behaupten würden, seine Nachfolger und Propheten zu sein, den Satz geprägt: »An ihren Früchten sollt ihr sie erkennen.«

Der oft aus katholischem und protestantischem Theologenmund zu hörende Satz »Wir beten alle zum gleichen Gott« ist in Wahrheit nur eine Beruhigungspille für die Herde christlicher Schafe. Denn die islamischen Schriftgelehrten sehen das mitnichten so. Für sie ist die Lehre von der Dreifaltigkeit Gottes mit Vater, Sohn und Heiligem Geist ebenso eine unverzeihliche Ketzerei wie der Anspruch Jesu Christi auf die Mensch und Fleisch gewordene Verkörperung Gottes in der Welt, dem Menschen »in allem gleich außer der Sünde«.[47] Diese theologische Differenz ist mit noch so viel Gefühligkeit und Rabulistik nicht überbrückbar. Die Verfolgung der Christen in der islamischen

Welt zeigt, dass das keineswegs nur eine theologisch-theoretische Feinheit für das universitäre Proseminar ist.[48]

In ihrer blinden, gefühligen Anpassung bemerken die Damen und Herren Bischöfinnen und Bischöfe noch nicht einmal, dass die Institutionen, mit denen sie da täglich kungeln, nicht dem vermeintlichen Reformislam, der demokratiekompatiblen, domestizierten, assimilierten, integrierten und gezähmten Spielart dieser Religion angehören. Man schickt christlich getaufte Kinder zum Islamunterricht in Moscheen[49], deren Betreiber sich zum heiligen Krieg, zur Unterwerfung aller anderen Religionen und Länder und zur Scharia mittelalterlicher Ausprägung bekennen, und tut so als sei das alles nur Folklore.

Solche Geister werden wohl nicht einmal dann aufwachen, wenn sie irgendwann die in islamischen Gesellschaften obligatorische Christensteuer entrichten müssen und bei der kniend vollzogenen Ablieferung des Tributs (wie das über Jahrhunderte im Osmanischen Reich üblich war[50]) vom Steuereintreiber mit dem Stock auf den Kopf geschlagen werden, als Strafe für ihr obstinates Festhalten am Christentum.

Als ein bekannter Kardinal und sein protestantischer Gegenpart den Tempelberg in Jerusalem besuchten, haben sie die für solche Rituale hilfreiche Geisteshaltung schon mal eingeübt, indem sie beim Besuch dieser für alle drei abrahamitischen Religionen heiligen Stätte eilfertig und gehorsamsbeflissen ihre »Dienstkreuze« (was für ein Wort, ist das eigentlich eine Sonderausstattung des Dienstwagens?) ablegten.[51] Auf die Kritik daran reagierend wurde dann ins Feld geführt, dass sowohl die muslimischen als auch die jüdischen Gastgeber darauf bestanden hätten.[52] Das war, um es mal ganz höflich zu formulieren, ein Verstoß gegen gleich zwei der Zehn Gebote Gottes, denn die jüdischen Gastgeber hatten nichts dergleichen auch nur angedeutet. Eine entsprechende Behauptung wurde von einem israelischen Militärsprecher ausdrücklich zurückgewiesen.[53] Das liegt wahrscheinlich daran, dass dem Judentum eine Toleranz innewohnt, die Respekt nicht mit Unterwerfung verwechselt. Aber diese Anbiederung trägt nicht die Früchte, die sich die kirchliche Nomenklatura erhofft. Unterwerfung wird nicht mit Respekt beantwortet, sondern mit Verachtung. Wenn die von den Mainstream-Medien durch Verbannung auf die hintersten Seiten unterdrückte Nachricht, dass in Frankreich innerhalb kurzer Zeit Dutzende Kirchen gebrannt haben und dass salafistische Brandstifter dahintersteckten[54], nicht in der Lage ist, ihnen das klarzumachen, dann fragt man sich, was es braucht, um sie wachzurütteln.

Die christlich-jüdischen Wurzeln der Aufklärung

Wenn man sich bewusst macht, dass es die christlich-jüdische Denkweise war, die die Aufklärung, damit den rationalen Diskurs und so die freiheitliche Gesellschaftsordnung überhaupt erst ermöglicht und hervorgebracht hat, dann kann man ermessen, welchen Schaden dieser Verlust an Glauben und Klarheit für die Stabilität und die Zukunftsfähigkeit unserer Gesellschaft anrichtet.

Die Pfeiler einer freien und erfolgreichen Gesellschaft, Ehe und Familie, Individualität, Eigentum, Religion, Kunst und Kultur, finden hier ihr ideengeschichtliches Fundament und nirgendwo sonst.[55] Man kann einem Baum nicht die Wurzeln kappen und postulieren, dass er dann noch wächst und gedeiht. Yuval Noah Harari beschrieb in seinen beiden Büchern »Eine kurze Geschichte der Menschheit« und »Homo Deus«, wie Narrative einer Gesellschaft das Rückgrat geben und warum sie für ein erfolgreiches Gemeinwesen unverzichtbar sind.[56]

Unser abendländisch-zivilisatorisches Narrativ ist die in jüdisch-christlicher Denkschule wurzelnde Aufklärung. Das

Versagen der Kirchenobrigkeit hat daher weitreichende Folgen. Sie entzieht dem gesellschaftlichen Diskurs mit ihrem Narrativ die Stimme der Vernunft, weil Aufklärung ohne die christlichen Werte von den Jakobinern gekapert wird. Deren Narrativ ist aber ein anderes: Es ist das des Utilitarismus, der Verfügbarmachung des Menschen, seiner Normierung, Eingliederung, Einordnung, Umformung, Kasernierung, Umerziehung, Versklavung und letztlich Nutzbarmachung. Was nicht in diesem Sinne nützlich ist, wird aussortiert. Der Mensch als Nutztier. Das Vakuum, das die Kirche hinterlässt, wird nicht von der Gottsuche gefüllt, sondern von der Barbarei, die den Menschen materialistisch reduziert. Seine Würde gerät dabei unter die Räder, und im Widerspruch zu Artikel eins des Deutschen Grundgesetzes wird sie dann doch plötzlich antastbar, und sie wird auch angetastet. Unantastbar ist sie nur, wenn die dafür zuständigen Institutionen ihrer Aufgabe, sie zu schützen, konsequent gerecht werden, und wenn das Volk sie im Bewusstsein der Bedeutung dieser Aufgabe vorbehaltlos unterstützt.

So wie die Bürger der Politik in Bälde eine Lektion erteilen müssen, welche Reformen für eine Rückkehr zum Erfolg dieser Gesellschaft und unseres Staatswesens notwendig sind, so müssen wohl auch die Gläubigen die Kirchenoberen an ihre eigentlichen Aufgaben erinnern. Es gibt ein erfolgreiches Beispiel, wie Kirchen ihre Kraft zurückgewinnen: Das sind die Orthodoxen Kirchen im ehemals kommunistischen Osten. Auch sie haben – in Anknüpfung an zaristische Traditionen – eine Arbeitsteilung mit dem Staat vereinbart. Aber sie machen dabei eine klare Ansage: Wenn du, Staat, von uns Legitimation haben möchtest, dann bewege die Gesellschaft hin zu unseren Werten. Der Lohn ist ein erfolgreicheres Gemeinwesen durch die Wiedergewinnung des Narrativs, welches in der Vergangenheit funktioniert hat. Das ist angesichts der Verwüstungen, die der Kommunismus hinterlassen hat, ein langer und steiniger Weg. Aber dazu stellt bereits die Bibel treffend fest:

»Geht hinein durch die enge Pforte. Denn die Pforte ist weit, und der Weg ist breit, der zur Verdammnis führt, und viele sind's, die auf ihm hineingehen. Wie eng ist die Pforte und wie schmal der Weg, der zum Leben führt, und wenige sind's, die ihn finden!«[57]

Die Kirchen müssen ihre Rolle und ihre Pflichten neu definieren. Sie müssen sich vom Sozialstaat emanzipieren. Ihre Rolle ist nicht die eines verlängerten Dienstleistungsarms der bevormundenden Bürokratie. Ihre Rolle darf nicht die eines schweigenden Zuschauers beim Werteverfall sein. Ihre Rolle darf auch nicht, wie beim Thema Abtreibung, die eines heimlichen, schweigenden Komplizen bei einer Kultur des Todes sein. Ihre mit der Lehre konforme Rolle ist ganz sicher nicht die des Beifall von den falschen, linken Rängen heischenden Pausenclowns.

Ihre ureigenste und einzufordernde Rolle ist die des unbequemen Mahners, des Beschützers von Freiheit, Leben und Menschenwürde. Sie müssen der Kultur des Lebens und der Freiheit zum Sieg verhelfen über eine Kultur des Todes und der Unfreiheit. Sie müssen die Seelsorge und die religiöse Ausbildung der nächsten Generation von Christen sicherstellen.

Von dieser Rolle sind die Kirchen in Westeuropa so weit entfernt wie nie in ihrer Geschichte.

V •
GLEICH-
SCHALTUNG
UND
MANIPULATION
DER MEDIEN

»Das ist das Geheimnis der Propaganda;
den, den die Propaganda fassen will, ganz mit
den Ideen der Propaganda zu durchtränken, ohne dass
er überhaupt merkt, dass er durchtränkt wird.«

Joseph Goebbels

Die Presse gilt in einer Demokratie als die vierte Gewalt[58] schlechthin. Ihre Aufgabe sollte es sein, die Mächtigen, also die Regierung, zu kontrollieren, zu kritisieren und in permanenter Sorge vor Enthüllungen zu halten. Die Presse ist das Instrument, das in einer funktionierenden freien Gesellschaft dafür sorgt, dass die Regierung, unter dem Recht stehend, mehr Angst vor dem Volk haben sollte, als wenn sie nicht da wäre.

Im Unterschied dazu hat die Presse in einer Tyrannei, in einem unfreien Land eine gänzlich andere Funktion. Sie ist Sprachrohr, Apologet und serviler Claqueur der Macht. Je unfreier eine Gesellschaft ist, desto mehr überschlägt sich die Presse in Lobeshymnen für die übermenschlichen Fähigkeiten der weisen Führung oder vielmehr des großartigen Führers.

Es gilt: Je kritikloser und lobhudelnder die Medien die Mächtigen behandeln, desto unfreier ist die Gesellschaft schon geworden. Die Presse- und Medienkultur ist ein Fieberthermometer der Freiheit und auch der Unfreiheit einer Gesellschaft.

Wenn man die Dynamik, die abträgliche Wirkung der Servilität der Presse auf die Freiheit verstehen will, so muss man die von ihr erzeugten Phänomene klassifizieren und einordnen in eine Taxonomie der Unterwürfigkeit, gewissermaßen eine Systematik der Servilität. Diesen Versuch möchte ich hier ansatzweise unternehmen. Diese Taxonomie orientiert sich dabei an den Regeln des guten Journalismus. Denn dieser gute Journalismus definiert sich gerade aus der oben genannten Aufgabe der Presse und der Medien als vierte Gewalt. Was sind diese Regeln, und wie werden sie unterminiert:

1. *Trennung von Nachricht und Meinung:* Es muss für die Leser erkennbar sein, ob es sich bei dem, was sie lesen, um eine Nachricht, also um Fakten handelt, oder um die Meinung des Schreibers. Das heißt nicht, dass Journalisten neutral, also politische Kastraten sein müssen. Es muss für die Leser nur klar und transparent sein, wo die Nachricht aufhört und wo die Meinungsäußerung anfängt. Es geht um die weltanschauliche Neutralität der Nachricht: Der Nachrichtenartikel soll die Leser informieren, nicht erziehen. Am häufigsten wird diese klare Regel sublim umgangen mithilfe von **Attributen**. Wie erkennt man die unzulässigen Attribute, die nicht informieren, sondern der Meinungsmache dienen sollen?

2. *Klarheit der Begrifflichkeiten:* Es muss für die Leser erkennbar sein, was mit einem Begriff eigentlich gemeint ist.

3. *Vollständigkeit:* Nachrichten und Fakten dürfen nicht unterdrückt werden. Eine Weglassung an entscheidender Stelle kann aus einer Wahrheit eine Halbwahrheit oder sogar eine Lüge machen.

4. *Unabhängigkeit:* Das Medium darf nicht fremden, schon gar nicht versteckten Interessen dienen. Wenn doch, muss dies für die Leser klar erkennbar sein. Dazu gehört auch und vor allem, dass die Presse sich nicht als Büttel der Macht verdingt. Die vornehmste Aufgabe der Presse ist die Kontrolle der Mächtigen, was Regierungen, Konzerne, mächtige NGOs und Parteien einschließt.

5. *Wahrheit:* Eine Presse, die sich ihr nicht klar verpflichtet fühlt, wird zu Recht als Lügenpresse gescholten. Die Pflicht zur Wahrheit steht dabei nicht im Widerspruch zum Recht auf Irrtum. Auch Journalisten können, dürfen und werden sich irren, weil Irren menschlich ist. Sie dürfen aber nicht im erkannten Irrtum verharren, sonst mutiert der Irrtum zur Lüge, und dann gilt der bereits zitierte Satz von Bertolt Brecht: »Wer die Wahrheit nicht kennt, ist dumm. Aber wer die Wahrheit kennt und sie eine Lüge nennt, der ist ein Verbrecher.«

Trennung von Nachricht und Meinung

Die Trennung dient nicht dazu, dem Journalisten oder einem Presseorgan eine eigene Meinung abzusprechen oder diese gar zu verbieten. Im Gegenteil: Die Freiheit der Meinung ist essenziell für die Freiheit der Presse. Sie soll, darf, ja muss durch eigene Positionen zur Meinungsbildung der Bürger beitragen. Es ist jedoch ebenso die Aufgabe der Presse, objektiv zu informieren. Leser, Zuschauer oder Zuhörer, die sich nicht darauf verlassen können, von der Presse objektiv informiert zu werden, haben keine faire Chance, sich als unabhängige Bürger und freie Menschen ihre eigene, fundierte Meinung zu bilden, die auf Tatsachen und Fakten beruht. Sie haben daher Anspruch darauf, diese Informationen ungefiltert, umfassend und auch unkommentiert zu erhalten. Sie haben auch das Recht, sich über die Meinungen zu informieren, die unterschiedliche Presseorgane und Medien aus diesen Fakten ableiten. Das alles versetzt sie in Summe in die Lage, auf Basis eigener Wertung, eigenen Urteils, reflektiert und bewusst eine Meinung zu bilden und am gesellschaftlichen und demokratischen Willensbildungsprozess teilzunehmen. Es ist die Grundlage ihrer demokratischen politischen Teilhabe. Es ist in einer Demokratie auch eine der Voraussetzungen für die Wahrnehmung staatsbürgerlicher Rechte und Pflichten, insbesondere hinsichtlich der Teilnahme am aktiven und passiven Wahlrecht und der Wahrnehmung der eigenen Interessen.

Information und Meinung haben also in den Medien beide ihre Berechtigung und Funktion. Sie sind wie Bremse und Gaspedal bei einem Auto. Beide unverzichtbar, aber getrennt. Kein Mensch käme auf die Idee, diese beiden Pedale zu einem zu kombinieren. Es ist unumgänglich, den Lesern und Medienkonsumenten ehrlich gegenüberzutreten und ihnen zu sagen, ob ein Artikel eine Nachricht ist, also Fakten vermittelt, oder ein Meinungsartikel. Vermischt man beides, öffnet man der Manipulation Tür und Tor.[59]

Eines der am häufigsten hierfür verwendeten Mittel ist die Einführung und permanente Wiederholung von Attributen, meistens abwertender Natur. So ist es zum Beispiel kaum möglich, den Namen des 2018 von einer überwältigenden demokratischen Mehrheit seiner Landsleute gewählten brasilianischen Präsidenten Bolsonaro in deutschen Medien, egal ob TV, Zeitung oder Radio, ohne den erklärenden und einordnenden Zusatz »rechtsradikal« zu hören oder zu lesen.[60] Ähnlich ergeht es dem Brexit, der – sofern sich das Vereinigte Königreich nicht dem Diktat aus Brüssel unterwirft – zumeist grundsätzlich als »ungeordnet«, »chaotisch«, »von niemandem gewollt« oder »katastrophal« bezeichnet wird.[61]

Attribuierung beschränkt sich aber nicht auf Adjektive. So gefällt sich eine journalistische Meute seit Monaten darin, die schöne sächsische Stadt Chemnitz wahrheitswidrig mit dem Wort »Hetzjagd« zu verheiraten.[62] Wir werden weiter unten bei der Frage der Pflicht zur Wahrheit auf dieses Thema noch einmal zurückkommen.

Es ist offensichtlich, welche Absicht hinter solch einer Vorgehensweise steckt: die Intention der öffentlichen Verleumdung, des Rufmords, der Schmierenkampagne.

Man kann, wenn man will, aber auch umgekehrt. So lernen wir, dass wir eine »beliebte«, »international geachtete«, »weltweit respektierte« Kanzlerin haben.[63] Wir lernen, eine große Zahl von Einzelfällen von einer Kriminalitäts- und Gewaltepidemie zu unterscheiden, und wir lernen etwas über das »Friedensprojekt« EU-Europa.[64] Wir lernen auch, dass EU und Europa das Gleiche sind.

Schön, oder?

Der erklärte Feind der objektiven Information durch Trennung von Nachricht und Meinung ist der sogenannte und selbstgekrönte »Haltungsjournalismus«[65]. Er ist das vor Moralin triefende, auf Volkserziehung ausgerichtete Werk von Menschen, die den Anspruch erheben, Journalisten zu sein, aber in Wahrheit Lakaien eines Wahrheitsministeriums Orwellianischen Zuschnitts bedenklich ähnlich werden. Sie werfen die Pflicht zur Aufklärung, zur Klarheit und Wahrheit mit der Begründung über Bord, einer größeren Sache, einer übergeordneten Wahrheit, einem edlen gesellschaftlichen Ziel, einer erstrebenswerten besseren Gesellschaft zu dienen.

Ihr Kampfruf ist »Haltung zeigen«, und in ihrer ideologischen Verblendung merken sie nicht, dass sie nicht einer größeren Sache dienen, sondern einer kleingeistigen sozialistischen Ideologie der Unfreiheit. Sie merken nicht, dass es keine übergeordnete Wahrheit ist, die sie verkünden, sondern die vorgestanzte Propaganda der Macht. Sie übersehen, dass das gesellschaftliche Zielbild nicht mehr edel ist, sondern korrupt, und nur den Vorteilsjägern der Bürokratie, der Nomenklatura, dem neuen Adel an den Schaltstellen der Macht außerhalb der demokratischen Kontrolle dient. Sie errichten keine bessere Gesellschaft, sondern sie untergraben die Erfolgsvoraussetzungen der einzigen guten Gesellschaft, nämlich derjenigen, die sich aus freien Männern und Frauen zusammensetzt.

Alles, was nicht ihrer in religiöser Inbrunst verkündeten »Haltung« entspricht, muss böse, übel und »rechts« sein. Wer sich ihnen nicht kritiklos unterordnet, wird in eine Schublade gesteckt, verortet als »Nazi« und – sollte sich die Gelegenheit bieten – nach allen Regeln geübter totalitärer Rufmordkampagnen, neudeutsch bekannt als »Shitstorm«, verfolgt. Die Haltung rechtfertigt es. Ihre mediale Feuerkraft wird nicht eingesetzt, um den Bürger zu informieren, zu sagen »was ist«. Sie wird eingesetzt, um zu sagen, wie es sein sollte, und alle, die damit nicht einverstanden sind, als etwas zu charakterisieren und zu verleumden, was »nicht sein sollte«, nämlich vermeintlich »rächts«.

Man ermutigt sich im Echoraum medialer Macht gegenseitig mit Büchern, mit denen sich ihre Schreiberlinge als besonders anständige und vorbildliche Menschen selbst beweihräuchern. Man verleiht sich gegenseitig Journalistenpreise für die von dieser »Haltung« beseelten Tastaturauswürfe. Ein besonders eifriger Abstauber solcher Preise war der gefeierte Haltungsprophet Claas Relotius, der als Supertalent des SPIEGEL und Blitzkarrierist Geschichten frei erfand, aber ungeschickterweise reale Personen in sie einbaute, die sich dann irgendwann gegen seine Lügen zur Wehr setzten.⁶⁶ Für solche Menschen ist die Lüge Ausdruck ihrer Haltung als moralische Elite. Wahr ist, was der Sache dient, auch wenn es buchstäblich gelogen ist wie gedruckt. Es genügt ihnen auch nicht, »gut« zu sein. Der *Gutmenschen*-Anspruch wird ihrem elitären Selbstverständnis nicht gerecht. Es ist die »I am holier than thou« (»Ich bin heiliger als du«)-Attitüde, die sie heraushebt und zu *Bessermenschen* macht.

Diese Haltung ist in Wahrheit aber gar keine Haltung. Denn Haltung im Sinne von Mut, Standfestigkeit und Charakter kann überhaupt nur geübt werden im Angesicht von Widrigkeiten. Wenn sie nur dazu dient, der Macht gefällig zu sein, ist sie auch eine Haltung, aber man nennt sie dann nicht aufrecht, sondern Kriechgang.

Die Protagonisten der Servilität gegenüber der Macht sind nicht neu. Heinrich Heine kannte sie schon, als er im Jahre 1844 in »Deutschland: Ein Wintermärchen« schrieb:

»Sie stelzen gerade so steif herum,
so kerzengerade geschniegelt,
als hätten sie verschluckt den Stock,
womit man sie einst geprügelt.«

Haltung. Passt.

Die Klarheit der Begrifflichkeiten

Diese Frage ist im Zeitalter der politischen Korrektheit der Stock schlechthin, mit dem man in das Wespennest hineinsticht. Die Spindoktoren der politischen Korrektheit haben sich in den vergangenen 50 Jahren, erst unmerklich, aber in jüngster Zeit galoppierend daran gemacht, die Sprache als Mittel des sachlichen, logischen und politischen Diskurses zu demontieren. Es genügte ihnen nicht, so wie Orwell das in seinem dystopischen Roman »1984« vorausgesehen hatte, einzelne Begriffe aus dem Sprachgebrauch zu entfernen (so zum Beispiel das Wort »Neger«, welches Martin Luther King, einer der Väter der amerikanischen Bürgerrechtsbewegung, noch ganz selbstverständlich benutzte, um seine eigene Zugehörigkeit zu beschreiben[67]). Es genügte ihnen auch nicht, einzelne Begriffe mit neuen Bedeutungen aufzuladen (so ist Grün heutzutage keine Farbe mehr, sondern ein komplettes politisches Programm des Umweltsozialismus, der aktuell analog dem Kommunismus zu einer Pseudoreligion transformiert). Nein, sie attackieren Syntax und Grammatik so systematisch und mit den Mitteln des Zwangsstaates, dass Struktur und Sinn der Sprache in toto gefährdet sind. Das gilt insbesondere für die systematische Verhunzung von Texten im akademischen Bereich durch »Gendersternchen«, »m/w/d«-Klassifizierung (»männlich/weiblich/ divers«) und zwanghafte Verweiblichung von Begriffen, die die deutsche Sprache, gewachsen in Jahrhunderten, nicht als weiblich eingestuft hat.[68]

An Universitäten geht man so weit, dass man Studierende mit Notenabzügen bestraft, wenn sie sich weigern, die Texte ihrer Seminar-, Master- und Doktorarbeiten mit Gendersternchen und Gendersprache für einen normalen Lesekonsum unleserlich zu machen.[69] Nirgendwo hat sich der Geist des Totalitarismus schneller und gründlicher ausgebreitet als an den Universitäten. Konformismus und ideologische Angepasstheit sind wichtiger als intellektuelle und wissenschaftliche Originalität und Klasse, ja sie ersetzen diese nachgerade. So ging schon vermeintlich »arische« Wissenschaft.

Die Herrschaft des Mittelmaßes, welche die 68er errichtet haben, wird nunmehr von der Herrschaft der Unfähigen und Infantilen abgelöst, denn auch die wissenschaftliche Treppe wird von oben gekehrt. Nur erstklassige Forscher wollen andere erstklassige Forscher als Kollegen. Zweitklassige wollen Drittklassige als Kollegen, weil sie vor der Leistung anderer Angst haben. Diese Angst haben sie zu Recht, würde es doch ihren Mangel an wissenschaftlicher Befähigung schnell aufdecken, wenn echte Leistungsträger die Bühne betreten. Da der Drittklassige unter den gleichen Ängsten leidet wie der Zweitklassige, ist der Abstieg auf der Leistungsleiter akademischer Brillanz programmiert. Solche Menschen brauchen Gendersternchen, damit sie überhaupt für irgendetwas stehen.

Folgt echte wissenschaftliche Leistung dem römischen Motto »per aspera ad astra« (frei übersetzt »Durch die Mühen greifen wir nach den Sternen«), begnügt sich diese Klasse akademischer Scharlatane mit dem Motto »Mühelos greifen wir nach den Gendersternchen«.

Das Ziel dieser Vergewaltigung der Sprache ist die Umerziehung der Menschen.

Das erste und älteste Feld der politischen Korrektheit ist das Aufspüren und Anprangern von verbotenen Begriffen, »Unworten«, vorzugsweise »Unworten des Jahres«. Das sind gewissermaßen die Ausgeburten der Hölle aus dem Sprachschatz der Rassisten, Nazis, Neoliberalen, Umweltverschmutzer, Kriegstreiber, Dieselfahrer, Plastikbeutelbenutzer und heterosexuellen alten weißen Männer.

Diesem Sport für Sprachbehinderte widmen sich, angeführt von der Vereinigung »Unwort des Jahres«[70], die eine Webseite betreibt, auf der die selbsternannten Wächter des guten Geschmacks und Eigentümer der deutschen Sprache jedes Jahr ihren Bannstrahl gegen die ihnen unliebsamen Begriffe und ihre Nutzer schleudern. Geht man auf diese Webseite, dann kann man ganz neu erlernen, was mit »Salbadern« gemeint ist, wenn man die folgende, vor Selbstgerechtigkeit triefende Passage zur Selbstdarstellung dieses Clubs von linguistischen Möchtegernautoritäten lesen darf:

»Das Ziel: ein sensiblerer Umgang mit Sprache in der öffentlichen Kommunikation. Die sprachkritische Aktion ›Unwort des Jahres‹ möchte das Sprachbewusstsein und die Sprachsensibilität in der Bevölkerung fördern. Sie lenkt den Blick auf sachlich unangemessene oder inhumane Formulierungen im öffentlichen Sprachgebrauch, um damit zu alltäglicher sprachkritischer Reflexion aufzufordern.«

Mit etwas Mühe kann man diesen Abschnitt entziffern und übersetzen. Gemeint ist etwa Folgendes: »Das Ziel: keinem linken Sensibelchen, das sich auf die Füße getreten fühlen könnte, mit einer öffentlichen Äußerung auf den Leib rücken. Der sprachelitäre Club möchte die freiwillige Nutzung der Schere im Kopf und die Angst vor dem selbst Gesagten bei den Bewohnern dieser schönen Republik fördern. Er prangert das an, was er für unangemessen oder einen Mangel an Respekt hält. Und wenn sich trotzdem einer traut, so etwas in den Medien zum Besten zu geben, so soll ihn der Bannstrahl der Hohepriester der PC treffen.«

Meistens wurden die inkriminierten Unworte dabei verwendet, um mit ihnen Kritik an den linken Zuständen in Deutschland oder Europa zu üben, wie die folgende kleine Liste von Beispielen der top-platzierten »Unworte« fast selbsterklärend deutlich macht[71]:

◢ »Anti-Abschiebe-Industrie« – 1. Platz 2018: Es leben zwar Heerscharen von Anwälten und »Sozialarbeitern« davon, Migranten ohne Aufenthaltsanspruch im Lande zu halten, aber wer dieser Gruppe eine so pointierte wie inhaltlich zutreffende Beschreibung gibt, muss ein »Nazi« sein.

◢ »Alternative Fakten« – 1. Platz 2017: Im Zeitalter der alternativlosen Kanzlerin scheint allein schon das Nachdenken über Fakten, die nicht in das linke Narrativ passen, ein Gedankenverbrechen. Es kann natürlich nicht überraschen, dass die Sprachwächter den Begriff so verstehen wollten, dass es sich dabei gar nicht um Fakten, sondern um Falschaussagen, vulgo: Lügen, handelt. Das ist aber nicht das, was der Begriff konkret sagt: nämlich, dass man sich erst alle Argumente und Fakten ansehen soll, die von allen Seiten des politischen Diskurses vorgetragen werden, um sich ein Urteil bilden zu können. Wie die Römer sagten: »Audiatur et altera pars« – Es möge auch der andere Teil gehört werden.

◢ »Volksverräter« – 1. Platz 2016: Da haben die Sprachwächter einen Glückstreffer gelandet. So etwas sollte man dem politischen Gegner nicht an den Kopf werfen, und es offenbart gewisse Bildungslücken im Geschichtsverständnis, es doch zu tun. Aber: Der Diskurs ist auch deshalb so vergiftet, weil große Teile des Volkes sich nicht mehr durch die Politik vertreten fühlen. Und es gibt ein weitverbreitetes Gefühl, dass die Politik diejenigen, die noch nie in das System eingezahlt haben, besser behandelt als diejenigen, die das tun und die nun mal nach ihrem Verständnis das Volk sind. Man kann den Begriff dennoch kritisieren. Wenn dies aber aus dem Munde der Gedankenpolizei kommt, ist die Kritik schon entwertet.

◢ »Gutmensch« – 2. Platz 2011 und 1. Platz 2015: Sie sehen, verehrte Leser, auch ein Unwort kann Karriere machen, und sei es nur im Ranking der Bessermenschen. Der feine Unterschied zwischen einem Gutmensch und einem guten Menschen ist sehr einfach: Der gute Mensch tut Gutes mit seinen eigenen Mitteln, seiner eigenen Zeit, seinem eigenen Geld, meist still und bescheiden. Der Gutmensch nimmt dafür das Geld anderer Leute und lässt sich anschließend dafür feiern und wiederwählen, weil die Menschen es nicht mitbekommen, dass er nur das Geld anderer Leute großzügig verteilt.

Klar, dass die Gutmenschen den Begriff Gutmensch hassen. Wer bekommt schon gerne den Spiegel vorgehalten.

◢ »Lügenpresse« – 1. Platz 2014: Jeder weiß, was damit gemeint ist. Wem es nicht gefällt, dass sich das Misstrauen gegenüber den Medien in diesem Wort kondensiert, der muss aber in den Spiegel sehen (nicht den SPIEGEL) und über sein gebrochenes Verhältnis zur Wahrheit intensiv nachdenken. Wer immer wieder dabei ertappt wird, die Unwahrheit zu verbreiten, wer sich selbst servil zur »Relotiuspresse« degradiert, wer erwiesenermaßen auch dann von falschen Berichten nicht abrückt und sie korrigiert, wenn sie längst widerlegt sind, und wer obstinat die Unwahrheit wiederholt, der hat nicht die Glaubwürdigkeit, diesen Begriff zu kritisieren, auch wenn es ein Kampfbegriff ist. Später dazu mehr.

◢ »Integrationsverweigerer« – 2. Platz 2010: Da alle zu uns kommenden Einwanderer »wertvoller als Gold« (Martin Schulz[72]) sind, kann dieser Begriff nur abwertend und ausländerfeindlich gemeint sein. Integrieren sollten sich ohnehin die Deutschen bei denen, die noch nicht so lange hier sind. Für die ganzen »Rechten« und »Unverbesserlichen«, die sich dem verweigern, wird das Wort allerdings nur deshalb nicht benutzt, weil die schon »Nazi« sind.

Man begnügt sich aber nicht mit der Verbannung missliebiger Begriffe. Ganze Themen und Meinungen werden im medialen und öffentlichen Diskurs systematisch verunglimpft. Wer solche Meinungen vertritt, wird mithilfe des Scherbengerichts einer Phalanx aus »öffentlich-rechtlichen« und auf links gedrehten privaten Medien verunglimpft und aus der Gemeinschaft aller Anständigen ausgeschlossen. Eine kleine Auswahl verbotener, verpönter und verruchter Meinungen mag für das Verständnis der Mechanismen hilfreich sein:

◢ Wenn Sie gegen die angeblich alternativlose Form der Eurorettung sind, dann sind Sie ein Anti-Europäer. Sie haben aus der Vergangenheit nichts gelernt und sind daran schuld, wenn sich Deutsche und Franzosen demnächst bei Verdun wieder in Schützengräben gegenüberliegen. Sie sind also so etwas wie der Saboteur des »Friedensprojektes EU-Europa«.

◢ Wenn Sie gegen die Frauenquote sind, weil das für Sie ein Angriff auf die grundgesetzlich verbriefte Gleichbehandlung der Geschlechter ist, sind Sie bestenfalls ein Chauvinist, schlimmstenfalls ein Sexist. Jedenfalls stehen Sie auf verlorenem Posten.

◢ Wenn Sie die legale Spätabtreibung bereits lebensfähiger ungeborener behinderter Kinder für eine neue Form der Nazi-Euthanasie und für Mord halten, sind Sie ein gefühlloser Frauenfeind.

◢ Wenn Sie die mittlerweile systematische Benachteiligung von Jungen im Schulbetrieb anprangern, sind Sie ein Störenfried für den zu bald 90 Prozent weiblichen Lehrkörper.

◢ Wenn Sie den Atomausstieg für Schwachsinn halten, gehören Sie zur Atommafia.

◢ Wenn Sie die Klimapolitik mit ihren Milliardensubventionen zulasten der Schwächsten unserer Gesellschaft für ebenso schwachsinnig halten, sind Sie bestenfalls ein Ignorant, schlimmstenfalls schuldig am Weltuntergang. Das Gleiche gilt, wenn Sie Windräder für die größte Beleidigung des menschlichen Auges in der schönen Landschaft halten, seit Erich Honecker die Mauer quer durch Berlin bauen durfte.

◢ Wenn Sie religiös inspirierte Gewalt mit einer Karikatur anprangern, dann sind Sie so gut wie tot.

◢ Wenn Sie den Mangel an Integrationswillen streng religiöser Bärtiger oder organisierter krimineller Clanstrukturen für ein gesellschaftliches Problem mit Sprengkraft halten, sind Sie ein Nazi. Bewerben Sie sich dann bitte nicht mehr um einen neuen Job. Jedenfalls nicht, bevor Sie sich nicht bei allen Kopftuchmüttern entschuldigt und freiwillige Auspeitschung (mindestens 50 Hiebe) auf dem Platz vor Ihrer lokalen Moschee auf sich genommen haben. Dabei haben Sie

Lästermaul noch Glück gehabt. Auf der arabischen Halbinsel heißt der Platz der Rache der Mächtigen nicht umsonst »Chop-Chop-Square«. Dort können Sie, wie sich neulich in nur ganz leicht übersteigerter Anwendung von Herrn Maas' Netz-DG zeigte, schon für eine im zarten Alter von 16 Jahren abgesetzte WhatsApp-Nachricht buchstäblich den Kopf verlieren.[73]

◢ Wenn Sie keine Angst vor der Gentechnik bei Nutzpflanzen und Nutztieren haben, weil das die Nahrungsversorgung der immer noch wachsenden Weltbevölkerung sichern könnte, dann sind Sie bestenfalls naiv und schlimmstenfalls ein Profiteur der Pharmaindustrie.

◢ Wenn Sie die Hatz auf tatsächliche und vermeintliche Steuersünder für scheinheilig und den Ankauf von Steuer-CDs für kriminelle Hehlerei halten, dann sind Sie wahrscheinlich selbst auf so einer Liste. Wollen wir doch gleich mal mit einem kleinen Hausbesuch bei Ihnen vorbeischauen, bevor Sie zur Selbstanzeige schreiten können.

◢ Wenn Sie den öffentlich zelebrierten Exhibitionismus auf Schwulen- und Lesbenstraßenfesten für geschmacklos oder gar eklig halten, weil er Ihrem eigenen beschränkten und verklemmten Sexualempfinden zuwiderläuft, oder wenn eine Ehe für Sie einen Mann und eine Frau benötigt, um eine solche zu sein, sind Sie homophob! Schämen Sie sich!

◢ Wenn Sie jetzt auch noch behaupten, dass es gar kein drittes, viertes oder vierundachtzigstes Geschlecht gäbe, sind Sie ein Feind der Menschenrechte und können sich demnächst mit Herrn Karadžić die Zelle teilen.

◢ Wenn Sie Ihren Sprachgebrauch nicht mehr von Negerkuss auf Schokokuss, wahlweise Schaumteilchen mit Migrationshintergrund, umstellen können oder, schlimmer noch: wollen, sind Sie ein Rassist. Sie sind dann bestimmt auch gegen die bevorzugte Berücksichtigung farbiger, religiöser, weiblicher, gegenderter oder besonders lauter Minderheiten bei der Zuteilung von Studienplätzen und anderer Goodies, bei denen nicht der Markt, sondern ein Rudel Bürokraten über Haben und Nicht-Haben entscheidet. Damit stellen Sie sich selbst außerhalb der geschlossenen Reihen der Kirche der überbordenden Gerechtigkeit.

Mit ihrer aggressiven Vorgehensweise haben es die totalitären Truppen der politischen Korrektheit geschafft, ein Klima der sublimen Angst zu verbreiten. »So was können Sie sagen, aber doch nicht in der Öffentlichkeit oder im Unternehmen oder wenn mehr als drei Personen zusammenkommen.« Dabei wird die Zahl der Themen, Begriffe und Meinungen, die tabuisiert werden, täglich größer.

Zugleich schafft sich die Hohepriesterschaft der Zensur aber auch Begriffe, usurpiert sie, lädt sie mit neuen Bedeutungen auf und macht sie zum Ausweis der korrekten, richtigen, linken Gesinnung.

Der Blick auf die gewünschten, korrekten Begriffe lohnt sich durchaus. Das sind gewissermaßen die Antipoden des Bösen. Worte, die wirken wie die Eintrittskarte zum Club der besseren Hälfte der Menschheit, die Absolution der Sprachpriester gewissermaßen. Was finden wir da?

◢ Platz 1: »Nachhaltigkeit«. Das Wort ist einfach Spitzenklasse! Nennen Sie eine Sache nachhaltig, und die Diskussion ist zu Ende! Früher sagte man dazu kurz »Basta«! Ganze Großunternehmen haben das Ding mittlerweile in ihren Wertekanon aufgenommen![74] Was für eine Karriere! Wenn Sie sich früher in die sündigen Nesseln gesetzt haben, konnten Sie mit zehn Ave-Maria Buße tun. Heute murmeln Sie das Wort »Nachhaltigkeit« am besten vernehmlich 30-mal und machen dabei ein verzückt frömmelndes Gesicht. Am besten tun Sie das vor einer Ikone der heiligen Greta, der Schutzpatronin der Eisbären.

◢ Platz 2: »Klimaneutral«[75]. Dafür bekommen Sie den Orden als »Held der Umwelt«! Sie haben begriffen, worum es geht.

Jeder weiß zwar, dass die Aktivitäten des Menschen erst dann wirklich »klimaneutral« sind, wenn er im Grab schon dekompostiert ist (nein, nicht schon mit dem Ableben, erst wenn die Maden und die anderen Klimagas erzeugenden sterbebegleitenden Tierchen mit der Arbeit fertig sind!), aber darum geht's ja nicht. Wünschenswert wäre es, wenn das ganze Land klimaneutral ist. Neuerdings wird von den auf diesen Zug glücklich aufgesprungenen Antinatalisten propagiert, dass man keine Kinder mehr bekommen sollte, weil jeder Mensch CO_2 erzeugt.[76] Diese Leute möchten vorgeblich gerne die Welt retten, aber anscheinend nicht für unsere Kinder.

◢ Platz 3: »Gender-Bewusstsein«[77]. Gender ist der nicht wirklich ins Deutsche übersetzbare heilige Gral der vormals feministischen »Bewegung«. Da passt so ziemlich alles rein, was man sich ausdenken kann. Das reicht von stupiden Definitionen, was heutzutage »sexuelle Belästigung« ausmacht, über die Reform der Religion (Gott als »Urmutter«, gegen den »patriarchalischen Gott der männlichen Unterdrücker«) bis zur minutiösen Auflistung aller tatsächlichen oder vermeintlichen Karrierehindernisse, die die Biologie in Gestalt des patriarchalischen Gottes den Frauen auferlegt hat und die nur durch Quoten geheilt werden können. Der letzte Schrei ist die Erfindung eines dritten, vierten oder sonst wie durchnummerierten Geschlechts. Die Revolution frisst offenbar jetzt ihre Kinder, indem der Genderismus den Feminismus zerstört.

◢ Platz 4: Die Wortendungen »in/innen«, neuerdings ergänzt um das nicht-existente »dritte Geschlecht«. Man zwingt Studierende und Promovierende neuerdings an einzelnen Universitäten, ihre wissenschaftlichen Texte von vorn bis hinten mit Gendersternchen, erigiertem »I« und m/w/d-Wurmfortsatz zu verstümmeln, bis sie nicht mehr leserlich sind. In den sogenannten Genderwissenschaften unterwerfen sich Betreiber dieser Scheinwissenschaft dem aber freiwillig, damit der hanebüchene Unsinn, den sie in ihren Schriften verzapfen, nicht mehr lesbar ist. Damit kann man ihn dann der Kritik entziehen. Es gibt in korrekter deutscher Sprache weder eine Kanzlerin noch eine Vorständin. Man sagt ja schließlich auch nicht Vorständer. Welcher Geisteshaltung entspringt diese Sprachverhunzung? Es ist in ihrem Kern die Haltung der Korruption. Das möchte ich gerne in aller Kürze begründen.

Es ist eine allmähliche Gewöhnung an die Zensur, die die »politische Korrektheit« den Bürgern unserer nur noch halbfreien Republiken aufzwingt. Dabei merken die Leute noch nicht mal, wie vornehme Rücksichtnahme ganz allmählich erst zu Unterwürfigkeit und am Ende schließlich zu Angst mutiert. Angst davor, das Falsche sagen zu können, seine Karriere zu beschädigen oder zum Aussätzigen der Gesellschaft aller Anständigen erklärt zu werden.

Es ist dies das Ergebnis gesteuerter Kampagnen. Hinter der Verfolgung jeder politischen Inkorrektheit steckt eine Interessengruppe, die ihre eigenen Ziele verfolgt. Sie verinnerlicht den Satz von George Orwell, dass derjenige, der die Sprache beherrscht, die Realität beherrscht.[78] Und wer die Realität beherrscht, der hat die Macht. Es ist eine neue Form der Zensur, die alle Andersdenkenden mundtot machen soll. Und diese Durchsetzung von Zielen ist nichts anderes als eine Ausübung von Macht.

Macht hat sich zu allen Zeiten der Zensur bedient. Die krude, direkte Form, wie sie von offen undemokratischen Regimen ausgeübt wird, beschränkt sich oft auf das Verbot von Zeitungen, Radio- oder TV-Sendern oder auf die Schwärzung unliebsamer Stellen in solchen Publikationen. Die Zensur ist meist sichtbar, leicht zu erkennen und hat den Nachteil, dass allein schon das geschwärzte Papier die Neugierde und Aufmerksamkeit des Publikums nach sich zieht.

Das Problem, das geschwärzt und so den Augen der kontrollierenden Öffentlichkeit entzogen werden soll, wird dadurch ungewollt mit einem Megafon ausgestattet. Es schreit in die Landschaft:»Schaut her, die Mächtigen wollen mich mundtot machen, weil sie dieses und jenes Problem als unbequem oder als Gefahr für ihre Herrschaft identifiziert haben.« Da machen sich die Herren und Damen Zensoren schnell zum Gespött, wenn sich die Information dann doch ihren Weg sucht, wie Wasser, das ein Hindernis umfließt. In Zeiten des Internets erweist es sich als fast unmöglich, die einmal durch den Zensor einer Sache geschenkte öffentliche Aufmerksamkeit wieder unter Kontrolle zu bekommen.

Ganz generell darf man wohl feststellen: Macht, die sich der Kontrolle entziehen will, braucht Zensur. Macht hat die penetrante Eigenschaft, sich selbst perpetuieren zu wollen. Das ist einer der Gründe, warum man in Demokratien dem alle vier Jahre mit einem Kreuzchen einen Strich durch die Rechnung machen darf, da immer die Gefahr besteht, dass die Macht sich verselbstständigt. Damit nicht der Satz gilt: Alle Macht geht vom Volke aus, um nie mehr dahin zurückzukehren.

Das ist auch der Grund, warum das Grundgesetz, ebenso wie die Verfassung der Vereinigten Staaten und anderer demokratisch verfasster Länder, die Meinungsfreiheit als hohes Gut schützt. Alles wäre also in bester Ordnung, wenn da nicht Politiker mit einem gestörten Verhältnis zu den Grundwerten unseres Grundgesetzes ständig neue Ausreden erfinden würden, warum der Fluss der Information und Meinung kontrolliert und eingehegt werden sollte. Nur nennen sie das nicht Zensur, sondern, wie Annegret Kramp-Karrenbauer neulich nach ihrem Ausflug in die Medienpolitik,»Regulierung«[79]. Jetzt wissen wir es also ganz genau.

Macht braucht Kontrolle. Wenn sie die nicht bekommt, bildet sie alle Arten von Auswüchsen. Sie verleitet zum Missbrauch. Sie verleitet zur Bereicherung. Kurz: Unkontrollierte

Macht korrumpiert. Nicht umsonst heißt es: Macht korrumpiert, und absolute Macht korrumpiert absolut.

Insofern als die Zensur ein Mittel ist, die Macht der Kontrolle durch den Souverän, nämlich das Volk, zu entziehen, ist sie nichts weiter als ein Mittel der Korruption.

Ich formuliere daher die These: Zensur *ist* Korruption.

Jede Form der Zensur hat eine korrupte Motivation als Grundlage. Jemand möchte seine Vorstellungen durchsetzen und der Kritik entziehen, jemand möchte sich bereichern, und dabei kann er keine Zuschauer gebrauchen, schon gar nicht auf öffentlicher oder medialer Ebene. Jemand möchte einem anderen etwas wegnehmen, Geld, Vermögen, den Arbeitsplatz oder gar das nackte Leben. Er möchte so seine Macht ausdehnen und anwenden. Das kann er nicht ohne Zensur im politischen Diskurs hinbekommen.

Wenn Zensur Korruption ist und die politische Korrektheit eine besonders subtile, effiziente Form der Zensur, dann stellen sich ganz neue Fragen. Wir können bei jeder Sau, die die Political Correctness durchs Dorf jagt, herauszufinden versuchen: Was ist die korrupte Absicht dahinter? Cui bono? Wem nützt es? Dann werden wir schnell und immer wieder feststellen: Es gibt einen wirtschaftlichen Gewinner. Eine Windrädchen-Lobby, eine Solarindustrie, einen, der auf Steuerzahlerkosten aus Schweinegülle und Kuhscheiße Biogas-Bonbons macht. Einen finanziellen Gewinner dieser korrupten Schemata werden Sie immer finden. Sie müssen nur fragen und suchen. Folgen Sie dem Geldstrom und Sie werden fündig.

Eine Medienlandschaft und ein journalistischer Berufsstand, die diese einfachen Zusammenhänge ignorieren und sich stattdessen durch Eingliederung in das System der politischen Korrektheit zum Büttel der Zensur machen, degradieren die Medien und damit auch sich selbst zum Bestandteil eines Systems politischer und wirtschaftlicher Korruption.

Also ist politische Korrektheit eine Form der Korruption. Die ihr nachlaufenden Medien sind in ihrer Substanz korrumpiert. Quod erat demonstrandum.

Vollständige Information?

Es gibt unterschiedliche Tore, die eine Information passieren muss, bevor sie den Bürger erreicht. Zunächst muss sie dort dokumentiert werden, wo sie entsteht, also am Ort des Geschehens, über das berichtet werden soll. Dann muss diese Information die Vertreter der Medien auch erreichen, damit sie Kenntnis davon erlangen, und letztlich müssen diese Medienvertreter willens sein, die Information mit den Lesern oder Zuschauern zu teilen und dies auf eine Weise zu tun, die den Lesern ein Verständnis der tatsächlichen Abläufe und Gegebenheiten ermöglicht.

Das scheint in Deutschland, ja in Europa komplizierter zu sein, als man glauben mag. Es fängt damit an, dass offizielle Stellen es sich zur Aufgabe gemacht haben, Informationen vorzuenthalten, zu verfälschen und zu frisieren, wenn sie der Meinung sind, dass die Information »Vorurteile« in der Bevölkerung fördern könnte, insbesondere gegenüber der gründlich missverstandenen Gruppe der Einwanderer. Man muss nicht lange raten, um herauszufinden, dass es dabei um die Kriminalitätsstatistik geht. Ohne an dieser Stelle in aller epischen Breite wiederholen zu wollen, wie und in welchem Umfang das geschieht, erlaube ich mir stattdessen auf einige Quellen zu verweisen, wo diese Faktenfälschung durch unsere offiziellen Stellen im Auftrag der von uns gewählten Regierenden umfassend dokumentiert worden sind.[80] Diese Beispiele zeigen aber auch: Wenn Journalisten es wissen wollen, finden sie es trotz der bürokratischen Blockadehaltung heraus. Wenn Sie also unseren öffentlich-rechtlichen Medien und der privaten Mainstreampresse (hier im Weiteren gemeinsam bezeichnet als »Main-Stream-Medien«, »MSM«) trotzdem nicht die Informationen entnehmen können, die ein wahres Bild der Lage zeichnen, so liegt das auch daran, dass die Regierung und die Bürokratie nicht die einzigen Institutionen sind, die Angst vor Ihren Vorurteilen haben, oder genauer: Angst davor, dass sich Ihre Vorurteile zu begründeten Urteilen verfestigen. Diese Neigung zur Unvollständigkeit beschränkt sich aber nicht auf die Kriminalitätsstatistik. Sie zieht sich durch alle Themen mit politischer, gesellschaftlicher und wirtschaftlicher Relevanz.

So räumte der von allen Bürgern über die Zwangsgebühr finanzierte Sender ARD mittlerweile ganz offen und unverblümt ein, dass er sich um das Gebot parteipolitischer Neutralität nicht im Geringsten schert, indem er unter seinem offiziellen Twitternamen @DasErste am 1. Juli 2019 twitterte: »Die Redaktionen der Talksendungen bemühen sich insbesondere, AfD-Vertreterinnen kein Forum für ihre Zwecke zu bieten. Je nach Thema ist es aber von Fall zu Fall nötig, AfD-PolitikerInnen selbst zu Wort kommen zu lassen.«[81] Da hat man keine Fragen mehr.

Lesen Sie in unserer Presse etwas über die Stimmen kritischer Wissenschaftler, die ihre begründeten und berechtigten Zweifel an der Theorie des menschengemachten Klimawandels vorbringen? In diesem Fall sollen Sie, verehrte Leser, allerdings nicht vor Ihren eigenen Vorurteilen geschützt werden, sondern vor Ihrem Geiz. Denn Sie könnten dann ja die Multimilliarden-Rechnung für die planwirtschaftliche »Energiewende« infrage stellen und die Lobby der Windrädchen-Hersteller und Solarzellenproduzenten nicht mehr wie bisher mit Ihrer Stromrechnung und Ihrem Steuergeld subventionieren. Sie sehen, Sie müssen auch in dieser Sache durch Halten in der Unwissenheit vor sich selbst geschützt werden.

Ganz ähnlich verhält es sich mit politischen Entwicklungen in anderen Ländern. Egal, ob es um Ungarn (MSM: Böser Diktator mit rechtsnationalistischen Neigungen[82]), Polen (MSM: siehe Ungarn[83]), Russland (MSM: Reich des Bösen[84]) oder Großbritannien (MSM: Vom Rinderwahn befallene Brexitioten[85]) geht, Sie bekommen nur eine Seite der Geschichte zu hören. Getoppt werden sie alle von den USA (MSM: Trumpistan, Ende der Zivilisation, Neubau der Berliner Mauer, Putin-Vasall im Weißen Haus[86]). So ist das Glas der Information immer nur halb voll. Aber im Gegensatz zum Wasserglas wird eine Halbwahrheit nicht zur Hälfte der Wahrheit, sondern in der Regel zur Lüge.

Unabhängigkeit von den Fluren der Macht?

9,1 Milliarden Euro. Das ist das Budget des euphemistisch so genannten öffentlich-rechtlichen Rundfunks in Deutschland.[87] In seinen Rundfunkräten sitzen fast ausschließlich Politiker und solche Personen, die von den Parteien als dafür geeignet angesehen werden, sie angemessen bei der Ausübung medialer Macht zu vertreten. Es gab vor vielen Jahren einmal in gewisser Weise ein Gleichgewicht in diesen Gremien zwischen Links und Rechts. Die Voraussetzung dafür war, dass sich die großen politischen Strömungen im Ringen um die Macht und um die besseren Ideen an der Spitze unseres Gemeinwesens ablösten. Wahlen sorgten in der Regel dafür, dass das passierte. Als aber beide entdeckten, dass man sich es viel gemütlicher einrichten kann, wenn man das Lotterbett der ewigen großen oder ganz großen Koalition teilt, war es mit diesem Gleichgewicht vorbei. Im Zuge dessen haben die Konservativen verstanden, dass der Preis dieses Konkubinats der Linksruck und die Zerstörung des eigenen »Markenkerns« sind. Sie haben diesen Preis akzeptiert.

Jetzt haben wir also eine nach links gerückte Großkoalition, die das Budget von 9,1 Milliarden Euro, das beim Bürger im Wege einer Zwangsabgabe, vulgo: Steuer, als »Beitragsservice« eingetrieben wird, zum Machterhalt verpulvern kann.

Dafür muss der Medienapparat darauf ausgerichtet werden, die Politik der Umverteilung, der Planwirtschaft, der Bürokratisierung, der Entgrenzung und der Umstülpung aller liberalkonservativen Werte, auf denen die Gesellschaft einmal ihren Erfolg gegründet hat, zu rechtfertigen und zu unterstützen. Die privaten Medien wurden mit einer Reihe unterschiedlicher Mechanismen auf dieses Tremolo ausgerichtet. Journalisten werden in meist linksorientierten Institutionen ausgebildet. Ihr Denken, ihre Ideologie, ihre Überzeugungen und damit auch ihr Reden und ihr Schreiben folgen linken Denkmustern. Das Erfinden und gebetsmühlenartige jahrelange und jahrzehntelange Wiederholen linker Slogans hat diese auch in früher liberal und wertkonservativ denkende Gehirne einsickern lassen. Wer dabei nicht spurt, findet sich schnell in der beruflichen Wildnis wieder. Herausgeber und Redakteure mit unbotmäßigen Ansichten riskieren ihre Karriere. Selbst wenn sie sich danach in der Selbstständigkeit etwas Neues aufbauen, werden sie mit ruinösen Prozessen überzogen, ihre Werbekunden werden unter Druck gesetzt (»Sie schalten Anzeigen bei diesem Naziblatt?«), ihre Exponenten nach allen Regeln des politischen, medialen und juristischen Foulspiels angerempelt.[88]

Das Rückzugsgebiet freier Medien war und ist daher zunehmend das Internet, welches aus genau diesem Grunde in das Fadenkreuz der Zensoren geraten ist. Mit dem Netzwerkdurchsetzungsgesetz[89] (»Netz-DG«) und dem »Uploadfilter«[90] hat man sich Instrumente geschaffen, auch das Internet in Europa nach chinesischem Vorbild zensieren zu können. Diese Gesetze atmen den Geist des Totalitarismus. Sie stellen den Übergang von der weichen Zensur der politischen Korrektheit zur harten Zensur des Textverbots, der Schwärzung und der Verfolgung

Andersdenkender dar. Ihre Proponenten sind alles Mögliche, aber keine Demokraten. Sie verhalten sich wie Feinde der freiheitlich-demokratischen Grundordnung. Solche Politiker sind auch irgendwann bereit, den letzten Anschein demokratischer Regierungsform für ihren Machterhalt über Bord zu werfen. Dann kann das zentimeterweise Sterben der Freiheit der Presse durch politische Korrektheit und Zensur in die harte Realität der Diktatur münden.

Der Wahrheit verpflichtet?

Wir haben gesehen, dass die Medien uns gerne nur sehr wählerisch und kontrolliert mit der Wahrheit, den Fakten und der Realität konfrontieren. Und wenn es unumgänglich ist, dann wird all dies durch Meinung, Attribute und Wertung so ins Licht gesetzt, dass wir alle wissen, welche Schlussfolgerungen wir daraus zu ziehen haben.

Aber lügt uns die Presse auch an? Die traurige Antwort lautet: Leider ja.

Es gibt im Leben jedes Menschen, wie auch des Gemeinwesens, Momente, in denen eine lange unterdrückte Realität sich Bahn bricht. Eine Lebenslüge wird offenbar. Es gilt der Satz Abraham Lincolns:»Man kann einen Teil des Volkes die ganze Zeit täuschen und das ganze Volk einen Teil der Zeit. Aber man kann nicht das gesamte Volk die ganze Zeit täuschen.«

Franz Josef Strauß pflegte zu den aufgestauten Lebenslügen der (linken) politischen Klasse zu sagen:»Die Stunde der Wahrheit kommt.« Da traf er einen wunden Punkt.

Ein Moment der Wahrheit, der die Lüge für jeden, der nicht gewaltsam die Augen vor ihr verschloss und weiterhin verschließt, ins gleißende Licht setzte, trägt für die Bundesrepublik Deutschland anno Domini 2019 den Namen einer Stadt: Chemnitz.[91]

Chemnitz war die eine Lüge zu viel, der sprichwörtliche Strohhalm, der dem Kamel den Rücken bricht, der Tropfen, der das Fass zum Überlaufen gebracht hat. Der Skandal um die Ereignisse in dieser Stadt war ein Stück in mehreren Akten. Und das Stück ist noch nicht vorbei. Nach der Ermordung eines Bürgers dieser Stadt durch Personen mit einer Affinität zur Gewalt kam es dazu, dass die Menschen das Recht auf Demonstration und Widerstand gegen die ihnen von der Politik der Bundeskanzlerin aufgezwungene Veränderung ihrer Lebensumstände nutzten, um sich zur Wehr zu setzen.

Um diesen Akt demokratischen Protestes zu desavouieren und zu verleumden, erfanden linke Journalisten die Mär von den Hetzjagden auf Ausländer und legten als Beweis das berühmte »Zeckenbiss«-Video vor. Ergänzt durch ein oder zwei Provokateure, die auf der Straße den »Hitlergruß« zeigten[92], war das Narrativ einer Stadt fertig, die so etwas wie die Außenstelle des Ku-Klux-Klan in den neuen Bundesländern sein sollte.

Die Bundeskanzlerin machte sich diese Schmierengeschichte eilfertigst zu eigen[93] stellte doch der friedliche Protest der Bürger von Chemnitz eine Bedrohung ihrer Machtbasis dar, die auf einem weiteren, größeren Narrativ, der vermeintlich erfolgreich bewältigten Einwanderung und Integration von mindestens zwei Millionen Muslimen, davon ein großer Teil junge Männer, beruhte. Die sächsische Generalstaatsanwaltschaft und der Chef des Bundesverfassungsschutzes konnten und wollten bei dieser Verbiegung der Wahrheit nicht mitmachen und widersprachen in aller Öffentlichkeit. Der Präsident des Verfassungsschutzes, Hans-Georg Maaßen, musste daraufhin gehen und wurde durch einen willfährigeren Beamten ersetzt.[94]

Wie sich herausstellte, war das 19 Sekunden lange, sogenannte »Zeckenbissvideo« aus dem Zusammenhang gerissen und konnte mitnichten als Beweis für die unterstellten, offenbar frei erfundenen »Hetzjagden« dienen.⁹⁵ Das hält aber wenigstens die öffentlich-rechtlichen TV-Sender und auch die Politiker der großen Koalition nicht davon ab, diese offenkundige Lüge weiterhin zu verbreiten. Mit Phrasen wie »seit den Hetzjagden von Chemnitz« wird weiterhin insinuiert, dass dort etwas stattgefunden hätte, was nachweislich nicht stattgefunden hat. Etliche Presseorgane, allen voran der öffentlich-rechtliche Rundfunk, wiederholen diese Lüge in Endlosschleife oder schweigen im besten Falle.

Bei einem derart gebrochenen Verhältnis vieler unserer Medien zur Wahrheit darf sich der Verein »Unwort des Jahres« wohl noch lange mit dem Wort »Lügenpresse« herumschlagen.

Das Ende der vierten Gewalt

Fassen wir die Lage der Presse und der Medien in Deutschland zusammen – einem Land, welches exemplarisch für den politischen und gesellschaftlichen Zustand der Europäischen Union steht –, so müssen wir feststellen, dass die Presse zum großen Teil ihrer Rolle als vierter Gewalt zur Kontrolle der Mächtigen nicht mehr gerecht wird. Er versteht diese Rolle vielmehr in weiten Teilen als Erziehungsinstrument für das Volk, dem ein eigenes Urteil nicht zugemutet und zugetraut wird – jedenfalls nicht im Sinne der herrschenden Eliten. Die sublime Erziehung bedient sich der Vermischung von Nachricht und Meinung und der manipulativen Verwendung von Attributen, die die Welt für den Medienkonsumenten in Gut und Böse, in »uns« und »die« einteilen sollen.

Die Klarheit der Begrifflichkeiten ist im Zuge einer bis zum Exzess überdehnten politischen Korrektheit und einer Umformung der Sprache verloren gegangen. Die neueste Stufe dieses Angriffs auf die Sprache, die Genderisierung, verstümmelt Texte bis über die Grenze ihrer Lesbarkeit.

Nachrichten werden unterdrückt, verfälscht und »depriorisiert«, sodass sich der Bürger – so er sich denn auf die traditionellen Mainstream-Medien verlässt – kein vollständiges Bild der sozialen, wirtschaftlichen und politischen Lage im Land mehr machen kann. Seine mediale Unmündigkeit übersetzt sich dann konsequenterweise in das gewünschte Verhalten an der Wahlurne. Die Unvollständigkeit der Berichterstattung gebiert das böse Wort von der »Lückenpresse« bei einer zunehmend kritischer und irritierter reagierenden Öffentlichkeit.

Der mit Abstand größte Medienkonzern hinsichtlich Reichweite, Budget und Medienmacht, der öffentlich-rechtliche Rundfunk, hat jeden Anschein von Unabhängigkeit über Bord geworfen. Die privaten Medien folgen ihm dicht auf den Fersen in ihrer Servilität vor der Macht.

Das Verhältnis weiter Teile der Medien zur Wahrheit kann im besten Fall als belastet, am Beispiel der Vorgänge in Chemnitz als gebrochen bezeichnet werden. Auch dies reflektiert den Umgang unserer politischen Eliten mit der Wahrheit. Der Satz, dass man in der Öffentlichkeit die Wahrheit sprechen soll, aber nicht alles sagen muss, was wahr ist, wurde umgemünzt. Heute gilt offenbar: Sprich entweder nur die halbe Wahrheit aus oder lass sie lieber gleich ganz weg. Die alten Medieneliten versagen auf ganzer Linie.

Das Volk, die Leser und Zuschauer, nimmt es zur Kenntnis und ist zunehmend verstimmt ob der durchsichtigen und erkennbaren Absicht. Das Resultat ist eine Verweigerungshaltung, ein Kauf- und Leseboykott, der die Absatzzahlen und Einschaltquoten der Mainstream-Medien in den Keller schickt. Wie so oft gilt: Der Markt, die Nachfrage werden es richten. Damit sich die heilsame Wirkung des Marktes voll entfalten kann, müssen die öffentlich-rechtlichen Medien vom Tropf des »Beitragsservice«, einer ungerechten und willkürlichen Besteuerung der Bürger, entfernt werden. Die Subvention der Zwangsfinanzierung dieser Medien bedeutet letztlich, dass der Bürger für die Indoktrination, der er ausgesetzt wird, auch noch selbst bezahlen muss.

Bereits Ayn Rand erkannte die Widersinnigkeit eines solchen Konstrukts gegen die Meinungsfreiheit, als sie formulierte:»Die Freiheit der Rede eines Individuums beinhaltet das Recht auf eine abweichende Meinung, das Recht nicht zuzuhören, und das Recht, seine eigenen Gegner nicht auch noch finanzieren zu müssen.« Das sollte und wird sich der Bürger in Deutschland und Europa auf die Dauer nicht gefallen lassen. Und er tut es auch nicht. Er weicht aus auf das Internet, die sozialen Medien, Twitter, Facebook, WhatsApp und Instagram. Das scheinen die gegenwärtigen Inhaber der politischen und medialen Macht natürlich auch erkannt zu haben. Denn sie versuchen, diesen bisher unabhängigen und freien Diskussions- und Informationskanal zu verstopfen, ihn mit den klassischen Mitteln der Zensur in den Griff zu bekommen und alle, die dort ihr verfassungsmäßig verbrieftes Recht ausüben, ihre Meinung zu Gehör zu bringen, zu kriminalisieren und zu verfolgen, wenn ihnen diese Meinung nicht ins eigene Weltbild und Propagandaschema passt.

Deshalb erfinden Leute wie der frühere Justizminister Heiko Maas Zensurinstrumente wie das»Netzwerkdurchsetzungsgesetz«, bei dem es sich um eine Art Arbeitsbeschaffungsprogramm für Denunzianten handelt. Mit ihm schikaniert und behindert man die Unbotmäßigen dieser Erde, blockiert ihre sozialen Medienprofile, zensiert ihre Postings und überzieht sie mit»Meldungen« wegen vermeintlicher, angeblicher Verstöße gegen die Regeln des Anstands, die in Wahrheit Gedankenverbrechen sind.

Deshalb führt man auf Grundlage einer Abstimmung des, wie schon weiter oben beschrieben, nach Apartheidswahlrecht zusammengesetzten EU-Parlamentes den Upload-Filter ein, vorgeblich zum Schutze des Copyrights, in Wahrheit, um die

Infrastruktur der Zensur zu schaffen. Unliebsame Inhalte sollen schon beim Hochladen ins Internet abgefangen und verhindert werden. Und der »Spitzenkandidat« der Europäischen Volkspartei EVP, Weber, erklärt, dass man das ja später wieder korrigieren könne, wenn es zu »ungewollter Zensur« führe. Die gewollte Zensur soll demnach also kein Änderungsgrund sein.

Es wird höchste Zeit, dass der Angriff von Amtsträgern auf verfassungsmäßig verbriefte Grundrechte zum Straftatbestand gemacht wird. Der Versuch, diese Rechte abzuschaffen, darf für die Akteure nicht länger folgenlos bleiben.

VI •
DIE PROGRAMMATIK DES KULTURMARXISMUS VERSUS DIE WERTE DER AUFKLÄRUNG

»Zweck des Sozialismus ist es, das Individuum mit seiner Persönlichkeit auszulöschen. (...) Er kann überall zu jeder Zeit auftauchen, wenn der Mensch die Verbindung zu Gott gekappt hat und das Nichts anzubeten beginnt.«

Dimitrios Kisoudis[96]

Wenn wir die tieferen Ursachen der Erosion unserer Gesellschaft verstehen wollen, so ist es zwingend, dass wir uns mit der Erosion ihrer Werte auseinandersetzen. Dies wiederum erfordert es, den fundamentalen Antagonismus zu verstehen, in dem sich der Kampf zwischen Freiheit und Unfreiheit manifestiert.

Das Ringen zwischen Freiheit und der in immer wieder neuen Verkleidungen durch die Menschheitsgeschichte wiederkehrenden Ideologie des Sozialismus haben wenige mit der Tiefe und historischen Empirie analysiert wie der russische Mathematiker, Philosoph und Dissident Igor Schafarewitsch, Zeitgenosse und Freund Alexander Solschenizyns. Er systematisierte die konstitutiven Elemente des Sozialismus, die historisch in unterschiedlicher Ausprägung als politisch-ideengeschichtliche Wiedergänger auftreten. Diese Elemente betreffen die gesellschaftliche Rolle von Ehe und Familie, Eigentum, Individualität, Religion und Kultur. Schafarewitsch fasste diese Analyse in seinem philosophischen Hauptwerk, dem 1975 im Samisdat-Verlag illegal in der Sowjetunion erschienenen Buch »Der Todestrieb in der Geschichte – Erscheinungsformen des Sozialismus« zusammen.

Dieses theoretische Rahmenwerk erlaubt es uns, die Frage zu analysieren, wie sich die in unserer Zeit aktuelle sozialistische Herausforderung gegen die Freiheit manifestiert. Sie tut das in einer Denkschule, die wir als Kulturmarxismus erkennen können, deren ultimatives Ziel aber der Staatssozialismus marxistisch-leninistischer Prägung bleibt.

Schafarewitsch hat den Sozialismus mit seiner Programmatik und seinen Verführungen als anthropologische Konstante der Menschheitsgeschichte erkannt. Seine von der russischen Orthodoxie inspirierte Forschung demaskierte den Sozialismus in vielfältiger Weise. Durch die Reduktion seiner Ideenwelt auf die fünf oben genannten Elemente konnte Schafarewitsch nachweisen, dass das Phänomen wesentlich älter ist als die sich als Sozialismus bezeichnende politische Bewegung mit ihren Anfängen im 19. Jahrhundert. Die Ausprägungen der sozialistischen Ideologien waren durchweg gekennzeichnet von Feindschaft gegen Ehe und Familie, Ablehnung des Privateigentums, Verneinung des Wertes des Individuums, Hass auf die Religion, insbesondere das Christentum, und Zerstörung respektive Verflachung von Kunst, Kultur und Musik. Allerdings lagen die Schwerpunkte in unterschiedlichen historischen Kontexten in jeweils anderer Verteilung, Intensität und Ausprägung vor.

Diese fünf Merkmale dienen uns im Folgenden zur Identifikation und Klassifikation von Gesellschaftsordnungen. Ihnen gemeinsam ist, dass ihre Ausprägungen in sozialistischen Gesellschaften auf einer spirituellen Ebene Ausdruck der Ablehnung der für die Menschenwürde konstitutiven Freiheitsrechte des Individuums sind. Dies ist die Wurzel für die dem Sozialismus innewohnende Misanthropie, die ihre Erfüllung in seiner genozidalen Zwangsläufigkeit findet, die empirisch eindeutig belegt ist: Alle sozialistischen Gesellschaftsordnungen, insbesondere auch seine Ausprägung als nationaler Sozialismus, haben zu Massenmord und Völkermord geführt.[97] Sie demaskieren den Sozialismus als einen Todeskult, der durch zwei Zitate Igor Schafarewitschs und Roland Baaders treffend zusammengefasst werden kann. Roland Baader schrieb in »Freiheitsfunken«: »Im Tod sind alle gleich. Deshalb ist der Völkermord die Lieblingsbeschäftigung der Gleichmacher.« Schafarewitsch ging sogar noch einen Schritt weiter und resümierte: »Der Tod der Menschheit ist nicht nur ein denkbares

Ereignis, wenn der Sozialismus triumphiert, sondern er stellt das Ziel des Sozialismus dar.«

Angesichts der im »Schwarzbuch des Kommunismus« zusammengefassten empirischen Befunde über die genozidale Historie dieser Ideologie, der spirituellen Dimension von Schafarewitschs Arbeit und der in unterschiedlichen Gewändern und Verkleidungen immer wiederkehrenden freiheitsfeindlichen Ideologie des Sozialismus in 4000 Jahren Menschheitsgeschichte stellt sich die Frage nach der aktuellen Inkarnation dieses Menschenfeindes für die derzeitige politische und freiheitliche Debatte.

Im Kulturmarxismus der Frankfurter Schule finden wir diese Manifestation, die mit den 68ern den Marsch durch die Institutionen erfolgreich abgeschlossen hat. Es sind sechs gedankliche Schritte, die eine Brücke schlagen zwischen der Analyse Schafarewitschs und dieser kulturmarxistischen Strömung. Ich möchte sie wie folgt zusammenfassen:

1. Die Perspektive Igor Schafarewitschs auf den Sozialismus ist in ihrem Kern spiritueller, ja auch religiöser Natur. Sie ist aber mit umfassender empirischer Evidenz begründet.

2. Diese neue Sichtweise könnte man in einem religiösen Sinne als prophetisch bezeichnen. Sie nennt den biblischen »Feind des Menschengeschlechts« beim Namen und verleiht in ihrer Konsequenz der von der Orthodoxie inspirierten Arbeit Schafarewitschs ein Alleinstellungsmerkmal.

3. Der spirituelle Kontext beruht nach meiner Überzeugung auf der Freiheit als Merkmal der Gottähnlichkeit des Menschen (»Er schuf ihn nach seinem Ebenbilde«). Der Mensch ist das Ebenbild Gottes nicht im Sinne anatomischer Ähnlichkeit, sondern weil ihm das Geschenk der Selbsterkenntnis, des »Cogito, ergo sum«, und damit in letzter Konsequenz der Wahlfreiheit und der Freiheit als solcher zuteil wurde. Es gibt umfangreiche theologische Debatten unter der Überschrift des »Theodizee-Problems«[98], die in dem Geschenk der Freiheit den Wesens-

grund für den Antagonismus des Bösen gegen Gottes Plan erkennen. Eine gegen die Freiheit gerichtete Ideologie ist von daher in ihrer gegen das Göttliche und Religiöse gerichteten Konzeption nur logisch und konsequent.

4. Der Sozialismus als Feind der Freiheit und damit als Feind des Menschen überhaupt ist in dieser Perspektive die Inkarnation des Dämonischen, wie wir sie bereits bei Dostojewski 1873 in seinem Roman »Die Dämonen« finden.

5. Der Werteaspekt wiederum stellt die Verbindung her zur Frankfurter Schule moderner Ausprägung.[99] Die Werte als Basis einer Ordnung der Freiheit werden über die gesellschaftliche Akzeptanz der Sünde im Zuge der hedonistischen Versuchung einer sexualisierten Gesellschaft zur sozialen Realität. Der Rest folgt von allein.

Der Kulturmarxismus der Frankfurter Schule

Die Frankfurter Schule und der von ihr vertretene und vorangetriebene Kulturmarxismus haben ihre Wurzeln – entgegen der allgemeinen Wahrnehmung – nicht in der Revolte von 1968. Sie war nur Erbe und Brandbeschleuniger dieser Ideen. Bereits in den 1920er-Jahren gegründet durch ihre Hauptvertreter Horkheimer, Grünberg, Marcuse und andere, widmete sie sich der Entwicklung der sogenannten »Kritischen Theorie« des »westlichen Marxismus« oder »Kulturmarxismus«.[100] Eines ihrer wesentlichen Feindbilder war die Familie als angeblich »autoritäre Struktur«. Die sogenannte »antiautoritäre Erziehung« der 68er war vor diesem Hintergrund in Wahrheit ein Instrument zur Untergrabung der Institution Familie als unverzichtbarer Baustein der Gesellschaft.

Während der Herrschaft des Nationalsozialismus gingen ihre Proponenten ins Exil in die USA, wo die theoretischen Grundlagen weiterentwickelt wurden. Eine wichtige Erkenntnis, die die Schule gewann, war ihr Verständnis der ökonomischen Überlegenheit der freiheitlichen Ordnung über die sozialistische Ordnung. Man hatte erkannt, dass die »Massen« nur dann in einer kommunistischen Revolution die kleine Elite der Berufsrevolutionäre nach leninistischem Vorbild an die Macht spülen würden, wenn die bestehende Ordnung durch innere oder äußere Einflüsse erodiert werden würde. Der Erste Weltkrieg war ein Beispiel für eine solche Entwicklung und führte zur Machtergreifung der Bolschewiki in Russland. Eine an sich selbst durch Krieg gescheiterte Ordnung machte den Weg frei für die kommunistische Machtergreifung.[101]

Unter normalen Umständen würde dies nicht geschehen, weil der Arbeiter und Handwerker natürlich erkennen kann, dass es ihm in einer Ordnung der Freiheit viel besser geht als in einer Ordnung der Unfreiheit. Unfreiwillig erkannte damit die Frankfurter Schule die Überlegenheit der Österreichischen Schule an. Jedoch scheinen nicht Wohlstand und Glück des Volkes das Ziel des Berufsrevolutionärs marxistischer Prägung zu sein, sondern die Macht und die Beherrschung anderer Menschen. Die Macht ist Selbstzweck und psychologischer Kompensationsmechanismus für Menschen mit Minderwertigkeitskomplexen.[102]

Mit der 68er-Bewegung manifestierte sich die Frankfurter Schule in einem Plan des Marsches durch die Institutionen. Sie war eine von zwei Varianten der Machtergreifung, die die selbsternannte revolutionäre Elite propagierte. Die erste wurde evolutionär aussortiert, die zweite setzte sich durch. Die erste Variante war der Terror der RAF, dessen Idee darin bestand, das »bourgeoise System« durch Terror zur Repression zu zwingen und so »die Massen« gegen die Freiheit in Stellung zu bringen.[103] Die zweite Variante bestand in einer Strategie der Unterwanderung und Korruption der bürgerlichen Institutionen. Sie war erfolgreich und darf heute als weitgehend abgeschlossen betrachtet werden.

Diese erfolgreiche Strategie führt heute zu einer Krise unserer Gesellschaft. Ihre Basis ist die Verachtung der freiheitlichen Ordnung durch die herrschenden linken Eliten.

Hedonismus und Sexualisierung der Gesellschaft plus die Entfremdung der Menschen vom Leistungsgedanken durch einen überbordenden Sozialstaat bilden die Basis einer Werteerosion, die die Werte von Freiheit, Familie und Eigentum abschafft. Man kann dabei von einer Zerstörung der individuellen Freiheit durch eine Übersteigerung des Individuums im Egoismus sprechen.

Der Egoismus begnügt sich nicht mit der freien Entfaltung des Individuums in einer freien Gesellschaft, die all ihren Mitgliedern das gleiche Recht auf diese Entfaltung zubilligt, sondern er maßt sich Freiheiten an, die die Freiheit und die fundamentalen Rechte Dritter beschneiden. So legt er die Axt an das Fundament der Freiheit selbst, die ihre gesamtgesellschaftliche Maximierung eben im Respekt vor der Gleichheit aller vor dem Gesetz findet.

Wenn wir verstehen wollen, zu welcher Art Gesellschaft und zu welcher Form gesellschaftlicher Auseinandersetzung diese Entwicklung führt, müssen wir zwei Begriffspaare klar und präzise voneinander abgrenzen: zum einen das Begriffspaar Freiheit und Sozialismus und zum anderen das Begriffspaar »Staatssozialismus leninistisch-stalinistischer Prägung« und »Kulturmarxismus hedonistisch-psychoanalytischer Prägung«.[104]

Die Abgrenzung der Begriffspaare erfolgt in beiden Fällen über die Elemente der Werteordnung, die den Antagonismus zwischen Freiheit und Sozialismus begründen. Es sind dies Ehe und Familie, Eigentum, Individualität, Religion und Kunst/Kultur/Musik.

Abb. 1 stellt beide in ihrer schroffen Unvereinbarkeit gegenüber.[105] Wir können in dieser Gegenüberstellung erkennen, wie die Elemente der sozialistischen Konzeption ineinandergreifen. Die Zerstörung von Ehe und Familie entzieht dem Individuum

Sozialismus

Freiheit

Ehe und Familie

- Feindbild des Sozialismus, da Bollwerk gegen die Abhängigkeit des Individuums vom Staat

- Baustein der Gesellschaft

Eigentum

- Abzuschaffen, zu ersetzen durch »Gemeinschaftseigentum« oder »Staatseigentum«

- Basis der Freiheit durch Möglichkeit, sich und seine Familie unabhängig zu ernähren, zu behausen und beschützen

Individualität

- Zu zerstören, Ziel ist die anonyme Gesellschaft

- Recht an der eigenen Person, Privatsphäre

Religion

- »Opium für das Volk«, Feindbild, Gegenstand der Verfolgung, insbesondere das Christentum

- Grundlage des freiheitlichen Wertegerüstes, christlich-jüdisch inspirierte Aufklärung

Kunst, Kultur, Musik

- Verbot und Zerstörung bei totalitären Regimen, wenn sie die Macht dazu haben

- Das Wahre, Schöne, Gute, Korrespondenz zwischen Schöpfer und Schöpfung

Abb. 1

VI Die Programmatik des Kulturmarxismus versus die Werte der Aufklärung den Raum der Sicherheit und Geborgenheit des durch Evolution und damit natürliche Ordnung entwickelten Konzeptes des familiären Bandes, welches durch den genetischen Eigennutz der Blutsverwandtschaft und die damit inhärent angelegte wechselseitige Hilfsbereitschaft generiert wird.

Die Abschaffung des Eigentums macht das für sich selbst sorgende und verantwortliche Subjekt zum Objekt staatlicher Obhut und Bevormundung und damit am Ende der Willkür, indem es ihm jede Möglichkeit raubt, außerhalb der Bande bürokratischer Zuteilung und Herrschaft sich und seine Familie zu ernähren, zu bekleiden, zu behausen und zu beschützen.

Die Abschaffung der Individualität, die Reduktion des Menschen auf eine Nummer oder einen Strichcode, symbolisiert, verkörpert und ermöglicht seine totale Verfügbarkeit, die Entkleidung von seiner Menschenwürde und letztlich seinen Opfertod auf dem Altar des Massenmordes, getreu den Stalin nachgesagten Worten: »Der Tod eines einzelnen Mannes ist eine Tragödie, aber der Tod von Millionen nur eine Statistik.«[106] Die tätowierte Nummer auf dem Unterarm der national-*sozialistischen* Opfer des Holocaust ist in diesem Sinne eine sichtbare Manifestation der Feindschaft gegenüber dem Individuum und seiner unveräußerlichen Menschenwürde.

Die Gegnerschaft zur Religion, insbesondere zum Christentum, ist nicht nur aus praktischen Gründen der Umsetzung der oben genannten drei Elemente zwingend. Denn das Christentum ist als Ausdruck der Liebe Gottes zum Menschen – nicht als »Masse«, sondern als Individuum (»Ich rufe dich bei deinem Namen«) – der höchste spirituelle Ausdruck der Werte von Familie, Individualität, Freiheit und auch Eigentum (»Du sollst nicht begehren deines Nächsten Hab und Gut!«). Die Gegnerschaft wurzelt in der oben erwähnten dämonischen Motivation der Feindschaft zu Gott und dem Menschen als vom Schöpfergott mit Freiheit ausgestattetem Geschöpf.

Zerstörung oder Verflachung und Missbrauch von Kunst, Musik und Kultur sind die logische Erweiterung der religionsfeindlichen Natur des Sozialismus, weil das »Wahre, Schöne, Gute« eine Form der Korrespondenz zwischen Schöpfung und Schöpfer ist. In ihr offenbart Gott durch Inspiration dem Geschöpf Mensch die Schönheit und Größe der für ihn bestimmten Schöpfung. Dieser Kommunikationskanal muss verstopft werden, um den Menschen von Gott zu entfremden. Nicht zufällig verwies Papst Benedikt XVI. auf die klassische Musik, die im christlichen Europa entstanden ist, als einen Hinweis auf die Wahrheit des Christentums.[107]

Der von der Frankfurter Schule und ihren 68er-Schülern propagierte Kulturmarxismus bedient sich jedoch angesichts der unterschiedlichen Realitäten der Machtverteilung in der Zeit seiner Aktivität auch anderer Mittel zur Erreichung dieser Ziele. Verfügt der Staatssozialismus leninistisch-stalinistischer Prägung über die Machtmittel der Gewehrläufe (Lenin), so arbeitet er bei der Durchsetzung dieser Ziele mit Gewalt, Verbot, Raub, Versklavung, Zensur und Verfolgung.

Der auf Machtergreifung angelegte Kulturmarxismus bedient sich scheinbar weicherer Formen. Seine gewalttätige Natur tobt er aber mit Vorliebe an den Schwächsten der Gesellschaft aus, indem er Ungeborene zur Abtreibung freigibt, dies bei behinderten Menschen (und neuerdings auch bei allen anderen) auch bis zur Geburt propagiert und mit der aktiven Sterbehilfe der nationalsozialistischen Idee vom »lebensunwerten Leben« zur Wiederauferstehung verhilft. Hier zeigt sich die von Schafarewitsch erkannte »Kultur des Todes« oder präziser: »Der Todestrieb in der Geschichte«.

Die Sexualisierung der Gesellschaft und die gesetzliche Straflosigkeit der Abtreibung dienen dabei als Weg zur utilitaristischen Verfügbarmachung von Menschen. Die Installation des Sozialstaates als Familiensurrogat, die Untergrabung der Eigentumsrechte unter anderem durch Erosion der für sie konstitutiven Verfügungsrechte, durch Regulierung, Verwässerung und enteignungsgleiche Besteuerung flankieren dies und reißen den Schutz des Individuums vor dieser Verfügbarmachung nieder. Gegen die Religion richten sich Kampagnen der Lächerlichmachung, des Kulturkampfes und der Unterwanderung, eine Strategie, die sichtbar verbunden wird mit einer Entkernung der Botschaft und der Instrumentalisierung von einzelnen, aber meist exponierten Würdenträgern als »nützlichen Idioten« einer gleichmacherischen Botschaft. Kunst und Musik werden verflacht und instrumentalisiert sowie als Mittel der hedonistischen Verführung der Jugend eingesetzt. Nach einer allfälligen Machtübernahme springt das System jedoch schnell auf die gewalttätigen Methoden des Staatssozialismus über, wie man am Beispiel Venezuelas aktuell sehr gut studieren kann. **Abb.** 2 gibt dazu einen Überblick.

Die Frankfurter Schule und die Krise

Die von der Frankfurter Schule korrekt antizipierte und auch bewusst und absichtsvoll herbeigeführte Krise der demokratischen und freien Gesellschaft wird aus der Werteerosion geboren. Ort und Zeitpunkt hierfür ist das Europa der Gegenwart. Diese Krise ist vielgestaltig und allgegenwärtig. Sie wird von den Eliten geleugnet, aber die Menschen spüren ihre Gegenwart täglich mit größerer Intensität. Diese Diskrepanz ist eine der Grundlagen der Entfremdung zwischen Volk und Politik. Was sind die Facetten dieser systemischen Krise?

1. Das Geldsystem läuft auf einen Punkt maximaler Instabilität und den Kollaps zu. Die monetäre Krise ist Folge des Geldsozialismus der EZB. Grundlage ist der Glaube an das »Recht« der Zentralbank auf Enteignung durch Inflation oder Negativzinsen. Daraus ergeben sich die negativen Folgen für das wirtschaftliche System und seine Funktionsfähigkeit zwingend.

Staatssozialismus leninistisch-stalinistischer Prägung

Kulturmarximus hedonistisch-psychoanalytischer Prägung

Ehe und Familie	■ Verbot, Diskriminierung	■ Sexualisierung der Gesellschaft ■ Freigabe der Abtreibung ■ Staat als Familiensurrogat
Eigentum	■ Verbot, Konfiskation	■ Erosion der Verfügungsrechte des Eigentums durch Regulierung, Verwässerung, Besteuerung
Individualität	■ Militarisierung, Kasernierung, Sklavenarbeit, Abschaffung aller persönlichen Freiheiten	■ Staatliche Erziehung, Entfremdung der Kinder, Medienmanipulation, politische Korrektheit, soziale Ausgrenzung
Religion	■ Verbot, Verfolgung	■ Kulturkampf, antireligiöse Propaganda, Kampagnen der Lächerlich-Machung ■ Entkernung, Instrumentalisierung
Kunst, Kultur, Musik	■ Zensur, Instrumentalisierung, in extremen Fällen Verbot	■ Instrumentalisierung, Monopolisierung, Verflachung

Nach Machtergreifung

Abb. 2

VI Die Programmatik des Kulturmarxismus versus die Werte der Aufklärung

2. Die sich entfaltende Wirtschaftskrise ist Folge der monetären Krise in Verbindung mit zahllosen Eingriffen in Märkte und Eigentumsrechte: Gemeint sind unter anderem das Mietrecht, die Energiepolitik, eine konfiskatorische Besteuerung der Leistungsträger, die Überregulierung aller wesentlichen Märkte für Güter und Dienstleitungen, die sich beschleunigende Erosion des Rechtsstaates.

3. Die absichtliche Unterlassung der Grenzsicherung und Vernachlässigung von Polizei und Armee bewirken eine Erosion der inneren und äußeren Sicherheit.

4. Die Krise der Politik ist Ausdruck des in Kapitel III beschriebenen Elitenversagens in einer Kombination politischen Handelns von sozialistischen Überzeugungstätern und überzeugungslosen »nützlichen Idioten«. Sie übersetzt sich in einen Überdruss des Bürgers an der Führung des Gemeinwesens, den die versagende politische Klasse gerne als Politikverdrossenheit apostrophiert, so als gehe es um einen Rückzug ins Private und eine Entpolitisierung der Bürgerschaft. Das Gegenteil ist wahr. Die Bürger sind politisch wie nie, und ihre Haltung ist keine Politikverdrossenheit, sondern eine *Politikerverdrossenheit*. Das ist ein fundamental anderes Phänomen. Diese Orwellianische Begriffsverwirrung muss aufgeklärt werden, sonst kommt man über den Geisteszustand unserer Gesellschaft zu völlig falschen Schlussfolgerungen.

5. Die Krise des Bürgertums selbst wiederum ist Ausdruck und Folge des Bildungsnotstandes und der durch den Sozialstaat genährten Anspruchshaltung.

6. Die Krise der Sicherheit ist die Folge der Kombination aus multikulti-inspirierter Inkompetenz, des Wunschdenkens und der Verweigerung der geopolitischen Analyse und Realpolitik.

7. Die Krise der Meinungsfreiheit und damit des Verfassungsstaates ist die Folge der Unterwanderung (Marsch durch die Institutionen) und des über Jahrzehnte gepflegten Schuldkults der westlichen Zivilisation. Sie führt zu einer weltfremden

Überhöhung nicht-westlicher Zivilisationen in einer Art »Edle-Wilde-Syndrom«.

Wir stehen daher jetzt vor der Situation, vor der Dimitrios Kisoudis in seinem 2016 verfassten Vorwort zu Igor Schafarewitschs »Der Todestrieb in der Geschichte« gewarnt hat, als er schrieb: »Zweck des Sozialismus ist es, das Individuum mit seiner Persönlichkeit auszulöschen. (…) Er kann überall jederzeit auftauchen, wenn der Mensch die Verbindung zu Gott gekappt hat und das Nichts anzubeten beginnt.«

Aus der Analyse unserer aktuellen Situation müssen wir heute erkennen, dass die westlichen Gesellschaften vor einem Kampf um die Freiheit stehen. Dieser Kampf wird von innen und außen gleichzeitig in unsere Gesellschaft getragen. Von innen durch die Kräfte des Kulturmarxismus und von außen durch die Kräfte des salafistischen Islamismus, dessen Charakter als Todeskult, in Feindschaft gegenüber Kunst, Kultur und Musik, antichristlich und wirtschaftlich organisiert durch Beraubung und Sklaverei, an Christen und Jesiden Völkermord verübend, ihn ebenfalls als eine Variante des sozialistischen Menschenfeindes entlarvt.

Als Individuen wie auch als Gesellschaft müssen wir uns diesem Konflikt stellen.

Die Krisen unseres Staates, der Europäischen Union und unserer Gesellschaften, deren angestaute Ungleichgewichte sich nun Bahn brechen, sind Ausdruck der tiefergehenden Misere des Werteverlustes. Es sind dies die Werte, die uns erfolgreich, stark und wohlhabend gemacht haben. Diese Werte sind Ehe und Familie, Eigentum und Marktwirtschaft, Menschenwürde des Individuums, Religion und Kunst, Kultur und Musik. Ihr Verlust ist Ausdruck hedonistischer Bequemlichkeit und Ergebnis der Programmatik der Frankfurter Schule des Kulturmarxismus.

Diese Analyse des Werteverfalls als Ursache unserer gesellschaftlichen Krise verschafft uns aber auch die Bedienungsanleitung für die vor uns liegende Katharsis.

Nur wer die Dinge klar und unmissverständlich beim Namen benennt, kann bestehen.

Wir müssen die Strategie in all ihren Verästelungen begreifen und benennen, die die sozialistische Schule des Kulturmarxismus so erfolgreich zur Anwendung gebracht hat, um die bürgerliche Gegenrevolution zur Verteidigung und in weiten Feldern zur Wiederherstellung von Demokratie und Rechtsstaat zum Erfolg, ja zum Sieg zu führen.

Wie wir gleich sehen werden, können wir uns dabei auch aus dem taktischen Bau- und Werkzeugkasten der Linken bedienen und ihre Guerillataktiken gegen sie anwenden. Wir müssen uns dabei aber am Wertekanon der freien Gesellschaft orientieren, den es wieder aufzurichten gilt.

VII •
DER NAHENDE CRASH DES GELDES ALS CHANCE ZUR ERNEUERUNG

»Die Länder, die sich einem Programm zentraler Planwirtschaft zuwenden, verschaffen ihren Völkern eine Wohlstandsillusion zum Preis der Liquidation ihrer (wirtschaftlichen, Anm. d. Autors) Reserven. Sobald diese erschöpft sind, ist eine große Katastrophe unvermeidlich, wenn die Menschen nicht die Augen öffnen, bevor sie über die Klippe stürzen.«

Ludwig von Mises

»Der Satz ›Was immer nötig ist (whatever it takes)‹ bedeutet übersetzt ›Der Staat bin ich‹.«

Unbekannter Rezensent meines Buches
»Der Draghi-Crash« auf Amazon

Es ist unvermeidlich, dass die vielfältigen in unserer Wirtschaft und Gesellschaft angestauten Ungleichgewichte zur Entladung kommen. In meinen Büchern »Der Draghi-Crash« und »Wenn schwarze Schwäne Junge kriegen« habe ich einige der Mechanismen dargelegt, die zwingend zur Unterminierung unseres Banken-, Geld- und Finanzsystems durch die planwirtschaftliche Politik des Nullzinses führen. Und ich habe die Prognose gewagt, dass voraussichtlich Ende 2020 die Schäden am Bankensystem so umfassend sein würden, dass dies in eine deflationäre Spirale, einen Crash und eine epochale Wirtschaftskrise münden muss. Für den mit den Details dieser Analyse nicht vertrauten Leser möchte ich zunächst die aufgezeigten Mechanismen kurz rekapitulieren und daran anschließend mehrere Fragen aufwerfen:

◢ Wie ist die Entwicklung seither verlaufen? Sprechen die Zahlen, die uns aus den Banken erreichen, dafür, dass die im »Draghi-Crash« postulierten Wirkungszusammenhänge tatsächlich das Geschehen bestimmen, oder gibt es vor dem Hintergrund der aktuellen Entwicklung Entwarnung?

◢ Kommt die Krise eher früher oder eher später bei Betrachtung aller jetzt bekannten neuen Fakten?

◢ Besteht die Möglichkeit, dass es den monetären planwirtschaftlichen Eliten weiterhin gelingt, nach japanischem Vorbild die Dose noch weiter die Straße hinabzutreten und so Zeit zu schinden, oder werden strukturelle Unterschiede dazu führen, dass sich dies als unmöglich erweisen wird?

▲ Ist eventuell die japanische Sklerose einer über Jahrzehnte laufenden Zombifizierung der Wirtschaft das Modell, dem Europa folgen wird, um den Crash des Euro zu vermeiden? Und wo steht das Modell Japan heute?

▲ Wird die Krise, falls sie eintritt, global, und wenn ja, was bedeutet das für die anderen Wirtschaftsräume Amerika und Asien?

▲ In welchen Phasen wird die Krise ablaufen, und wie werden diese Phasen das Vermögen der Bürger aufzehren?

▲ Wie und wann eröffnet diese kommende Krise das Spielfeld für die große Auseinandersetzung zwischen Freiheit und Sozialismus, und welche Botschaft müssen wir verbreiten, damit die Menschen den Glauben an die Kraft der Freiheit zurückgewinnen und nicht den kollektivistischen Rattenfängern des links-grünen[108] Ökosozialismus auf den Leim gehen?

Die Mechanismen der Katastrophe

Welche Mechanismen sind es, mit denen der Null- und Negativzins unser Bankensystem so weit unterminiert, dass es zum Zeitzünder der kommenden monetären Katastrophe wird? Es sind vor allem zwei Effekte, die dies bewirken, die aber zugleich eine Reihe von Nebenwirkungen haben, die tief in die Substanz unserer Volkswirtschaft hineinreichen und die weitere politische Fehler nach sich ziehen, die verhindern, dass wir aus dem Problem »herauswachsen können«.

Der erste Effekt ist die Zombifizierung der Wirtschaft. Schumpeter beschrieb mit dem Begriff der »kreativen Zerstörung«, wie technischer und wirtschaftlicher Fortschritt letztlich geschaffen wird: durch Versuch und Irrtum. Die Teilnehmer am Wirtschaftsleben, insbesondere die Unternehmen, suchen durch technischen Fortschritt (Forschung und Entwicklung), Innovation und Anpassung ihres Tuns an die Strukturen der

Nachfrage, also an die Bedürfnisse der Menschen, ständig neue Wege zu gehen, Dinge zu produzieren und Dienstleistungen zu erbringen, die auch tatsächlich nachgefragt werden und so zu Umsatz und Gewinn führen. Dieser Prozess findet unter unvollständiger Information statt, ist seiner Natur nach also ein ständiges Ausprobieren, ein Versuch. Jedem Versuch wohnt die Möglichkeit des Irrtums inne, also im wirtschaftlichen Sinne das Risiko des Scheiterns. Durch Marktforschung, gründliche Analyse und etablierte Techniken des Managements lässt sich das Risiko des Scheiterns senken oder minimieren, aber niemals ganz ausschalten.

Dieses Scheitern nennt man in der Marktwirtschaft Konkurs, und es ist notwendig, damit die Adern der Volkswirtschaft nicht von solchen Unternehmen verstopft werden, deren Produkte nicht nachgefragt werden, die teurer und damit weniger ressourcenschonend produzieren als ihre Wettbewerber, die ineffizient und schlecht gemanagt sind. Werden solche Unternehmen nicht im Zuge des Wettbewerbs aussortiert, so binden sie im Laufe der Zeit immer mehr Kapital, Humankapital und damit menschliches Talent in Verwendungen, die anderweitig besser, produktiver und nutzbringender eingesetzt werden könnten.

Das politische Mittel der Wahl, um diesen Sortierprozess zu unterdrücken und so den Versager vor den Folgen des Irrtums zu schützen, ist die Subvention. Die Subvention verbirgt die wahren Kosten der ineffizienten und unproduktiven Produktion und hält Pleiteunternehmen künstlich am Leben. Es gibt unterschiedliche Wege, Subventionen an Unternehmen zu bringen: direkte Transfers, Steuervorteile und künstliche Reduzierung der Kosten. Der Null- und Negativzins wirkt wie eine Subvention, weil er die Unternehmen davon befreit, die wahren Kosten ihres Kapitals verdienen zu müssen. Sie können sich durch die Ersparnis des Manipulationszinses länger »durchschleppen«, werden durch die Milliardensubvention eingesparter Zinsen zulasten der Sparer als Fremdkapitalgeber künstlich am Leben erhalten und gehen nicht mehr oder nur noch in sehr viel geringerer Zahl pleite. Mit der Manipulation der Zinsen, insbesondere seit Ausbruch der Finanzkrise 2007/08, konnten wir daher beobachten, dass die Pleiten in Deutschland und auch im übrigen Euroland dramatisch gefallen sind. Am Beispiel Deutschlands um 75 Prozent, nämlich von früher zwei Prozent Ausfallrate auf heute noch weniger als ein halbes Prozent Ausfallrate.[109]

Durch den zeitlichen Verlauf der Unternehmenspleiten kann man abschätzen, wie viel mehr Unternehmen in den letzten zwölf Jahren hätten ausfallen müssen, ohne die Eingriffe der Politik und der Geldpolitik in das marktwirtschaftliche Gefüge. Wir wissen daher, dass mittlerweile in Deutschland mehr als 15 Prozent aller Unternehmen »Zombies« sind, Unternehmen, die tot sein sollten, aber noch dahinvegetieren, deren Pleite nicht aufgehoben, sondern nur aufgeschoben ist, und die auf das auslösende Ereignis warten, welches diese Pleiten in einer gewaltigen Welle nachholt.

Abb. 3 zeigt den Verlauf der Unternehmensinsolvenzen in Deutschland seit Beginn der Finanzkrise. Jeder der Pfeile in der Grafik steht für die Differenz zwischen der langfristigen Rate, die die Unternehmensinsolvenzen haben sollten, und den tatsächlichen Pleiten, beschreibt uns also den Beitrag des jeweiligen Jahres zum Bestand aufgesparter, akkumulierter Zombieunternehmen.

Diese Unternehmen sind unproduktiv, ineffizient, schlecht geführt, und sie stellen Dinge her, für die eigentlich keine ausreichende Nachfrage besteht, jedenfalls nicht zu den wahren, nicht durch Subventionen verzerrten Kosten, die in diesen Zombieunternehmen anfallen.

Sie sind auch Kreditkunden der Banken. Dort stehen sie für mindestens 15 Prozent der Kredite, wahrscheinlich für mehr, denn diese Pleitekandidaten zeichnen sich durch einen größeren Fremdkapitalhunger aus als ihre Wettbewerber. Ihre

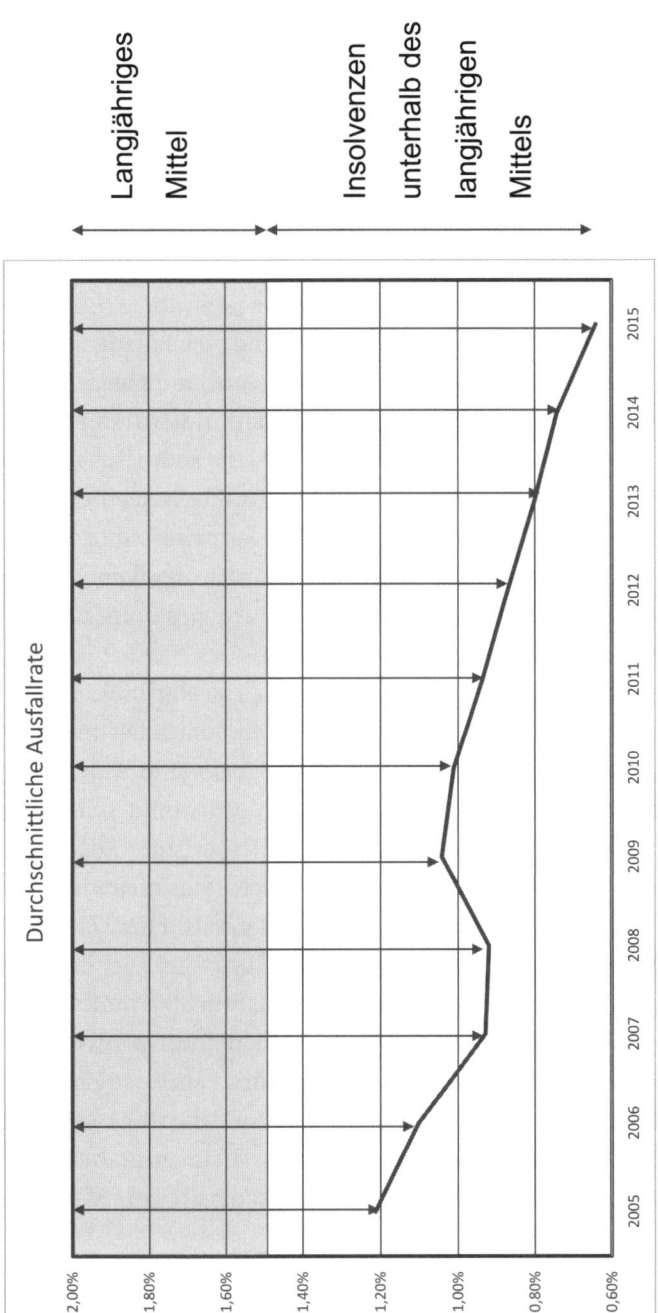

Durchschnittliche Ausfallrate

Langjähriges Mittel

Insolvenzen unterhalb des langjährigen Mittels

Abb. 3

Mitarbeiter stehen auch für 15 Prozent der Immobilienkredite und Konsumentenkredite, und auch diese stehen im Feuer, wenn die Pleitewelle nachgeholter Konkurse diese Menschen in die Arbeitslosigkeit entlässt. Insgesamt dürfte sich das betreffende Kreditvolumen auf 1500 bis 1800 Milliarden Euro belaufen. Kommt es zu einer kumulativen Konkurswelle, so werden die Banken gezwungen sein, riesige Mengen an Sicherheiten, insbesondere Immobilien, im Zuge der Sicherheiten-Verwertung gleichzeitig auf den Markt zu werfen, was zu einem Überangebot und einem Preiseinbruch bei diesen Vermögenswerten führen wird. Der Preisverfall wird dafür sorgen, dass die Banken kaum Erlöse aus diesen Verwertungen erzielen und die Kredite weitgehend abgeschrieben werden müssen. Damit ist zu erwarten, dass die Verluste die Summe des Eigenkapitals aller Banken, die in Europa bei 1500 bis 1600 Milliarden Euro liegt, übersteigen werden. Das System wird also pleite sein.

Die Frage lautet also, welches Ereignis zur Nachholung dieser kumulierten, angesparten Pleiten führen wird. Die intuitive Antwort ist: der Wegfall der Subvention, also eine Anpassung der Zinsen an das Niveau, welches sich am Markt ohne den manipulativen Eingriff der EZB einstellen würde. Die Zinserhöhung ist deshalb in Euroland genau das, was niemals kommen wird. Und mit niemals meine ich niemals. Die EZB kann die Zinsen nicht erhöhen, solange der Euro existiert, nicht in einem Jahr, nicht in fünf und nicht in 20 Jahren. Sie weiß: Wenn sie das tut, sind nicht nur Italien, Griechenland, Spanien, Portugal, Zypern und Frankreich pleite, sondern auch die Zombieunternehmen. Das Bankensystem und mit ihm das gesamte Finanzsystem könnten diese Belastung nicht aushalten und würden in einem gewaltigen Crash innerhalb von Wochen, vielleicht sogar Tagen verbrennen.

Die EZB sitzt also in der Falle.

Wenn es die Zinserhöhung nicht geben wird, was führt dann

zur Entladung des in den Zombieunternehmen angestauten Ungleichgewichtes? Es ist der zweite Effekt der Null- und Negativzinsen, der auf die Erträge der Banken wirkt. Das kommerzielle Bankensystem, das die Wirtschaft mit Krediten versorgt, beruht auf einem sehr einfachen Geschäftsmodell, welches innerhalb und unter den Bedingungen unseres FIAT-Geldsystems nicht geändert werden kann: Banken nehmen Einlagen entgegen und reichen Kredite heraus. Das war schon fast alles. Sie leben letztlich von der Differenz der Zinsen, die sie auf Einlagen bezahlen, und der Zinsen, die sie für das Verleihen dieses Geldes bekommen. Dabei spielen drei Zinsmargenkomponenten eine Rolle, die für 80 Prozent aller Erträge der Banken stehen. Das sind die Sparmarge, die Transformationsmarge und die Kreditmarge. Der Rest fließt aus Gebühren für Kontoführung, Zahlungsverkehr und Ähnliches. Dieser Rest steht aber durch die neue Konkurrenz durch die Fintechs und die BigTechs ebenfalls unter Druck. Was passiert also in der Nullzinswelt mit diesen drei Margen?

Abb. 4 zeigt die Zinsmargen der Banken bei einer normalen Zinsstrukturkurve. Die Sparmarge ist die Differenz zwischen

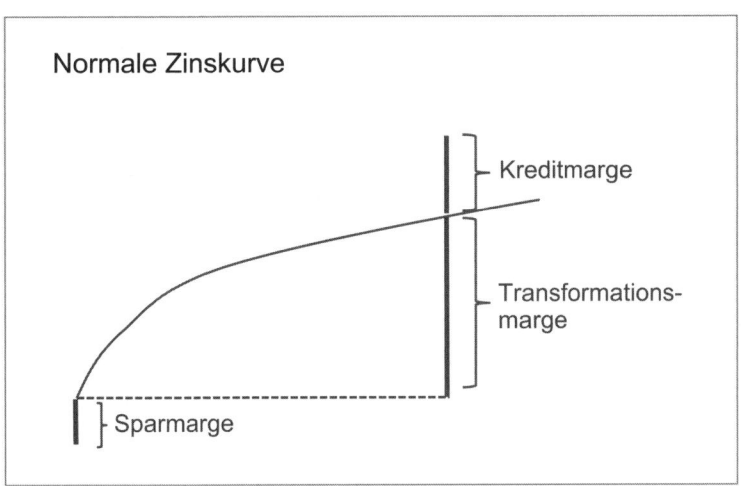

Normale Zinskurve

Kreditmarge

Transformationsmarge

Sparmarge

Abb. 4

dem Zins, den die Bank auf Spareinlagen zahlt, und dem, was sie am Geldmarkt für Tagesgeld erhält. Je nach Marktlage waren das früher ein halbes bis anderthalb Prozent. Heute ist dieser Satz aufgrund der Strafzinsen für Einlagen bei der Zentralbank negativ. Nach Kosten beträgt er circa -0,6 Prozent.

Die Transformationsmarge ergibt sich daraus, kurzfristige Einlagen langfristig als Bau- oder Unternehmenskredite auszureichen und so die Differenz zwischen lang- und kurzlaufenden Zinsen zu nutzen. Da in einer normalen, nicht manipulierten Welt die Zinskurve eine positive Steigung hat, kann die Bank auf diesem Wege nochmals ein bis drei Prozent verdienen – je nach Marktlage. Bei einer entlang der Nulllinie verlaufenden Zinskurve schrumpft der Bruttogewinn auf wenige Basispunkte, und er wird negativ, wenn man das Zinsänderungsrisiko berücksichtigt, das die Bank angesichts der möglichen Kosten steigender Zinsen am kurzen Ende nimmt.

Auch die Kreditmarge ist unter Druck. Sie ergibt sich als Aufschlag gegenüber dem »risikofreien« Zinssatz, weil Kredite in aller Regel nicht an AAA-Kunden, also die erstklassigen Kunden, verliehen werden. Weil die Banken die ersten beiden Margenbeiträge als Ergebnis der Geldpolitik eingebüßt haben, aber gezwungen sind, ihre Kosten zu decken, versuchen sie, die Ausfälle zu kompensieren, indem sie noch mehr Kreditgeschäft machen und so die absoluten Kreditmargenerträge steigern. Weil das aber alle tun, steigt bei starrer Nachfrage das Angebot, was letztlich zu einem fallenden Preis, also einer fallenden Marge auf Kredite führt. *Abb. 5* zeigt als Resultat dieser Entwicklung die Zinsmargen der Banken bei einer durch Marktmanipulation der EZB flachgedrückten Zinsstrukturkurve.

Es ist diese Erosion der Margen, die wir als Zünder betrachten müssen. Denn wenn diese abschmelzen, die Banken aber nicht im gleichen Tempo ihre Kosten senken können, so fallen zunächst die Gewinne der Banken und Sparkassen und drehen sich schließlich in Verluste. Schreiben die Banken aber operativ

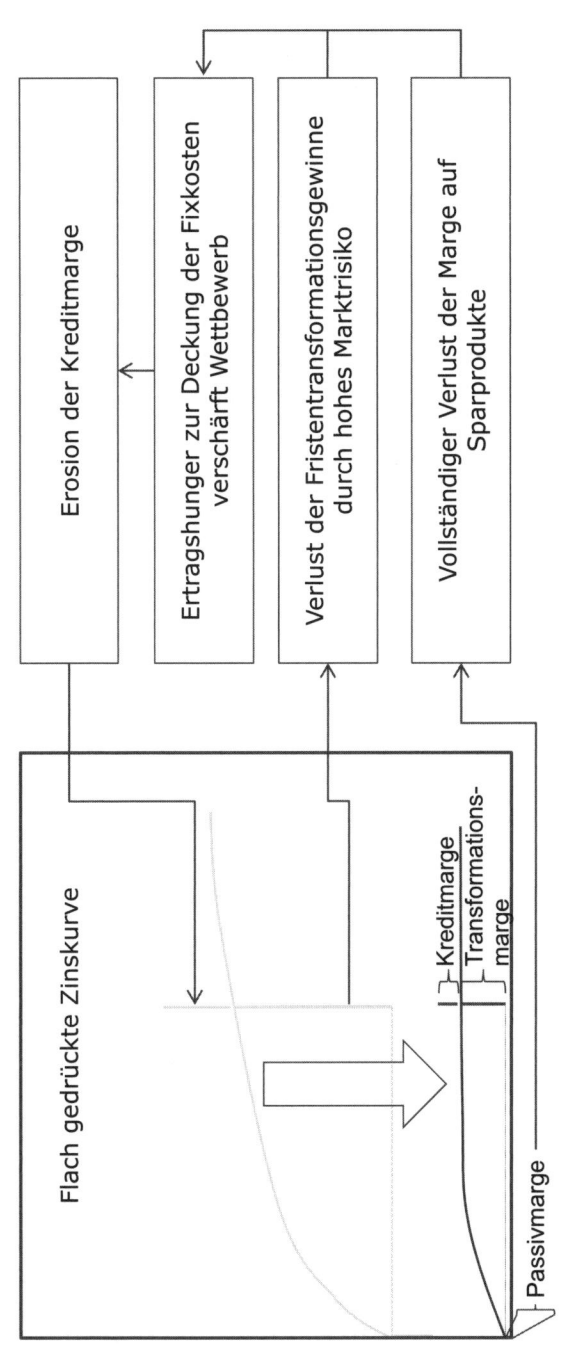

Abb. 5

131

rote Zahlen, so führt das unweigerlich zu einer Erosion ihres Eigenkapitals. Das Eigenkapital wiederum ist aber der Puffer, der benötigt wird, damit eine Bank Risiken tragen kann, insbesondere Kreditrisiken. Je mehr Kapital eine Bank hat, desto mehr Kreditrisiken kann sie tragen und desto mehr Kredite kann sie herausreichen. Das Kapital ist also ihre Produktionskapazität für Kredite. Schrumpft dieses Kapital durch Verluste, so schrumpft auch die Fähigkeit der Bank zur Kreditvergabe. Sie muss diese einschränken. Passiert das bei einer Bank, ist es kein volkswirtschaftliches Problem, passiert es jedoch bei einer großen Zahl oder sogar der Mehrzahl der Banken, so führt dies zu einer Kreditrationierung, einem Schrumpfen der Gesamtkreditsumme, die für Unternehmen und Häuslebauer zur Verfügung steht. Wir können das Abschmelzen der Erträge der Banken seit Jahren beobachten, obwohl die Institute bemüht sind, dies mit allerlei Bilanztricks, der Auflösung von Rückstellungen, dem Heben von Reserven, dem Vorziehen künftiger Erträge und anderen kreativen Techniken zu verbergen.

Zwischen 2016 und 2017 fielen die Zinsmargenerträge der deutschen Banken von 96 auf 85 Milliarden Euro. Auch 2018 dürften sie in diesem Tempo gefallen sein, allerdings ist das nicht das, was die neue Bundesbankstatistik zeigt. Demnach sind sie im Jahr 2018 leicht auf 87 Milliarden Euro angestiegen. Wie kann man das erklären?

Hier gibt es scheinbar Widersprüchliches zu beobachten: Während die großen Privatbanken in Deutschland 2018 weiter in Richtung rote Zahlen, also eine Cost-Income-Ratio von 100 Prozent oder mehr gerückt sind, berichteten Sparkassen von Rekorderträgen, und Genossenschaftsbanken gaben ein gemischtes Bild. Da die letzten beiden einen Marktanteil von fast 80 Prozent haben, klingt das nach einer Verlangsamung des Abstiegs. Leider zeigt sich bei näherer Betrachtung, dass es wiederum Bilanzkosmetik war, die das schöne Bild gezeichnet hat.

Ein Beispiel dafür sind die Vorfälligkeitsentschädigungen, die das Bild der Zinserträge auf der Kreditmargenseite aufgehübscht haben. Wie funktioniert das?

Ein Kreditvertrag, der zum Beispiel mit einer Zinsbindung für zehn Jahre und einer Zinsmarge von zwei Prozent abgeschlossen wird, hat eine Wirkung auf die Erträge der Bank für die gesamten zehn Jahre seiner Laufzeit. Beläuft sich der Kredit zum Beispiel auf eine Million Euro, so führt die Marge von zwei Prozent zu einem Ertragszufluss an die Bank von zwei Prozent mal eine Million Euro, was 20 000 Euro pro Jahr entspricht, und zwar für zehn Jahre in jedem Jahr. Hat dieser Kredit zum Beispiel noch eine Restlaufzeit von fünf Jahren (wurde also vor fünf Jahren abgeschlossen, was in Summe zehn Jahre ergibt) und löst der Kunde diesen vorzeitig ab, so erhält die Bank eine sogenannte Vorfälligkeitsentschädigung, die ihren Margenverlust für die Restlaufzeit abdeckt, also fünfmal 20 000 Euro, macht einen vorgezogenen Kreditmargengewinn von 100 000 Euro. Auf diese Weise kann die Bank künftige Erträge nach vorne ziehen und den tatsächlichen Ertragsverfall verschleiern. Der Preis, den sie dafür zahlt, ist der umso steilere Rückgang der Kreditmargeneinkommen in den Folgejahren, weil der neue Kredit, den sie dann vergibt, aufgrund der oben beschriebenen Effekte zu wesentlich geringeren Kreditmargenerträgen in den Folgejahren führen wird. Obwohl wir davon ausgehen dürfen, dass nur ein bis drei Prozent der Kredite in 2018 auf diese Weise zu periodenfremden Sondererträgen geführt haben, können wir diese Zahl mit der durchschnittlichen Restlaufzeit (sechs bis sieben Jahre) der Kredite in den Portfolien der Banken multiplizieren, um die Wirkung auf den Ertragsausweis des Jahres 2018 abzuschätzen. Und da sehen wir: Wir landen bei gut sechs Prozent (ein Prozent mal sechs Jahre) bis 21 Prozent (drei Prozent mal sieben Jahre), um die die Erträge schöner aussehen, als sie tatsächlich sind. Korrigiert man die Bundesbankzahlen um diesen Effekt, so ist die schöne Ertragsstabilisierung nicht nur dahin, sondern es zeigt sich, dass die Ertragserosion im Tempo der vergangenen Jahre weitergeht.

Bei diesem Tempo müssen wir befürchten, dass Ende 2020 eine so große Zahl an Banken eine Erosion ihrer Risikotragfähigkeit erleidet, dass die Kreditversorgung schrumpft und die einsetzende Kreditrationierung zu einer Liquiditätsaustrocknung der Zombieunternehmen führen wird. Die dann einsetzende Pleitenwelle wird das Eigenkapital der Banken weiter reduzieren und die Kreditrationierung verschärfen, was zu einer sich selbst beschleunigenden und verschärfenden Spirale von Pleiten, Verlusten, Kapitalerosion und Kreditverknappung führen muss.

Dieser zweite Zünder entzieht sich den Möglichkeiten geldpolitischer Manipulation durch die EZB weitgehend. Zeit gewinnen können die Verantwortlichen nur durch großflächige Bilanzmanipulation, also durch den Missbrauch der Bankenaufsicht zum Zwecke der Verschleierung des tatsächlichen systemischen Risikos. Man darf daran zweifeln, dass die Kapitalmärkte auf dieses Spiel hereinfallen werden, denn die entgegen dem Trend der Märkte fallenden Aktienkurse der Banken demonstrieren schon seit Jahren das wachsende Misstrauen der Märkte oder vielmehr ihrer Teilnehmer.

Wenn diese Zombiebombe zündet, dann wird sie das Bankensystem und mit ihm unsere gesamte Volkswirtschaft in den Abgrund reißen, den die Schuldenpolitik der letzten 40 Jahre aufgetan hat.

Wir werden aus diesem Problem auch nicht herauswachsen können. Warum nicht?

Weil die fortschreitende Zombifizierung der Wirtschaft das Produktivitätswachstum insgesamt hemmt und damit auch das Potenzialwachstum der Volkswirtschaft immer weiter nach unten zieht. Umso mehr Kapital und menschliches Talent in den schlechten Verwendungen der untoten Unternehmen gebunden sind, desto weniger steht für neue, innovative und produktivere Unternehmen zur Verfügung. Es ist nicht die Geldflut, die dieses Problem entschärfen könnte, weil man dafür reale Ressourcen braucht und nicht nominale. Die Geldflut kann das Problem der Bindung all dieser Ressourcen in schlechten Verwendungen nicht lösen, sie erzeugt es überhaupt erst. Das ist der tiefere Grund, warum Israel mit seinen 9 Millionen Einwohnern mehr Unternehmen an die New Yorker Technologiebörse bringt als die ganze EU mit 500 Millionen Einwohnern.

Ein weiterer Effekt ist der Umstand, dass der Krisenmodus, den die Geldpolitik und die Fehlkonstruktion des Prokrustesbettes Euro selbst nähren, die Staatsquote und die Bürokratie immer weiter aufbläht, weil sich der Staat am billigen Geld natürlich mit Wonne bedient. Dies beschleunigt die Sklerotisierung der Wirtschaft, weil mehr betriebliche Ressourcen in die Bürokratie, die Verwaltung, die Einhaltung von Vorschriften und Berichtspflichten an die bürokratische Kaste fließen und dabei die Staatsquote versteckt und auch offen weiter ansteigt. Die Bürokratie erzeugt aber keinen Wohlstand, sie verbraucht ihn.

Wäre es nicht so, dann würde unsere Wirtschaft im Gleichschritt mit dem durch den technischen Fortschritt ermöglichten Produktivitätsfortschritt wachsen. Dieser Produktivitätsfortschritt ist derzeit so hoch wie lange nicht, weil er durch die größte industrielle Revolution aller Zeiten angetrieben wird, die Digitalisierung. Die Faustregel ihrer Wirkung lautet: In zehn Jahren können wir die vorhandene Menge an Gütern und Dienstleistungen mit der Hälfte der Arbeitskraft von heute herstellen. Geht man von Vollbeschäftigung aus (die wir aufgrund der Abschaffung von Pleiten ja haben), so müsste man den Satz eigentlich so lesen, dass wir in 10 Jahren mit der gleichen Arbeitskraft die doppelte Menge an Gütern und Dienstleistungen herstellen können. Das wäre ein Wachstum von 100 Prozent in zehn Jahren oder sieben Prozent pro Jahr (die Differenz von drei Prozent ergibt sich aus dem exponentiellen Zinseszinseffekt der Wachstumskurve, sieben Prozent reichen aus für eine Verdoppelung in zehn Jahren, weil die Basis mitwächst). Sieben Prozent pro Jahr. Super. Wo ist es? Es wird aufgefressen von Bürokratie, staatlicher Hybris und Zombifizierung der Wirtschaft durch die Nullzinspolitik. Die Geldpolitik selbst ist es, die ein Herauswachsen aus dem Problem verhindert. Glückwunsch, Herr Draghi! Das haben Sie ganz super hinbekommen! Kommt die Krise eher früher oder eher später bei Betrachtung aller jetzt bekannten neuen Fakten?

Es gibt zwei gegenläufige Entwicklungen, die den Zeitpunkt beeinflussen: Die Unschärfe bei der Ertragsentwicklung ist trotz der Identifikation von Gestaltungsvarianten wie den Vorfälligkeitsentschädigungen heute größer denn je. Es wird für den Markt sehr schwierig sein zu erkennen, wann genau das Eigenkapital wirklich abschmilzt. Solange es das nicht in der Bilanz tut, folgt nicht notwendigerweise eine Kreditverknappung, weil auch nicht vorhandenes Kapital, solange es noch in der Bilanz steht, dafür eingesetzt werden kann. Die Verknappung passiert aber mit Sicherheit dann, wenn die Märkte den Finger in die Wunde der Bilanzfälschung legen und die Kurse der Bankaktien weiter nach Süden schicken.

Die Folge der fallenden und hochvolatilen Kursentwicklung der Bankaktien wird sein, die Warnsignale der externen Ratings der Banken zu aktivieren. Ratingagenturen verwenden statistische Modelle, die auf Grundlage der Aktienkursentwicklung die Ausfallwahrscheinlichkeit börsennotierter Unternehmen schätzen. Je niedriger und je volatiler der Kurs, desto höher die Wahrscheinlichkeit einer Unternehmenspleite. Werden bestimmte Triggerpunkte unterschritten, so führen die Signale dieser Modelle im Ratingprozess zu einer Neubewertung und sehr wahrscheinlich zu einer Herabstufung der Kreditwürdigkeit der Bank. Dies hat zur Folge, dass die Risikoprämie, die die Bank selbst am Kapitalmarkt zahlen muss, drastisch ansteigt. Da die gesamte Zinsmarge nur knapp ein Prozent der Kreditsumme einer Bank beträgt, genügt also schon ein Anstieg der Refinanzierungskosten um ein Prozent, um die gesamte Marge der Bank auszulöschen. Ihre Erträge fallen dann für das Neugeschäft auf null. Das kann kein Institut lange aushalten.

Herr Draghi hat das natürlich antizipiert und mit der Zinsentscheidung der Zentralbank im September 2019 ein Refinanzierungsprogramm auch für lange Laufzeiten zu null Prozent angekündigt. Das ist die bereitgestellte Munition für die dann fällige Bankenrettung, nichts sonst.

Es werden also einmal mehr die Ratingagenturen sein, deren eigentlich unvermeidliche Entscheidung zur Herabstufung der Banken die Krise auslöst. Und die Banken werden wieder im Kreuzfeuer stehen. Diesmal dafür, dass sie das Richtige getan haben werden: bodenständiges Einlage- und Kreditgeschäft statt Zocken.

Paradox, aber wahr.

Zugleich sehen wir aber eine Zuspitzung der konjunkturellen Lage. An allen Fronten und in allen wesentlichen Industrien werden die Kräfte unserer Marktwirtschaft durch Überregulierung, enteignende Besteuerung, Unterminierung der Rechtsstaatlichkeit, Erosion der Eigentumsrechte, Gängelung, Entzug der Planungssicherheit, Verfall staatlicher Infrastruktur und des Bildungswesens abgewürgt. Die Folge sind ein sich verschärfender Fachkräftemangel sowie massive Fehlsteuerung von Investitionen durch falsche geld- und fiskalpolitische Anreize. Das alles sucht sich jetzt sein Ventil in einer Rezession.

Die ersten großen Automobilzulieferer haben Mitte 2019 den Konkurs angemeldet, Daimler schreibt Milliardenverluste, die Kernindustrien Deutschlands, Automobilbau und Maschinenbau, entlassen 150 000 bis 200 000 Mitarbeiter. Das Programm der grün-Merkel'schen Deindustrialisierung des Landes wirkt. Diese Pleiten werden bis Anfang 2020 zu einer spürbaren Anhebung der Ausfallrate in Deutschland und wohl auch in den anderen Ländern der Eurozone führen. Das hat drei Wirkungen:

Erstens wird es das Verhältnis von Kosten und Erträgen bei Banken durch die Kreditverluste (Cost-Income-Ratio) beschleunigt nach oben treiben. Zweitens können die Banken die Auflösung der Kreditverlustrückstellungen nicht weiter betreiben, sondern müssen im Gegenteil neue bilden, um ihre Risikovorsorge an das neue Niveau anzupassen, und drittens müssen die Ratingverfahren auf die neue durchschnittliche Ausfallwahrscheinlichkeit neu eingestellt, »rekalibriert« werden, wie es in der Fachsprache der Modellbauer heißt. Das bedeutet, dass die risikoadjustierten Aktiva auch für die nicht ausgefallenen Kreditengagements der Banken bei gleichem, also konstantem Kreditvolumen ansteigen und die Eigenkapitalquote der Banken, die als Prozentsatz der risikogewichteten Aktiva und nicht der Bilanzsumme berechnet wird, alleine durch diesen Effekt deutlich fallen wird.

Damit fehlt den Banken das notwendige Kapital für die Kreditversorgung, und die Kreditrationierung beginnt schon vor dem eigentlichen realen Schrumpfen der Kapitalbasis. Wird die gerade beginnende Rezession also tief und scharf, dann treten die prognostizierten Effekte der Ertragserosion der Banken mindestens 6, vielleicht sogar 9 Monate früher ein als gedacht. Das ist der Grund für die Panik der EZB, die in den jüngsten Zinsbeschlüssen vom September 2019 ihre Manifestation findet.

Das japanische Modell

Ein häufig vorgetragenes Argument gegen ein baldiges Crash-Szenario ist die These, dass die Zentralbanken einen schier unerschöpflichen Fundus an Ideen haben, um die Dose weiterhin die Straße hinabtreten zu können. Warum soll in Europa nicht funktionieren, was in Japan – wenn auch zu erheblichen sozialen und wirtschaftlichen Kosten – funktioniert hat?

Der Bank of Japan, also dem fernöstlichen Pendant zur EZB, gelingt dies in der Tat schon seit 30 Jahren. Das Ergebnis ist schlicht erschütternd.

Richtig ist: Der Untergang der Währung ist bisher nicht eingetreten, aber die Bank von Japan sitzt noch tiefer in der Zinsfalle als die EZB, weil sie schon seit 1990 das Loch tiefer gräbt, in dem sie sitzt. Die Zombifizierung der Unternehmenswelt ist wesentlich weiter fortgeschritten als in Europa, wahrscheinlich sind schon ein Drittel der Unternehmen Zombies mit dem Ergebnis, dass es gesamtwirtschaftlich keinen Produktivitätsfortschritt mehr gibt. Es gibt stattdessen einen Produktivitätsrückschritt, der sich darin manifestiert, dass die verfügbaren realen Pro-Kopf-Einkommen seit 20 Jahren um circa ein Prozent pro Jahr schrumpfen. Nur ein Volk, das den Stoizismus so sehr zur Kunstform erhoben hat wie die leidensfähigen Japaner, lässt sich so etwas so lange gefallen.

Die Banken überleben das, weil sie in einem kartellartig organisierten Oligopol dem Ertragsdruck zulasten der Konsumenten und Kunden standhalten. Die inneren Spannungen, denen der Euro ausgesetzt ist, der im Gegensatz zum Yen gar keine richtige Währung ist, bestehen in Japan nicht, weil es sich um einen einheitlichen Zentralstaat handelt. Das Ungleichgewicht sucht sich also andere Ventile. Und es findet sie.

Den schrumpfenden Realeinkommen stehen seit Jahrzehnten künstlich erhaltene und aufgeblasene Vermögenswertblasen vor allem im Immobiliensektor gegenüber. Der Protektionismus bei Agrarprodukten sorgt zugleich für die immer noch höchsten Lebenshaltungskosten aller OECD-Länder. Schrumpfende Einkommen und unbezahlbare Immobilienpreise haben dafür gesorgt, dass bei jungen Ehepaaren beide Partner arbeiten müssen und sich keine Kinder mehr leisten können, um nicht dem sozialen Absturz anheimzufallen. Die Geburtenrate fällt und fällt, und die demografische Katastrophe ist praktisch nicht mehr umkehrbar.

Die schnell schrumpfende Basis der arbeitsfähigen Bevölkerung muss eine schnell wachsende Schicht von Greisen und Pflegefällen ernähren. Der hypertrophe Kopf einer umgedrehten Bevölkerungspyramide ähnelt mehr und mehr einem auf seiner Spitze balancierenden Dreieck, dessen Basis von Jahr zu Jahr schmaler wird. Wir können in Japan in Zeitlupe dabei zusehen, wie ein Volk Selbstmord begeht, oder besser: wie eine falsche Politik es in den kollektiven Selbstmord treibt, indem Geburt und Aufzucht von Kindern zum absoluten Luxusprodukt gemacht wird, das sich die Masse der Bevölkerung nicht mehr leisten kann.

Es ist offenbar nicht nur so, dass sich in einer freien Marktwirtschaft der langfristige Zins an das langfristige Wachstum anpasst. Es scheint auch so zu sein (siehe Abschnitt »Die Identität von Zins und Wachstum«, Kapitel III, ab Seite 35), dass in einer Nullzins-Planwirtschaft sich das langfristige Wachstum an den Null- und Negativzins anpasst und dass die Folgephänomene, eine Kettenreaktion aus schrumpfenden Einkommen, fallender Geburtenrate, schrumpfender Bevölkerung und Absorption der knapper werdenden Ressourcen durch die Gerontokratie, zum Kollaps des Gemeinwesens führen.

Wir können in Japan studieren, was uns in Deutschland und Europa erst noch bevorsteht, falls die EZB das erfolgreich kopieren kann.

Die planwirtschaftliche Geldordnung ist in ihrem philosophischen Grunde ein Angriff auf die natürliche Ordnung der Freiheit. Sie legt die Axt an die Wurzel unserer Existenz als Volk. Für die Hasser der abendländischen Zivilisation ist das natürlich ein Grund zum Feiern und auch zum Leugnen.

Jede entgleisende Gesellschaft trägt eine Monstranz vor sich her, die für etwas steht, was sie in Wahrheit verraten hat. Bei uns ist diese Monstranz der Fetischbegriff der Nachhaltigkeit. Nachhaltigkeit wird uns von den grünen Muezzins Tag und Nacht von den öffentlich-rechtlichen und Mainstream-

Medienminaretten herunter vorgebetet. Am besten sollen wir auf das Atmen verzichten, damit das Klima »nachhaltig« geschützt wird.

Aber für wen? Wohl kaum für unsere Kinder und Kindeskinder, deren Zukunft und Existenz durch die oben beschriebenen Mechanismen dem Geldsozialismus zum Opfer fallen. In Wahrheit ist die Nachhaltigkeit eine Schimäre. Ihre Apostel predigen sie, aber deren Politik verspielt sie, weil sie die natürliche Ordnung der Freiheit leugnet, ohne die eine Gesellschaft eben nicht funktionieren kann. Der Geldsozialismus erreicht auf weichem Wege, was den völkermörderischen Horden der stalinistischen Sozialismusversion nicht gelungen ist, weil dessen Terrorherrschaft nicht lange genug angedauert hat.

Er ist deshalb eine weiche Form des Genozids, die Verkörperung des »Sui-Genocide«, dessen Anhänger den Menschen für eine Krankheit halten, die den Planeten befallen hat und die ihre aktuelle Inkarnation in der Klimasekte findet.

Zum Glück ist die Chance der EZB, das japanische »Erfolgsmodell« zu kopieren, gering. Der Grund ist einfach: Der Euro ist im Gegensatz zum Yen gar keine richtige Währung, sondern ein Währungskorb mit Sollbruchstellen, die seiner inneren Fehlkonstruktion geschuldet sind. Die Propheten und Apologeten des Euro betrachten die Wissenschaft der Ökonomie wahlweise als eine Wissenschaft der Verbote oder eine Wissenschaft der Töpfe.

Ersteres drückte sich aus in der Konstruktion des Maastrichter Vertrages, der ökonomisches Verhalten mit politisch gesteuerten Sanktionen und Strafen herbeizwingen wollte und der von vornherein der Kraft des Faktischen, nämlich dem Unwillen der Mehrheit seiner Teilnehmer, sich diesen Regeln zu beugen, scheitern musste.

Letzteres findet seinen Gipfel in der Konstruktion von Target-2, dem größten Rettungstopf von allen, und den ursprünglich angeblich nur »vorübergehend« installierten institutionalisierten Rettungstöpfen des ESM. Diese Töpfe, ihre Nutzung, Übernutzung und Erschöpfung sind nicht nur das Fieberthermometer des kranken Euro, sie sind auch die Sollbruchstelle des ganzen Systems.

Das liegt daran, dass die Wirtschaftswissenschaft eben keine der Töpfe, sondern eine der Anreize ist. Das Denken und Handeln in Töpfen schafft ebenfalls Anreize, aber es sind pervertierte, inverse Anreize, die die Akteure zum Gegenteil dessen verleiten, was gut und nützlich für die Wirtschafts- und Geldordnung unseres Kontinents ist. Zugleich schaffen diese Töpfe Weggabelungen politischer Panik, denn wenn sie wahlweise erschöpft (weil begrenzt wie der ESM) oder unendlich explosiv nach oben getrieben (weil theoretisch unbegrenzt wie Target-2) werden, so lösen sie bei Bevölkerung und Politik Ängste aus, die in einer Banken- und Wirtschaftskrise in Panik umschlagen werden.

Japan hat derartige Sollbruchstellen nicht. Es ist ein zentralistischer Nationalstaat mit einheitlicher Währung, einheitlicher Verwaltungs- und Regierungsordnung, einheitlichen Gesetzen und einheitlicher Währungsautonomie. Hokkaido wird nicht austreten und einen Kürbis-Yen als Währung einrichten, weil die Bank of Japan versagt hat. Japan hat den Kelch der Zombifizierung seiner Wirtschaft deshalb seit fast 30 Jahren bis zur Neige ausgetrunken. Aber auch diese Straße geht nunmehr zu Ende. Die Zahlen, die aus dem japanischen Bankensystem kommen, deuten trotz der oligopolistischen Preisstruktur des kommerziellen Kreditsystems des Landes (das bedeutet, dass wenige Marktanbieter am Markt ihre Preisvorstellungen gegen die Konsumenten durchsetzen können) die totale Erschöpfung seiner Ertragskraft an. Die großen Banken müssten, ebenso wie die europäischen, massiv die Kosten senken. Das können sie im japanischen staatskorporatistischen System ebenso wenig wie die Euroland-Banken. Es ist durchaus denkbar, dass der längere japanische Atem zeitgleich mit dem in der EU ausgeht und ein wechselseitiges Triggern und Hochschaukeln dieser Krise auslöst.

Die Folgen der Handelsverflechtungen

Dieses Beispiel macht zugleich deutlich, dass die internationalen Kapital- und Handelsverflechtungen der globalisierten Welt in dieser Krise zu einer Weltwirtschaftskrise führen müssen. Man kann nicht den größten Wirtschaftsraum auf dem Planeten, die EU, über einen Währungssozialismus an die Wand fahren und erwarten, dass dies keine globalen Folgen hätte. Die Weltwirtschaftskrise nach dem Muster der 1930er-Jahre ist daher unvermeidbar. Das Parken von Vermögen in vergleichsweise stabile Staatsanleihen von Nicht-Euroländern zur Sicherung gegen den Eurocrash ist daher nur ein vorübergehender Ruheplatz des Geldes, verbunden mit der Chance auf Wechselkursgewinne gegenüber dem Euro, wenn er beginnt, in Schieflage zu kommen.

Die Handelsverflechtungen bedeuten, dass die Importnachfrage der EU nach Produkten aus den USA und Asien einschließlich China zusammenbrechen wird, mit den entsprechenden Folgen für das Wachstum dieser Regionen. Zugleich sind Europas Banken über die Interbankenkredit- und Derivatemärkte weltweit mit anderen Kreditinstituten verflochten. Die Deutsche Bank stellt mit einem Nominalvolumen von über 40 000 Milliarden Euro an Derivaten in ihren Büchern einen Weltknotenpunkt des Handels mit diesen Vehikeln dar, aber auch andere europäische Banken lagern gewaltige Mengen dieser Papiere in ihren Handelsbüchern. Obwohl sie sich hinsichtlich des mit ihnen gehandelten Marktrisikos (meist handelt es sich um Sicherungsgeschäfte für Währungs-, Zins- oder Aktienkurse) weitgehend auch innerhalb der Bücher der einzelnen Banken gegenseitig aufheben, stellen sie ein gewaltiges Risiko dar. Es wurzelt in der Tatsache, dass die Pleite einer Bank das Marktrisiko der Derivate in ein Kreditrisiko der Erfüllung von aus ihnen erwachsenden Ansprüchen umwandelt. Dieses Kreditrisiko kann nur in sehr begrenztem Umfang verstanden, gemessen und gesteuert werden, weil die jeweilige Höhe des Kredits ja abhängig ist von den schwankenden Kursen der Derivate oder vielmehr den ihnen zugrunde liegenden Marktdaten wie Zinsen et cetera. Es ist aber das Kreditrisiko, welches systemische Risiken in Wahrheit propagiert, also quasi als Welle in das Gesamtsystem schickt.

Mit anderen Worten: Es ist schwierig bis unmöglich vorauszusehen, wie sich der Schock multipler Bankenpleiten durch das eng verflochtene Weltfinanzsystem fortpflanzt. Jede Bank weltweit kann ein Dominostein sein, der durch eine Bankenpleite an irgendeinem anderen Ort der Welt fällt. Das ist keine Reihe von Dominosteinen, die geordnet und in geplanter Reihenfolge umfallen, wie man das in schönen Videos choreografierter Dominoeffekte manchmal bewundern darf. Nein, es ist ein wirres Kippen und Fallen, eine Kettenreaktion eher nach dem Muster einer Kernspaltung, bei der jedes kippende Institut mehrere andere mit sich in den Abgrund reißt und man vorher nicht weiß, wer als Nächstes dran ist.

Das ist der Grund, warum ein Börsencrash an einem großen Finanzzentrum immer gleich weltweit die Kurse ins Rutschen bringt: Die Marktteilnehmer wissen um die Verflechtung und auch um ihre Nicht-Berechenbarkeit. Der lokale Schaden hat globale Schubstangeneffekte, und die aus einem lokalen Großereignis resultierende Marktpanik überall auf dem Planeten ist daher logisch und folgerichtig. Dazu kommt, dass Europa nicht der einzige Währungsraum war, der der Religion des lockeren Geldes und der Ideologie des Geldsozialismus gehuldigt hat. Die Welt ist überschuldet, und zwar überall. Japans Verschuldung in Prozent des Bruttosozialprodukts nähert sich der

300-Prozent-Marke, die USA haben nach dem Crash 2008 die größte Schuldenorgie aller Zeiten veranstaltet. China hat über Staatsinterventionen und ein Schattenbankensystem 5 bis 7 Billionen Dollar in Fehlinvestitionen geleitet, die niemals zurückkommen werden. Auch für diese Party wird die Rechnung präsentiert werden.

Wenn Europa fällt, dann wird dies auch wegen der global angesparten Ungleichgewichte eine weltweite wirtschaftliche Kontraktion auslösen. Es wird auch bei einer Rückkehr zur Marktwirtschaft Jahre dauern, bis diese sich davon erholt haben wird. Für so einen intellektuellen Müll wie Klimawende und steuerfinanzierte Einwanderung in die Sozialsysteme wird dann allerdings auch kein Geld mehr da sein. Auch diese Irrtümer werden dann vom Markt gnadenlos aussortiert.

Das einzige große Land, dessen Bankensystem halbwegs unbeschädigt aus dieser Krise hervorgehen wird, ist Russland. Die Sanktionen des Westens haben das Land weitgehend von den Möglichkeiten der Teilnahme an den internationalen Derivatemärkten ausgeschlossen. Das Land befindet sich quasi unfreiwillig in einer Quarantäne gegen ein tödliches Virus. Die Strafe wird sich als Segen erweisen. Zugleich hat Russland sich durch sparsame Politik und das Aufkaufen von Gold in die Position gebracht, jederzeit eine goldgedeckte Währung einführen zu können. Diese kluge Politik wird sich auszahlen, jedenfalls für Russland, dessen geopolitische Bedeutung mit diesem Schachzug gewaltig steigen wird.

Phasen der Krise

Damit kommen wir zu der Frage, in welchen Phasen und Verzweigungen die kommende Krise ablaufen wird. Fassen wir alle beschleunigenden (Rezession, Währungs- und Handelskrieg, Ratingrisiken der Banken aufgrund fallender Aktienkurse) und verlangsamenden (Bilanztricks der Banken und der Aufsicht) Effekte zusammen, so dürfte der Nettoeffekt bei null liegen. Das bedeutet, dass Ende 2020 plus/minus zwei bis drei Quartale weiterhin der wahrscheinlichste Zeitpunkt für den Beginn der Krise ist.

Diesen Krisenstartpunkt erkennen wir an einer erst stagnierenden, dann fallenden Giralgeldmenge, also Kreditgeldmenge in Europa, weil sie die Summe aller vergebenen Bankkredite darstellt. Sie ist neben der Zentralbankgeldmenge das zweite große Geldaggregat. Dieses Signal wird uns die Kreditverknappung durch die ertragsbedingt fallende Risikotragfähigkeit der Banken anzeigen. Das wird innerhalb von drei Monaten, vielleicht auch schneller, zu einem steilen Anstieg der Unternehmenspleiten führen, wahrscheinlich zunächst zu einer Rückkehr zur normalen jährlichen Rate von zwei Prozent. Diese erste Iteration der Krisenspirale führt dann zu weiteren Verlusten der Banken, nicht operativ, sondern durch sich materialisierende Risikokosten. Das beschleunigt den Prozess der Kreditkontraktion und sendet zugleich starke Rezessionssignale an die Marktteilnehmer.

Bereits vorher dürften die Aktienmärkte die Krise antizipiert haben. Die schon jetzt unter der Nulllinie invertierte Zinsstrukturkurve des Euroraums signalisiert eine starke Rezessionserwartung der Bondmärkte, die die Aktienmärkte anstecken wird, sobald diese Inversion sich offenkundig stabilisiert und deutlicher hervortritt. Diese Ansteckung wird einen beispiellosen Absturz der Aktienkurse an allen globalen Handelsplätzen provozieren. Die automatischen Systeme zum Aussetzen des Handels bei Überschreitung von bestimmten sehr hohen Kursverlusten werden das nicht stoppen, weil der außerbörsliche Handel das Ruder übernehmen wird. Der Notstop-Mechanismus des abstürzenden Aufzuges wird versagen.

Die Marktsignale verstärken dann die Kaufzurückhaltung der Konsumenten und die Investitionsneigung der Unternehmen und verschärfen so die Rezession, was den Zyklus der Pleiten und der Kreditkontraktion beschleunigt. Etwa zwei bis drei Quartale nach Beginn der Krise, also voraussichtlich Mitte 2021, werden wir die ersten Bankenpleiten sehen. Versteckte Risiken in einzelnen Banken können diesen Zeitpunkt aber auch deutlich früher eintreten lassen. Das gilt insbesondere für solche Institute, die im Firmenkundenkreditgeschäft eine aggressive Wachstumsstrategie gefahren haben und die deshalb die Liquiditäts- und kredithungrigen Zombieunternehmen als Kreditnehmer angezogen haben wie das Licht die Insekten.

Die ersten Bankenpleiten werden aller Voraussicht nach noch in der klassischen Manier der Rettung durch die Regierungen mit Steuergeldern stattfinden. Das bedeutet Verstaatlichung und Abwicklung. Die ansteigende Frequenz der Bankenpleiten wird es in den darauffolgenden Monaten jedoch für die Regierungen unmöglich machen, diesem Muster weiterhin zu folgen, weil die dafür notwendigen Rettungsmilliarden schlicht nicht verfügbar sein werden. Die Steuerbasis bricht unter der Last der abstürzenden Konjunktur ohnehin schon zusammen, die Kapitalmärkte werden den Regierungen mit ihrer kollabierenden Kreditwürdigkeit die Mittel nicht mehr im erforderlichen Umfang zur Verfügung stellen. Das dürfte im Herbst 2021 die Lage sein.

Zur Jahreswende 2021/22 oder zum zweiten Quartal 2022 geht das Karussell der Zombiepleiten und der Bankpleiten dann in seine finale Phase, indem die Pleitenwelle alle noch bestehenden Zombieunternehmen erfasst. Das sind wahrscheinlich mehr als 15 Prozent aller Unternehmen, mehr als eine Million Firmen in Euroland. Sie beschäftigen 15 Prozent aller Menschen, zahlen Lohn und Gehalt für 15 Prozent aller privaten Kreditschuldner, Konsumentenkreditnehmer und Häuslebauer.

Diese deflationäre Phase ist zugleich die Phase eins der Vermögensvernichtung der Bürger. Betroffen sein werden vor

allem Aktien und Immobilien durch Kursverluste an den Bör-
sen und durch das Überangebot an Immobilien, die im Wege
der Zwangsversteigerung nach Unternehmenskonkursen auf
den Markt gedrückt werden. Die Politik steht dann vor den Scherben ihrer Maßnahmen
aus 14 Jahren Rettungsorgien und Geldsozialismus. Sie steht
vor der Wahl, die Wirtschaft in einer beispiellosen deflationä-
ren Depression untergehen zu lassen oder die Banken, genauer
gesagt das gesamte Bankensystem, mit frisch gedrucktem Geld
zu retten, legal oder nicht. Sie wird sich nach aller Erfahrung
für die Rettungsvariante mit gedrucktem Geld entscheiden.
Diese Entscheidung dürfte circa Anfang 2022, also vier bis
sechs Quartale nach Beginn der Krise anstehen. Allerdings
wird der zeitliche Verlauf umso unsicherer, je weiter wir das
Szenario in die Zukunft fortschreiben. Es kann schneller gehen,
wenn die Märkte kollabieren, oder langsamer, falls das ver-
schriebene Gift weiterer geldpolitischer Lockerung noch ein
letztes Mal wirkt.

2022 wird damit als das Jahr der Hyperinflation des Euro in
die Geschichte eingehen und diesen, wie man unter Münz-
sammlern sagt, in ein »abgeschlossenes Sammelgebiet« verwandeln. Die einzigen Euromünzen allerdings, die dann noch
einen Wert in der Nähe ihres Nennwertes haben, dürften aufgrund ihres Seltenheitswertes die des Vatikans sein.

Das Loch, das die Pleite der Zombieunternehmen und
die bereits heute aufgelaufenen, aber nicht korrekt abge-
schriebenen, ausgefallenen Kredite in das Bankensystem des
Eurolandes stanzen werden, wird sich auf ungefähr 2500 bis
2800 Milliarden Euro belaufen. Der im Jahr 2008 gewonnene
Erfahrungswert für das notwendige Volumen des für die Rettung einer schon in Schieflage befindlichen Bank beträgt das
Zwei- bis Dreifache. Der Grund ist einfach: Ist eine Bank erst
einmal bankrott, so stürzt dies die Märkte und die Kunden, die
Sparer insbesondere, in eine Vertrauenskrise ihr gegenüber.

Die Anleger wollen sicher sein, dass sie ihr Geld wiedersehen, wenn sie es der Bank auch weiterhin anvertrauen sollen. Da reicht es nicht, das Loch zu stopfen, sondern es muss eine deutliche Überdeckung her, die auch solche Risiken abdeckt, die am Beginn der Rettungsaktion noch gar nicht sichtbar sind.

Wir müssen also von einem Kapitalbedarf in der Größenordnung von 5000 bis 8400 Milliarden Euro für diese Operation ausgehen, und das wird auch der Betrag sein, den die Zentralbank drucken muss, um die Staaten für diesen GröBaZ, den größten Bailout aller Zeiten, auszustatten. Die Zentralbankgeldmenge wird sich damit ungefähr verdreifachen bis vervierfachen.

Im Zuge dieser Rettung werden die Banken verstaatlicht, die ausgefallenen Zombiekredite voraussichtlich in gigantische Verbriefungen gepackt und zum weit überhöhten Nominalwert an die EZB verkauft, die damit zur größten Bad Bank in der Geschichte des Finanzwesens mutieren wird. Die »Modern Monetary Theory«, kurz MMT, macht es möglich.

Das ist zwar illegal, aber wer interessiert sich beim Thema Eurorettung für die Herrschaft des Rechts, wenn der Zeitgeist und die nackte Panik den Satz »Not kennt kein Gebot« in die Mikrofone der Pressekonferenzen diktiert? Das war bisher auch schon so. Die neue EZB-Präsidentin Lagarde hat dazu bereits vor Jahren ein Geständnis abgelegt, als sie wörtlich sagte: »Wir verletzten alle Rechtsvorschriften, weil wir einig auftreten und wirklich die Euro-Zone retten wollten (…) Der Vertrag von Lissabon war eindeutig. Keine Rettungsaktionen.«[110]

Die Verstaatlichung der Banken mit in der tiefsten Rezession seit den 1930er-Jahren hat noch eine weitere Wirkung: Die Politik wird in diesen volkseigenen Banken das perfekte Vehikel finden, billigen, subventionierten und nicht auf Risiken hin abgeklopften Kredit nach der Manier von Helikoptergeld in die Haushalte und Unternehmen zu pumpen in der Hoffnung, den

Kollaps mit der davon induzierten Nachfrage zum Stehen zu bringen.

Ganz leer ist diese Hoffnung nicht, denn dieses Geld wird nachfragewirksam werden. Aber da die Zombies schon platt sein werden und die Arbeitslosigkeit nicht so schnell wieder runtergehen kann, wird die Hauptwirkung dieser Schuldenorgie nicht ein Anspringen der Konjunktur sein, sondern, durch die Wechselwirkung mit der Zentralbank-Geldmengenausdehnung durch die Bankenrettung verstärkt, das Anspringen der Inflation.

Dann ist Herr Draghi zwar im Ruhestand, aber am Ziel: zwei Prozent Inflation. Nur dass es nicht pro Jahr sein wird, sondern wohl eher pro Tag. Mit der Inflation verhält es sich in gewisser Weise wie mit einer Flasche Ketchup: Man schüttelt sie und lange kommt nichts raus, dann schüttelt man weiter und es passiert immer noch nichts, und dann schüttelt man immer heftiger und plötzlich schießt der ganze Inhalt raus. Die »Bewältigung« dieser Deflationskrise wird genau das bewirken.

Diese zweite Phase der Enteignung wird vor allem die in den Jahren zuvor durch Zinsentzug bereits einmal beraubten Eigentümer der nominalen Vermögenswerte betreffen, also Inhaber von Lebens- und Pensionsversicherungen, Sparkonten, Bargeld und auf Euro lautenden Anleihen. Ihre Kaufkraft wird sich in wenigen Monaten komplett in Luft auflösen. Der Schuldenberg verschwindet, und mit ihm die Vermögensillusion, dass Staatsanleihen ohne Sicherheiten und Besicherung einen Vermögenswert darstellen würden. Nebenbei führt dies zu einer gewaltigen Umverteilung von den Betroffenen zu allen, die sich mit Schulden vollgesogen und es über die Deflationskrise hinweg geschafft haben. Hypotheken-, Unternehmens- und Konsumentenkredite werden sich ebenso auflösen wie die Staatsschulden.

Das Hauptrisiko einer Vermögensstrategie, die auf Schulden aufbaut in der Hoffnung, dass die Inflation die »Rückzahlung«

leistet, liegt allerdings in der Ungewissheit über die Dauer der Deflation. Geht dem Schuldner liquiditätstechnisch die Puste aus, bevor er das rettende Ufer der Inflation erreicht, so verliert er seine Immobilien und andere mit Schulden erworbenen Assets gerade zu einem Zeitpunkt, wenn ihr Liquidationswert einen Tiefpunkt erreicht hat. Der Zufluss eines sicheren Cashflow oder entsprechende Barreserven sind daher für eine solche Strategie unabdingbar.

In der Inflationsphase setzt dann eine Flucht in Sachwerte ein, die die zuvor abgestürzten Preise für Immobilien wieder nach oben treiben wird. Aktien werden nach historischer Erfahrung in dieser Phase seitwärts gehen, der Preis von Gold und Silber geradezu explodieren, weil Edelmetall seit Jahrhunderten einen sicheren Hafen als Inflationsschutz bietet, leicht transportabel ist und in einem kollabierenden Währungsraum neben – noch – stabilen Devisen das einzige Zahlungsmittel darstellt, mit dem sich noch größere Transaktionen bewältigen lassen.

Die Zerstörung des Sparvermögens nicht nur der deutschen Sparer, sondern aller Sparer in ganz Europa, wird dem Euro den Todesstoß versetzen. »Whatever it takes«, das in Wahrheit immer »Whatever *we* take« im Sinne einer Enteignung der Leistungsträger bedeutete, wird am Ende nicht genug gewesen sein.

Damit kommen wir zur dritten und letzten Phase der Enteignung. Das unvermeidliche Auseinanderbrechen des Euro wird zwei Notwendigkeiten auslösen: erstens die Unterlegung der neuen Währungen der dann ehemaligen Mitgliedsländer der Währungsunion mit glaubwürdigen Vermögenswerten, zur Schaffung von Akzeptanz durch die Bürger und die Unternehmen, und zweitens den Abbau sozialer Spannungen, die die gewaltige Umverteilung von Vermögen in den ersten beiden Phasen der Krise bewirken wird.

Die dafür zu erwartende Maßnahme hat ein historisches Vorbild: den Lastenausgleich nach dem Zweiten Weltkrieg in

Deutschland, bei dem die Eigentümer von Immobilien mit einer Zwangsanleihe belegt wurden, die in ihrer Wirkung einer Vermögenssteuer auf Immobilien gleichkam. Mit den so eingenommenen Mitteln wurden diejenigen teilentschädigt, die ihr Immobilienvermögen durch den Bombenkrieg verloren hatten. Die Überlegung dahinter war, dass der Einzelne es nur dem Zufall verdanken konnte, ob er von den Bomben verschont geblieben war oder nicht. Das Ziel war eine gleichmäßigere Verteilung der Kriegslast.

Die Kombination dieser Notwendigkeiten, Lastenausgleich und Deckung der neuen Währung, lässt es erwarten, dass auch nach dieser Krise eine Belastung der verbliebenen Realvermögen im Namen einer tatsächlichen oder vermeintlichen Gerechtigkeit stattfinden wird. Diese Besteuerung wird diejenigen am härtesten treffen, die in Voraussicht der Ereignisse disponiert haben, denn sonst hätten sie nach der Krise kein Vermögen mehr. Man wird sich dann als Bürger nicht nur mit der Zwangsanleihe auf Immobilien zu befassen haben, sondern mit aller Art von Vermögenssteuern, Erbschaftssteuern und was die nicht versiegende fiskalische Gier sich sonst noch einfallen lassen wird.

Man darf auf die Fantasie der Politik in der Sache gespannt sein. Die Ritter und Retter im Namen der Gerechtigkeit werden uns nicht ausgehen, so viel ist sicher.

Es stimmt natürlich, dass die Umverteilung, die die Krise auslösen wird, die ultimative Ungerechtigkeit sein wird, als Folge des Geldsozialismus der Zentralbank und der fiskalischen Verantwortungslosigkeit der Politik. Das Gerechtigkeitsgefühl schreit nach einer Rückabwicklung dieses Transfers, der nicht das Ergebnis der Marktkräfte, nicht das Resultat von Leistung und damit auch nicht gerecht sein wird. Die Frage kluger Politik muss dann sein: Was davon kann »geheilt« werden, und wie kann verhindert werden, dass die für diesen einen Zweck benutzten Instrumente sofort wieder einen neuen Zyklus politisch-fiskalischer Verantwortungslosigkeit alimentieren?

Womit wir bei der letzten Frage wären, die die alles entscheidende für das Wohlergehen und die Zukunft unserer Nationen und unseres Kontinents sein wird: Für welche Gesellschaftsordnung entscheiden wir uns in der ökonomischen Stunde null des Geldsozialismus?

Es steht ganz und gar außer Frage, dass die rot-grünen Apologeten des Sozialismus die alte Leier vom »Marktversagen«, die Schuldzuweisung für ihr eigenes Komplettversagen an »die Bankster«, »die Spekulanten«, »die gierigen Vermieter« und ganz allgemein die böse Marktwirtschaft und den schlimmen Kapitalismus aus dem Hut zaubern werden. Es würde mich nicht wundern, wenn selbst das alte, schwachsinnige und von ökonomischer Ahnungslosigkeit geprägte Nazi-Schlagwort von der »Zinsknechtschaft« von den Linken wiederbelebt werden würde.

Über den Unsinn der sogenannten »Zinsknechtschaft«

Es wurde in der Geschichte immer wieder und wird bis heute behauptet, dass der Zins durch seinen exponentiellen Schuldenverlauf, der durch den Zinseszins entsteht, an allem Elend der Welt schuld sei. Angeführt wird dabei oft das Beispiel des sogenannten »Josefspfennigs«, der, angelegt bei Christi Geburt, durch Zins und Zinseszins per heute zu einem astronomischen Vermögen hätte anwachsen müssen. Im frühen Christentum gab es ein Verbot, Zins zu nehmen, aber da man sich irgendwie doch darüber im Klaren war, dass es ohne den Zins nicht geht, delegierte man diese angeblich verwerfliche Tätigkeit an die jüdische Minderheit. Die theologisch bemäntelte Verachtung des »Finanzjuden« hält sich in bestimmten Kreisen daher bis heute.

Der Islam kennt ein Zinsverbot, welches ein »islamisches Banking« gebiert, bei dem man sich von früh bis spät damit befasst, wie man das Zinsverbot umgehen kann, meistens durch schlichte Umbenennung des Sachverhaltes. Die Notwendigkeit dieser Spiegelfechterei folgt aus der wirtschaftlich falschen Logik der Idee des Zinsverbotes selbst.

Die Nationalsozialisten sprachen von der angeblichen »Zinsknechtschaft«, für die sie – Überraschung! – natürlich die Juden verantwortlich machten.

Alle diese kruden Theorien bildeten historisch die Grundlage für die Beraubung der Sparer, der verantwortungsbewusst Wirtschaftenden durch die Verantwortungslosen. Der Wille zum Raub war und ist die Quelle von Pogromen gegen erfolgreiche Minderheiten. Die schlimmsten und extremsten Auswüchse nahmen diese Raubzüge an, wenn der Staat selbst sie betrieb. Aus dieser Wurzel entsprang der Hass der Nationalsozialisten auf die Juden, aus dieser Quelle bediente sich Stalin in seinem Massenmord an »den Kulaken«. Wir sehen: *Der Unterschied zwischen Sozialismus und Nationalsozialismus besteht vor allem darin, wer beraubt und ermordet werden soll.*

Natürlich ist es wahr, dass der Zins eine exponentielle Erhöhung der Schulden zur Folge hat, wenn ein Schuldner die Zinslast nicht (mehr) tragen kann. Dies kann im Einzelfall bei verantwortungsloser Verschuldung eintreten. Für so etwas gibt es aber das Insolvenzrecht, und das gab es schon zu biblischen Zeiten. Eine Gesellschaft als Ganzes kann aber nicht in die Zinsfalle laufen, wenn der Zins sich am Markt frei bildet. Er ist dann langfristig nie höher als die ebenfalls als Exponentialfunktion verlaufende Wachstumsrate der Wirtschaft und damit des Einkommens. Diese Regel wird nur dann ausgehebelt, wenn keine freie Marktwirtschaft vorliegt oder der Zins durch Verbot mit einem Risikoaufschlag versehen wird, der das Risiko der Gesetzesübertretung kompensiert. Diesen Effekt nannte man früher »Wucher«, aber seine Ursache war in der Geschichte meist nicht die Gier des Verleihers, sondern die Risikoprämie aufgrund der Illegalität der Zinsnahme. Die Risikoprämie folgt aus der Tatsache, dass der Verleiher für ein illegales Produkt eine zusätzliche Marge verlangt, die seine Kosten der potenziellen Bestrafung abdeckt. Damit liegt der tatsächlich zu zahlende Zins über dem sich am Markt bildenden Zins für die reine Geldleihe und wächst exponentiell schneller als die Wirtschaft. Die Schere öffnet sich und gebiert das Ungleichgewicht. Hieran erkennt man einmal mehr, dass der marktfremde Eingriff, in diesem Fall das Verbot, erst die Probleme schafft, die er vermeintlich lösen sollte.

Damit Deutschland und auch Europa als Ganzes nicht den Weg in die sozialistische Knechtschaft antreten, müssen wir den Menschen verdeutlichen, dass das Schlagwort vom Marktversagen eine Lüge ist, die auch durch ständiges Wiederholen nicht wahr wird. Damit können wir nicht früh genug anfangen und nicht laut genug die Argumente für Marktwirtschaft und Freiheit zu Gehör bringen.

Diese Krise stellt die Systemfrage, nicht nur die wirtschaftliche, sondern auch die gesellschaftliche. Wenn die liberalen, libertären, bürgerlichen und freiheitlich gesinnten Kräfte in diesem Land auf diese Frage keine Antwort geben, dann werden es die Linken, Grünen, die Ökosozialisten tun.

Wenn aber die Partei der Freiheit in dieser Auseinandersetzung den Sieg davonträgt, so steht außer Frage, welches Geldsystem etabliert werden muss, um die künftige Enteignung der Bürger zu verhindern: Es ist dies der Goldstandard, wie er bis 1914 praktiziert wurde. Die einzige Alternative dazu ist ein Wettbewerb privater Währungen, wie ihn schon Friedrich August von Hayek vorgedacht hat. Aber auch in ihm dürfte sich aller Voraussicht nach der durch Gold gedeckte Standard durchsetzen.

VIII •
EINE
BÜRGERLICHE
REVOLUTION IN
DEUTSCHLAND?

»Wir sind das Volk.«

»DDR« 1989 /
Junge Bundesländer 2019

Entgegen dem in Kapitel II beschriebenen Skeptizismus bezüglich der Fähigkeit der Deutschen, ihre ureigensten Interessen notfalls auch auf der Straße zu verteidigen, ist es aber durchaus nicht so, dass es überhaupt keine Tradition des zivilen Widerstands, Ungehorsams und Protestes in diesem Land gäbe. Es verhält sich ja schließlich so, dass Demonstrations- und Streikrecht, wie sogar das Recht zum Widerstand gegen die Abschaffung der freiheitlich-demokratischen Grundordnung, im Grundgesetz verbrieft sind.[m] Kein Parlament, keine Regierung, kein von seiner Aufgabe abgefallenes Verfassungsgericht kann diese Rechte zurücknehmen oder einschränken.

Deutschland hat die revolutionäre Bewegung des Vormärz im frühen 19. Jahrhundert hervorgebracht. Es hat 1848 eine – wenn auch am Ende nicht erfolgreiche – bürgerliche Revolution gesehen, auf deren Traditionen sich selbst solche Parteien berufen, die gar nicht an die Werte der damaligen Aufständischen glauben. Es hat 1918/19 die Monarchie gestürzt und durch eine unvollkommene, aber gemessen an den Herausforderungen gar nicht so schlechte Demokratie etabliert, die sich ohne die Prüfungen durch einen selbst in den Augen der angelsächsischen Alliierten ungerechten Versailler Vertrag und die Weltwirtschaftskrise möglicherweise erfolgreich gegen den Angriff der Sozialisten und Nationalsozialisten hätte verteidigen können.

Und Deutschland hat 1989/90 dank der Bürger der jungen Bundesländer und durch ihren Mut allein in einer erfolgreichen und vor allem gewaltfreien Revolution den »real existierenden Sozialismus« verjagt – aus der von außen betrachtet scheinbar so unglaublich gefestigten und auf Bajonetten ruhenden Macht. Wer wissen will, wie Revolution geht, der muss unsere Mitbürger in Ost- und Mitteldeutschland fragen. Die wichtigste Waffe dabei war das Rückgrat. Mit diesem Akt der Auflehnung gegen ein Unrechtsregime haben die Bürger zwischen Ostsee und Sachsen eine tiefe demokratische und politische Reife unter Beweis gestellt.

Einige, vor allem linke Westdeutsche, die nie in ähnlicher Weise herausgefordert und geprüft wurden, schauen unter Hinweis auf die Wahlergebnisse und die gesellschaftlichen Ereignisse in den jungen Bundesländern mit Arroganz und Hochnäsigkeit auf die Menschen im Osten herab. Das erfüllt mich als geborenes Kind der privilegierten westdeutschen »BRD« mit Scham.

Das Beispiel von Chemnitz steht für mich deshalb für den Mut und die Liebe zur Wahrheit, weil die Mitbürger in Ostdeutschland diesem Versuch der Realitätsklitterung die Stirn geboten haben.

Demokratische Reife erlangt man nicht schon automatisch dadurch, dass man das Privileg geschenkt bekommt, in eine funktionierende Demokratie hineingeboren zu werden. Demokratische Reife erlangt man aber bestimmt dadurch, dass man im Angesicht von Widrigkeiten, von Unbequemlichkeit und drohenden Nachteilen, ja trotz der Androhung von Gewalt, Folter und Gefängnis Rückgrat zeigt. Das ist wahre Haltung im Gegensatz zu der Art von kostenlosem Strammstehen vor der Obrigkeit, welches man uns in diesen linken Kreisen frech und dreist als Haltung verkaufen möchte.

Der Widerstand in der ehemaligen »DDR« hatte den großen Nachteil, dass er in einer Ordnung massiver und von Waffengewalt getragener Unfreiheit operieren musste. Seine Prinzipien der Selbstorganisation waren daher notgedrungen dezentral. Die Vernetzung des Widerstandes erfolgte teilweise über die Kirchen, die trotz der Unterwanderung und Überwachung durch die Staatssicherheit dabei wenigstens gefühlte, wenn auch nicht reale Schutzräume schaffen konnten. Teilweise erfolgte die Vernetzung auch informell, durch Mund-zu-Mund-Propaganda, die aber für jeden, der daran teilnahm, durch die Allgegenwart der »informellen Mitarbeiter«, also der Stasi-Spitzel, mit erheblichen persönlichen Risiken verbunden war.

Es war zum Teil der Mut der Verzweiflung über die Perspektivlosigkeit der Unfreiheit im Sozialismus und zum Teil die charakterliche Festigkeit, die die Menschen animierte, sich über dieses Risiko hinwegzusetzen, als mit der Perestroika in der Sowjetunion zwei Dinge zusammenkamen: die Hoffnung auf mögliche Veränderung und die wirtschaftliche Krise, in der sich der Bankrott des sozialistischen Systems manifestierte. Das erklärt auch, warum es so lange dauerte, bis die Revolution der freien Bürger erfolgreich sein konnte: Der Unterdrückungsapparat wirkte und verzögerte ihre Entfaltung so lange, bis die äußeren Bedingungen stimmig waren.

Zugleich haben die Bürger der jungen Bundesländer in fast 60 Jahren Diktatur erst des nationalen Sozialismus, dann des internationalen Sozialismus von 1933 bis 1990 ein feines und zuverlässiges Sensorium für die Mechanismen der sozialistischen Tyrannei entwickelt. Was unsere politische und mediale »Elite« als demokratische Unreife der ostdeutschen Bürger wahrnimmt, ist in Wahrheit der dort entwickelten Fähigkeit geschuldet, die Lügen, Lebenslügen und die Propaganda eines sich vom Volkswillen und damit vom Souverän entfernenden Systems zu erkennen, hinter dessen Bessermenschen-Maske zu schauen und dies mit dem Willen zu verbinden, sich nie wieder einem Unrechtsregime zu unterwerfen. Wehret den Anfängen, ist ihre Devise.

Die Eroberung der Meinungsführerschaft

Im Vergleich mit der Situation in der untergegangenen »DDR« besteht heute die Möglichkeit einer zentralen Organisation und Vernetzung und damit Beschleunigung der Veränderung. Das liegt daran, dass unsere Gesellschaft noch nicht komplett unfrei ist, sondern in einem Zwischenzustand der Halbfreiheit taumelt, der nach dem Willen der Sozialisten erst noch im Zuge der krisenhaften Zuspitzung zur Etablierung eines unfreien Systems genutzt werden soll.

Was wir als Verfechter einer Republik der Freiheit aber mit den Sozialisten gemeinsam haben, ist das Wissen um die entscheidende Kraft der Krise. Für die Sozialisten ist die Krise eine Chance zur Zerstörung, Machtergreifung und Errichtung ihrer Diktatur. Für uns Freiheitliche ist die Krise die Gelegenheit zur Katharsis, zur Reinigung, zur Befreiung der Gesellschaft von den Ketten und Fesseln, die sie sich über Jahrzehnte von den Sozialisten unter der falschen Flagge des »dritten Wegs« freiwillig hat anlegen lassen.

Die Krise verhindert ein Weiter-so. Die Gesellschaft entscheidet sich dann zwischen Freiheit und Sozialismus. Diesen epochalen und unausweichlich kommenden Konflikt, diese geistige und politische Auseinandersetzung gilt es zu bestehen.

Das Konzept für die freiheitliche Umwälzung unserer Gesellschaft, das hier vorgestellt werden soll, folgt einem bewährten Vorbild der demokratischen Bürgerbeteiligung, die sich in einer der ältesten und größten Demokratien, den Vereinigten Staaten von Amerika, bewährt hat: Es ist dies das Konzept der politischen Denkfabrik. Sie stellt sich außerhalb der Parteien, fokussiert sich auf eine klare Idee, formuliert ihre politischen Ziele und trägt diese dann mit der Macht der Argumente, der Überzeugungskraft, der Denkführerschaft (Thought Leadership) in die demokratischen Institutionen und die Parteien, um eine Änderung der Verhältnisse herbeizuführen. Praktisch alle großen politischen Trendwenden in den USA seit dem Zweiten Weltkrieg wurden durch die Thinktanks getauften Denkfabriken angestoßen und realisiert.

Die Denkfabrik ist ein Katalysator politischer Veränderung, indem sie diesen Prozess in drei logisch aufeinanderfolgenden Stufen organisiert. Diese bestehen in einer Abfolge von intellektueller Denkführerschaft (Thought Leadership), Meinungsführerschaft (Opinion Leadership) und, daraus resultierend, Übernahme der Regierungsverantwortung (Executive Leadership).

Erreicht wird dies in der Regel durch die Zusammenführung und Zusammenarbeit von intellektuellen Trägern der politischen Agenda und Geldgebern mit starken politischen und am Wohlergehen des Landes orientierten Überzeugungen. Diese Kombination übersetzt Denkführerschaft in Meinungsführerschaft durch die Fähigkeit zur fokussierten Kampagne. Die erfolgreiche Herbeiführung einer politischen Wende und damit der Übernahme der Regierungsverantwortung wurzelt daher in der Fähigkeit, die überlegene Idee schnell und effektiv in den Köpfen der politischen, medialen und wirtschaftlichen Eliten zu verankern und so das alte, überlebte, falsche und dem Wohl des Landes und des Volkes abträgliche Narrativ dadurch zu zerstören, dass vor aller Augen demonstriert wird, dass der Kaiser nackt ist.

Dieser Prozess dauert in der Regel ein bis zwei Legislaturperioden, kann aber drastisch verkürzt werden, wenn er auf eine fundamentale wirtschaftliche oder gesellschaftliche Krise trifft, für deren Erklärung und Bewältigung der intellektuelle Ansatz der Initiatoren überlegen ist. Die nahe Krise ist daher einerseits ein Problem, weil die verfügbare Zeit sehr kurz ist, andererseits ist sie eine Chance, weil sie der Katalysator schnellerer Veränderung sein kann. Voraussetzung ist, dass man sich schnell genug in die Position bringt, das eigene überlegene Konzept als Krisenantwort anbieten zu können.

Die Idee der Freiheit ist der Idee des Sozialismus bei Weitem überlegen, und das wird auch sichtbar, wenn sie in das entsprechende kommunikative Gefäß gebracht wird. Die Proponenten des Sozialismus sind in der Vergangenheit die stärkeren Agitatoren und Propagandisten gewesen. Der Grund dafür ist einfach: Die intellektuelle Leere ihrer Ideologie zwingt sie dazu, ihr schlechtes Produkt aggressiver anzupreisen. Sie haben auch Erfahrung darin, Krisen zur Machtergreifung zu nutzen. Bestes Beispiel war die bolschewistische Revolution in Russland nach dem Ersten Weltkrieg.

Daher ist jetzt der Zeitfaktor für Entscheidungen und Handlungen essenziell für den Erfolg der Auseinandersetzung um die Frage, ob unser Volk in die Knechtschaft des Sozialismus geht oder in die Blüte erneuerter Freiheit.

Um die Denkführerschaft zu realisieren, werden vier Komponenten benötigt:

1. Die Organisation der Denkfabrik muss klar und transparent sein und den Prinzipien guter Governance folgen.

2. Dies ermöglicht eine zentrale Koordination und Steuerung der Aktivitäten, die zur Erlangung der Meinungsführerschaft in der politischen Debatte erforderlich sind.

3. Es muss Klarheit über das angestrebte gesellschaftliche Zielbild herrschen.

4. Und nicht zuletzt muss diese Denkfabrik die besten Köpfe freiheitlichen Denkens im Land zur Mitwirkung bewegen. So etabliert sie ihre intellektuelle Überlegenheit.

Unser Zielbild ist eine Republik der Freiheit, die den Werten von Marktwirtschaft, Eigentum, Ehe und Familie, Religion, Individualität und christlich-europäischer Kultur folgt. Sie steht zu der im Kapitel VI beschriebenen Konzeption des Kulturmarxismus in diametraler und unversöhnlicher Gegnerschaft. In Kapitel IX werden Ideen diskutiert, wie unsere gegenwärtige Verfassung so weiterentwickelt werden kann, dass sie den Intentionen ihrer Autoren in Zukunft wieder besser gerecht werden kann, insbesondere dort, wo es den Kräften des Kulturmarxismus gelungen ist, ihre Lücken und Spielräume der Interpretation so weit auszunutzen, dass ihre Substanz ausgehöhlt wurde.

Basierend auf diesen drei Elementen bündelt die Denkfabrik ihre Ressourcen, um die Meinungsführerschaft im demokratischen und gesellschaftlichen Diskurs zu erobern. Das Ziel ist dabei die Erlangung von bundes- oder besser noch europaweiter Kampagnenfähigkeit. Der Thinktank nutzt seine intellektuelle Denkführerschaft dafür, erstens die Agenda der Debatte selbst zu setzen und zu beeinflussen und zweitens zur existierenden Debatte den liberal-konservativen Diskussionsbeitrag zu formulieren. Dafür bedient er sich unterschiedlicher Multiplikatoren und Kampagnen. Was bedeutet das konkret?

1. Bau eines *Netzwerks* freiheitsliebender Bürger: Konkret muss das Ziel sein, ein Netzwerk der Netzwerke aktiver und für die verfassungsmäßige Ordnung eintretender Bürger zu bilden, das sowohl eine zentrale Versorgung mit Informationen und Diskussionsmaterial als auch eine dezentrale Vernetzung der Aktiven untereinander ermöglicht. Es gibt eine Vielzahl großer und kleiner lokaler Initiativen, innerhalb und außerhalb der Parteien, staatsbürgerliche Vereinigungen, Clubs und informelle Gesprächszirkel. Sie zu aktivieren, an das Netzwerk anzuschließen und zur Mitarbeit zu bewegen, wird die erste große Aufgabe sein. Dieses Netzwerk wird am Anfang im deutschsprachigen Europa aufzubauen sein, in einem zweiten Schritt in anderen europäischen Ländern.

Das Netzwerk wird in einem zweiten Schritt matrixartig organisiert. Seine Mitglieder können sich dann in bundesweiten Initiativen vernetzen und einbringen, die mit ihrer eigenen beruflichen und gesellschaftlichen Funktion korrespondieren. Es sollten dann entsprechende Gruppen eingerichtet werden:

◢ für Juristen zur Schaffung eines bundesweiten Netzwerkes zur Verteidigung der Meinungsfreiheit und zum Schutz von politisch aktiven Bürgern gegen ungesetzliche und verleumderische Attacken von Antifa und Zensuraktivisten; dieses Netzwerk wird den Thinktank außerdem bei der systematischen Beobachtung und Archivierung von solchen politischen Maßnahmen unterstützen, die den Rechtsstaat untergraben und die Herrschaft des Rechts erodieren und bedrohen;

◢ für Journalisten und Medienschaffende auch innerhalb der Mainstream-Medien zur Multiplikation von relevanten Themen aus Wirtschaft, Politik und Gesellschaft;

◢ für Unternehmer zur Aktivierung ihrer Stimme in den Verbänden der Wirtschaft, den Industrie- und Handelskammern, den Arbeitgeberverbänden usw.;

◢ für haupt- und ehrenamtliche Mitarbeiter in Kirchen, Gewerkschaften und anderen sozialen Verbänden;

◢ für Personen, die sich ehrenamtlich betätigen wollen, um das Netzwerk der Denkfabrik in lokalen Gruppen und Initiativen aufzubauen, zu fördern und Kampagnen vor Ort nach dem Vorbild der Parteien zu organisieren; die Kooperation mit lokalen Initiativen und die Gründung neuer Initiativen soll eine Graswurzelorganisation etablieren;

◢ für politisch Aktive in den Parteien des politischen Spektrums, die für eine liberal-konservative Wende koalitionsfähig gemacht werden müssen und die bereit sind, die Voraussetzungen dafür zu schaffen.

2. Tägliches »*Morning-Briefing*« von genau einer Seite für die Entscheidungseliten in Politik, Wirtschaft, Verbänden, Wissenschaft, Kirchen und Medien. Ein kleines Redaktionsteam verfasst für jeden Tag des Jahres das Briefing, das kostenlos über einen E-Mail-Verteiler verschickt wird und jeweils zu genau einer aktuellen Frage der Tagespolitik die freiheitlich-liberale Position vermittelt. Kein Entscheidungsträger sollte sich darauf berufen können, die Argumente für eine freiheit-

lich-marktwirtschaftliche Lösung eines Problems nicht zu kennen, insbesondere dann nicht, wenn er Verantwortung trägt für die Umsetzung planwirtschaftlicher, freiheitsfeindlicher Politik, deren Folgen die Gesellschaft dann später einholen werden.

Alle liberal Orientierten sollen durch das tägliche Briefing in ihrer Argumentation unterstützt und gestärkt werden und Orientierung im Dschungel der Diskussionskakofonie bekommen. Die tägliche Frequenz hat dabei eine entscheidende Wirkung: Steter Tropfen höhlt den Stein.

3. Schaffung einer *medialen Gegenmacht* mit der Fähigkeit, breite, von der gesamten Bevölkerung wahrgenommene Kampagnen online und in den klassischen Medien zu organisieren. Dies umfasst zunächst die Nutzung eigener Onlinekanäle, Videos, Blogs, sozialer Medien (Twitter, Facebook, WhatsApp, Instagram und andere), die Vernetzung mit anderen existierenden Angeboten, die Qualitätskontrolle konservativ-liberaler Medieninitiativen im Hinblick auf die Einhaltung der oben beschriebenen Regeln des guten Journalismus (»Stiftung Medientest«), und in einem zweiten Schritt die Ausweitung in die klassischen Medien und in den Print- und TV-Journalismus.

Diese mediale Präsenz soll für konkrete Kampagnen genutzt werden. Themen solcher Kampagnen werden zum Beispiel sein:

◢ eine Kampagne für die Werte unseres christlich-abendländischen Europas und des Europas der Vaterländer;

◢ die Rückeroberung der Sprachhoheit von den Proponenten der politischen Korrektheit;

◢ Verbreitung des wirtschaftlichen Wissens zur Erreichung von Wohlstand für alle durch eine freie Marktwirtschaft;

◢ die systematische Bekämpfung der Zensur unter dem Motto: »Nieder mit der Zensur!«;

◢ Kampagnen für direkte Demokratie und Bürgerrechte;

◢ Entwicklung neuer Formen des zivilen Widerstands gegen die Feinde der freiheitlichen Ordnung;

◢ symbolische Aktionen mit hohem Aufmerksamkeitswert nach dem Vorbild von Greenpeace zum Anprangern von Korruption und Missständen.

4. *Politische Bildungsprogramme* für andere Multiplikatoren der Gesellschaft, konkret der Kirchen, Verbände, Gewerkschaften, Bildungseinrichtungen (Schulen, Universitäten) und Medien in Form von Vorlesungen, Vorträgen und Seminaren. Dazu gehören vor allem: Aufklärung über die Wertegrundlagen einer freien Gesellschaft, Argumentationshilfen und Analysen zu aktuellen Fragen und Kontroversen der Wirtschaftspolitik, Geldpolitik und Gesellschaftspolitik.

Ziviler Ungehorsam

Ein weiteres Element, mit dem wir uns befassen müssen, sind die Formen zulässigen zivilen Widerstands und Ungehorsams. Der Grund dafür ist sehr einfach: Es wird noch sehr viel schlimmer werden, bevor es besser werden kann. Die kommende Wirtschafts- und Systemkrise wird von den Machtinhabern, den Gewinnern korrupter Maschinerien und den auf die ganze Macht hoffenden Sozialisten genutzt werden, eine Ergreifung nicht mehr demokratisch kontrollierter Macht anzustreben. Die Zensurgesetze des Herrn Maas und der EU in Form des Netz-DG und der Upload-Filter sind erst der Anfang. Die gewaltbereite Antifa, ihre Brand- und Mordanschläge sind erst der Anfang. Die entfesselte Kriminalität in den No-go-Zonen der Clangebiete sind erst der Anfang.

Kommt es zur großen Wirtschaftskrise, so ist das Narrativ der Feinde von Freiheit und Verfassung bereits festgelegt: »Marktversagen« wird das große Zauberwort sein. Als Schuldige bieten sich diesmal nicht nur die Banker an, sondern auch »die Reichen«, wobei das für die Sozialisten jeder ist, der mehr als der Arbeitnehmerdurchschnitt verdient. Man wird sich neue Formen der Zensur, der Enteignung und der Entmündigung einfallen lassen.

In dieser von den Linken schon geplanten und vorgedachten Eskalation wird es entweder einen bürgerlichen Widerstand geben, oder die Freiheit wird für mindestens eine Generation verloren gehen. Es ist also eine Notwendigkeit, sich mit den Formen des zivilen Ungehorsams zu befassen.

Die Linken haben in den letzten Jahrzehnten neben der Strategie des Werteverfalls oder vielmehr zur Umsetzung dieser Strategie taktische Methoden entwickelt, die sich praktisch immer in der ein oder anderen Form aus dem Baukasten des Guerillakrieges bedienen. Ihr Grundprinzip ist die Asymmetrie. Eine Auswahl dieser Methoden umfasst unter anderem:

◢ ziviler Ungehorsam, beispielsweise durch Sitzstreiks bei Demonstrationen;

◢ niedrigschwellige bewusste Verstöße gegen das Gesetz durch eine große Zahl von Personen und damit Lahmlegung der rechtsstaatlichen Sanktionsmechanismen; Muster dieser Kampagne war die Selbstbezichtigung mehrerer hundert zum Teil prominenter Frauen in der Debatte um den Paragrafen 218 unter dem Motto »Wir haben abgetrieben«; dies geschieht meist in Verbindung mit der Selbststilisierung als Märtyrer für die vermeintliche Sache des Guten, wenn das Recht dann in Einzelfällen doch durchgesetzt wird; das Ziel ist dann die Brandmarkung des Rechts als »Unrechtsjustiz«; aktuell wird dieses Muster recycelt im Streit um den § 219a[112] und beim Versuch, der organisierten kriminellen Schlepperei im Mittelmeer ein moralisches Mäntelchen umzuhängen[113];

◢ Störung der kritischen Arbeitsabläufe einer hochgradig auf Arbeitsteilung angelegten Wirtschaft und Gesellschaft an ihren neuralgischen Punkten durch Schwerpunktstreiks

oder physische Blockade von Verkehrs- oder Informations-
knotenpunkten;

▲ asymmetrische Propagandakriegsführung durch Einzelakti-
onen mit maximalem Aufmerksamkeitsfaktor und Symbol-
wert durch NGOs nach dem Vorbild von Greenpeace;

▲ rücksichtslose Personalisierung der politisch-ideologischen
Auseinandersetzung durch Dämonisierung und Verun-
glimpfung politischer Gegner bis hin zu Rufmordkampagnen;

▲ langfristiger Zeithorizont beim Verankern des eigenen
Gedankenguts in den Köpfen durch rastloses Einhämmern
von Slogans (»Der Sozialismus ist nicht schlecht, er wurde
nur noch nie richtig umgesetzt«,»Marktversagen«,»Die
Verteilung von Einkommen, Vermögen, Chancen, ... ist
ungerecht« und vieles mehr);

▲ Unterwanderung aller relevanten bürgerlichen Institutionen, in Wirtschaft, Politik, Verwaltung, Kirche, Justiz, Bildung und Medien;

▲ Camouflage sozialistischer Ideen und Konzepte als vermeintlich liberal, freiheitlich und demokratisch; ein besonders gutes Beispiel dafür ist der Versuch von Wirtschaftsminister Altmaier, planwirtschaftliche Industriepolitik als
Marktwirtschaft und Ordnungspolitik zu verkaufen[114]; der
Etikettenschwindel ist überhaupt ein Markenzeichen des
Sozialismus;

▲ Zerstörung der Transparenz im politisch-bürokratischen
Entscheidungsprozess durch Entfernung der Entscheidung
vom Bürger, damit auch Entzug der demokratischen Kontrolle; in dieser Disziplin hat es vor allem die EU-Kommission zur Meisterschaft gebracht, getreu dem Zitat Jean-
Claude Junckers:»Wir beschließen etwas, stellen das dann in
den Raum und warten einige Zeit ab, was passiert. Wenn es
dann kein großes Geschrei gibt und keine Aufstände, weil
die meisten gar nicht begreifen, was da beschlossen wurde,

dann machen wir weiter – Schritt für Schritt, bis es kein
Zurück mehr gibt.«[115];

◢ »Opferhaltung«: Konstruierte Einzelfälle werden herangezogen, um Mitleidseffekte zu erzeugen, die anschließend gene-
ralisiert werden, um grundsätzliche Politikänderungen zu
erzwingen; so werden zum Beispiel einzelne Schicksale von
Frauen und Kindern als Fälle herangezogen, um in der
Bevölkerung Sympathie für die unkontrollierte Migration zu
wecken – deren Nutznießer dann zu über 90 Prozent junge
Männer sind[116];

◢ Aktivismus des einen Prozents: Nur die Hälfte (50 Prozent)
der Bevölkerung ist politisch bewusst; man benötigt also nur
ein Viertel (25 Prozent) der Bevölkerung, um eine Mehrheit
zu organisieren; davon sind nur 70 Prozent auch wahlbe-
rechtigt, also können 18 Prozent der Bevölkerung genügen,
um eine Politikänderung zu erzwingen; ist ein Prozent der
Bevölkerung politisch aktivistisch für eine Sache unterwegs,
so benötigt man also nur einen Meinungsmultiplikator von
18, um die politische Stimmung eines Landes zu drehen; je
größer die kommunikative Reichweite des Einzelnen dabei
ist, desto schneller kann eine Gruppe von einem Prozent ihre
Agenda durchsetzen; deshalb strömen linke Aktivisten vor
allem in die Medien und in das Bildungssystem, wo ihr Mul-
tiplikator deutlich über 18 bis 20 liegt.

Nicht alle diese Taktiken (zum Beispiel Rufmordkampagnen
und Täuschung durch Camouflage) eignen sich für die bürgerliche Gegenrevolution, insbesondere dann, wenn sie in offen-
sichtlichem Widerspruch zu den Werten der freien Gesellschaft
stehen. Aber auch mit dem Rest besteht eine gute Chance auf
Durchsetzung eines freiheitlichen politischen Programms, insbesondere wenn es gelingt, die wahren Verursacher der kommenden großen Wirtschaftskrise in der planwirtschaftlichen
Geldpolitik und in sozialistischer Wirtschaftspolitik zu veror-

ten, was ja auch den Tatsachen entspricht. Entscheidend ist aber die Verankerung dieser Botschaft in den Köpfen des Bürgertums, genauer seiner Leistungsträger.

Die 15 bis 20 Millionen, die den Laden am Laufen halten und die das sozialistische Umverteilungssystem rücksichtslos ausbeutet, weil sie es geschehen lassen, haben einen großen Vorteil auf ihrer Seite: Sie halten eben den Laden am Laufen. Wenn sie das nicht mehr wollen, dann gilt der Wahlspruch der Gewerkschaften des 19. Jahrhunderts: »Alle Räder stehen still, wenn dein starker Arm es will.«

Getreu diesem Motto ergeben sich Gedankenspiele und Modelle für den zivilen Widerstand und für die bürgerlich-demokratische Gegenrevolution.

Nehmen wir als Beispiel eine Kampagne gegen die kalte Enteignung der Eigentümer von Dieselfahrzeugen. Über ein Drittel aller in Deutschland zugelassenen Pkw haben einen Dieselmotor. Die sinnlose, sachfremde und von unwissenschaftlichen Argumenten getragene und von Linken und Grünen gesteuerte Kampagne für Dieselfahrverbote hat also etwa ein Drittel der Bürger um einen Vermögensgegenstand enteignet, dessen Wert in der Regel einen substanziellen Teil des Gesamtvermögens dieses Personenkreises ausmacht. Bedenkt man, dass das Durchschnittsvermögen des Deutschen nicht einmal 52 000 Euro beträgt (Quelle: EZB[117]) und die Deutschen damit weit hinter Griechen und Italienern um unteren Ende der Reichtums-Skala der Eurozone rangieren und ein typisches Fahrzeug zwischen 10 000 und 30 000 Euro wert sein dürfte, ist dies eine Volksenteignung im großen Maßstab.

Selbst wo bisher keine Fahrverbote durchgesetzt wurden, führte diese Vorgehensweise und die damit verbundene Unsicherheit nämlich zu einem massiven Wertverlust der betroffenen Fahrzeuge. Geht man von einem durchschnittlichen Wert von 20 000 Euro aus, der sich durch die Politik der Dieselverteufelung und der Fahrverbote halbiert haben dürfte, wurde das Vermögen der Deutschen alleine durch diesen Irrsinn um 150 Milliarden Euro reduziert, das sind rund 2000 Euro pro Kopf oder knapp vier Prozent ihres Nettovermögens. Wie also sich wehren?

Es gibt 15 Millionen Dieselfahrzeuge im Land. Wenn sich jeder zehnte Betroffene dazu entschließt, das Dieselfahrverbot in seiner Stadt bewusst so lange zu verletzen, bis er einen Strafbescheid bekommt und dann gerichtlich dagegen vorgeht, kommt die Rechtsprechung im Lande innerhalb von Wochen zum völligen Stillstand. Tut es jeder fünfte, dauert es nur Tage.

Oder: Das Zentrum der malerisch in einen Talkessel gebetteten Hauptstadt Baden-Württembergs, das links-grün regierte Stuttgart (Grüne und CDU ...!), ist von einer Ringautobahn umgeben, die fünf bis zehn Autobahnkreuze umfasst. Der Übergang zwischen den Autobahnen an solchen Kreuzen wird von einer Konstruktion gewährleistet, die sich »Kleeblatt« nennt, weil die ringförmigen Aus- und Auffahrten aus der Vogelperspektive auch genauso aussehen. Und vierblättrige Kleeblätter sollen ja Glück bringen.

Die Gesamtlänge der Verbindungsstraßen des Kleeblatts beträgt etwa 800 Meter. Ein typischer Pkw ist etwa fünf Meter lang und benötigt zum Vordermann bei Schritttempo noch mal etwa fünf bis acht Meter Abstand, hat also einen Platzbedarf von zehn bis dreizehn Metern. 800 dividiert durch zehn macht 80. Das ist die Zahl der Pkw, die es braucht, um den Verkehr auf einem Kleeblatt zum kompletten Erliegen zu bringen, wenn man darauf im Kreis fährt, indem man sich immer ganz rechts hält. Die Spazierfahrt von 800 Diesel-Pkw auf den zehn Kleeblättern um Stuttgart wäre ziemlich schnell in der Lage, den grünen OB von der Nützlichkeit eines funktionierenden Individualverkehrs zu überzeugen. Da bin ich mir vergleichsweise sicher. Dabei muss man nicht mal eine Ordnungswidrigkeit begehen, denn keines dieser Fahrzeuge muss stehen bleiben, um die Straße zu blockieren. Es fährt einfach nur immer im

Kreis, und das ist – bisher – nicht verboten. Und das zu unterbinden wird nicht so einfach sein. Das schafft unsere Staatsmacht ja nicht einmal, wenn sich eine Hochzeitsgesellschaft mit Migrationshintergrund nur so aus Spaß auf der Autobahn querstellt und mutwillig einen Stau verursacht, damit sie mit illegalen Waffen besser in die Luft ballern kann.

Die öffentlichen Verkehrsmittel sind noch viel einfacher in ihrer Massentauglichkeit zu beeinträchtigen, bedenkt man, dass es nur wenige Personen oder Aufkleber braucht, um die Lichtschranken sich schließender Türen von U-Bahnen und S-Bahnen davon zu überzeugen, sich nicht zu schließen.

Generell kann man feststellen, dass nichts unsere Karrierepolitiker schneller zum Einknicken bringt als eigene Unbequemlichkeit und Unannehmlichkeit. Das gilt sowohl für Demonstrationen und lautstarke Aktionen vor Amtssitzen als auch für die systematische Überwachung und Veröffentlichung ihres Abstimmungsverhaltens im Bundestag oder in den Landtagen. Die Beschlüsse zulasten der Bürger werden oft nur von der Faulheit der Betroffenen ermöglicht, hier nicht genau hinzusehen. In anderen – reiferen – Demokratien ist es längst üblich und Mittel der politischen Auseinandersetzung, das Abstimmungsverhalten festzuhalten und die davon besonders negativ betroffenen Interessengruppen in der Bevölkerung proaktiv zu informieren – und auch in Deutschland gibt es solche Instrumente bereits, die einfach aktiver genutzt werden müssen.[118]

Besonders empfindlich dafür sind viele Mandatsträger der Grünen, die vor dem Hintergrund ihrer Verbotskultur in besonderer Weise das Prinzip von Wasser predigen und Wein trinken ausleben. Da fliegt man erster Klasse zu Klimakonferenzen, fährt mit der fetten Dienstlimousine zur Arbeit und steigt für die Presse auf den Kleinwagen oder das Fahrrad um, stimmt fleißig für jede Diätenerhöhung in den Parlamenten, schafft Posten und Pöstchen und verschiebt diese an verdiente Helfer (machen alle anderen ja auch).

Mittlerweile findet man Beispiele solchen Verhaltens immer öfter im Internet, aber noch unstrukturiert und unsystematisch. Wie gut ausgebildete Stamokap-Kämpen aber wissen, übersetzt sich so eine Information erst in Wählerstimmen, wenn sie für systematische Kampagnen genutzt wird. So schwer kann das nicht sein angesichts der Breitseiten, die dem Volk von der grünen »Bildungselite« geboten werden. Es muss eigentlich gelten: »Wenn Habeck aus dem Flugzeug steigt, der Volkszorn ihm die Meinung geigt.«

Bildung und Leistung als Zielbild

Eine Republik der Freiheit kann nicht funktionieren ohne Leistung. Und Leistung in einer Welt technologischen Fortschritts gibt es nicht ohne Bildung. Auf wenigen Feldern hat die linke Wühlarbeit so langfristigen Schaden angerichtet wie hier. Unter der Flagge der Gleichmacherei hat man den Wettbewerb und den Leistungsgedanken so lange aus dem Bildungssystem verbannt, zugleich die Infrastruktur der Schulen verlottern lassen sowie das System mit gehirngewaschenen linksdralligen Pädagogen geflutet, bis der Abstieg des Landes aus der einstigen Bildungselite der Welt unsere Wettbewerber in China und Silicon Valley zu einem müden mitleidigen Lächeln veranlasst.

Ich möchte an dieser Stelle nicht all die Indikatoren, den PISA-Test, den Mangel an Vorbereitung auf das reale und berufliche Leben, die Lese- und Rechtschreibschwäche, den Mangel an Zahlenverständnis und den Kollaps der Allgemeinbildung in epischer Breite auswalzen. Das haben andere Publikationen mit hinreichender Tiefe bereits geleistet.[119]

Es ist aber eines klar: Ohne ein Zielbild von Bildung und Leistung kann eine Gesellschaft, deren einzige natürliche Ressource ihr Humankapital ist, nicht bestehen. Dafür muss nicht nur das Bildungssystem reformiert werden, sondern es muss die Spreizung des Wohlstands wieder abhängig sein vom Beitrag, den jeder leistet. Es ist nicht erforderlich, dass jeder Nichtsnutz im Namen vermeintlicher Gerechtigkeit Anspruch auf ein bequemes Leben, Wohnung, Auto, Reisen und Party erhebt und die Gemeinschaft der Leistungsträger das bezahlen soll. Wer sich für einen Lebensstil ohne Leistung entscheidet, der kann das in einer freien Gesellschaft tun. Er entscheidet sich dann aber auch für die Bescheidenheit, den Verzicht und die materielle Einschränkung.

Mit anderen Worten: Er kann genau das Leben führen, das im Sozialismus alle außer der Funktionärskaste ohnehin führen müssen.

Nicht die Umverteilung an die Faulen ist gerecht, sondern die Einschränkung des Konsums der Faulen auf das Maß ihrer geringen Leistung ist gerecht. Wer wie viele Grüne ja ohnehin gegen das Autofahren, gegen das Fliegen, gegen den Konsum von Fleisch usw. ist, dem und anderen linken Freunden dürfte dieser neue Lebensstil eigentlich nicht schwerfallen.

Diese Forderung steht in diametraler Opposition zum Umverteilungsstaat. Alimentierung durch die Allgemeinheit muss sich künftig auf die Fälle beschränken, die dies auch wirklich brauchen und die unverschuldet in diese Situation gekommen sind. Und: Eine Solidargemeinschaft, die sich gegenseitig schützt, darf es nicht erlauben, dass die von ihr für diesen Zweck zur Verfügung gestellten Mittel zweckentfremdet werden für Personenkreise, die niemals eingezahlt haben und die nach menschlichem Ermessen auch niemals einzahlen werden. Das bedeutet mit Bezug auf das Prinzip von Leistung und Bildung, dass Einwanderung nach kanadischem und australischem Vorbild nach den Bedürfnissen des aufnehmenden Landes zu gestalten ist. Wer gebildet und fleißig ist, wer einen positiven Beitrag leistet, wer einzahlt und für die gebotenen Chancen dankbar ist, der hat einen Platz in der Bildungs- und Leistungsgesellschaft. Wer das nicht tut, hat in ihr keinen Platz, und es gibt keinen Grund, schon gar keinen ethischen oder moralischen, ihn hereinzubitten.

Das staatliche Bildungswesen ist ebenso dringend reformbedürftig: Rückkehr zum Leistungsgedanken, Selektion in einem dreigliedrigen Schulsystem, Stärkung der dualen Berufsausbildung, Abbau des Investitionsstaus in den Schulen und Universitäten, Reorientierung des Lehrkörpers auf Leistung und Brillanz durch leistungsabhängige Bezahlung und Beförderung, Regelmäßige unabhängige Kontrolle der Ergebnisqualität nach dem Muster von PISA-Studien, Einkaufsgutscheine für Eltern in Abhängigkeit von der schulischen Leistung ihrer Kinder für die freie Auswahl von Bildungsinstitutionen und damit die Einführung von Wettbewerb sind die notwendigen Bausteine für eine Bildungswende.

Eine Denkfabrik, die eine freiheitliche Wende herbeiführen will, muss für diesen, für die Zukunft des Landes entscheidenden Teil ein Zielbild formulieren und kommunizieren. Denn nur die Investition in die Bildung unserer Kinder sichert den Fortschritt, die Produktivität und die Bereitschaft, Neues zu wagen, als Voraussetzung für eine Rückkehr unserer Gesellschaft in die Erfolgsspur.

Die Erlangung der Executive Leadership oder: Rezept für eine politische Wende

Um den Stier bei den Hörnern zu packen: Eine politische Wende kann in Deutschland nur erreicht werden, wenn mehrere Dinge gleichzeitig gelingen. Das liegt daran, dass der linke sozialistische Mainstream nicht nur einfach »an der Macht« ist, sondern die Institutionen unterwandert und korrumpiert hat, die eigentlich die gesellschaftliche Gegenposition einnehmen sollten. Das sind vor allem die früher liberalen und konservativen Parteien, die Kirchen und Teile der früher liberal-konservativen Medienlandschaft. Deswegen ist das in Kapitel III und VI beschriebene Elitenversagen auch so umfassend.

Die erste Bedingung ist das totale und für jeden offensichtliche Scheitern der sozialistischen Planwirtschaft und die mit ihr verbundene gesellschaftliche Verwirrung. Diese Bedingung wird fast von allein eintreten, wenn sich die angestauten wirtschaftlichen Ungleichgewichte Bahn brechen. Es muss dabei aber gelingen, die sozialistischen Brandstifter daran zu hindern, anderen, insbesondere der Marktwirtschaft und freiheitlichen Ordnung, die Schuld für ihr Versagen in die Schuhe zu schieben. Deshalb ist die argumentative und propagandistische Vorbereitung so wichtig. Wir müssen der Idee der Freiheit mit klaren Argumenten, klaren Fakten und klarem Kopf lautstark und ohne Angst Gehör verschaffen, vor der Krise und während der Krise.

Die zweite Bedingung ist das Schmieden einer freiheitlichen Koalition. Dafür müssen wir nicht nur den freiheitlich denkenden Menschen in allen Parteien ein Forum bieten, wir müssen sie auch ermutigen und unterstützen, ihre Parteien aus der sozialistischen Unterwanderung und Umklammerung zu lösen und zu befreien. Das gilt vor allem für die liberalen und die konservativen Parteien Europas, insbesondere Deutschlands, hier in Gestalt der Union und der FDP. Es gibt aber auch noch starke traditionelle freiheitsliebende Kräfte bei den Sozialdemokraten und sogar bei den Grünen, auch wenn wir davon ausgehen müssen, dass sie sich dort in einer sehr kleinen Minderheitsposition befinden. Zwischen den Proponenten des sozialistischen Zwangsstaates auf der einen und den Kämpfern für die freie Ordnung auf der anderen Seite gibt es in all diesen Parteien eine graue Masse von Mitläufern, die ihr Fähnchen nach der gerade herrschenden Meinung flattern lassen. Diese Unentschlossenen sind in einer Pattsituation das Zünglein an der Waage. Ihre Aufklärung muss eines unserer vorrangigsten Ziele sein.

Und dann gibt es da noch die sogenannten »rechtspopulistischen« Parteien, in Deutschland die AfD. Ihr strategischer Fehler liegt darin, dass sie in einer Art Trotzhaltung auf den Vorwurf »rächts« zu sein, in der Tat zu weit nach rechts gerückt sind und ihrem radikalen Flügel nicht nur zu viel Redezeit und Deutungshoheit einräumen, sondern mit dieser Vorgehensweise die Vorwürfe zumindest in Teilen auch noch rechtfertigen. Wie man die demokratischen Teile der alten Parteien koalitionswillig machen muss, so muss man die neuen Konservativen koalitionsfähig machen. Das geht nur mit einem Abtrennen des rechten Randes und einer unbedingten Klarheit beim Bekenntnis zur demokratischen, freien Ordnung. Die Klarheit der Parteiprogramme darf nicht durch Duldung zweideutiger Provokationen vom rechten Rand verwässert werden. Auch hier könnte die kommende Krise hilfreich sein. Die Realität wird nicht fragen, ob sich diese Parteien bereit und erwachsen genug fühlen, ihrer Verantwortung gerecht zu werden. Sie werden ins kalte Wasser geworfen werden. Dann müssen sie schwimmen und diejenigen, die sich huckepack auf sie gesetzt haben, um andere Ziele zu verfolgen, abwerfen.

Koalitionswilligkeit und Koalitionsfähigkeit sind also zwei Seiten einer Medaille.

Um beides herzustellen, brauchen wir ein Programm der freiheitlichen Aufklärung. Dieses Programm darf patriotisch sein im Sinne eines gereiften und toleranten Patriotismus. Er zieht seine Kraft aus der Sympathie für das Anderssein im Vergleich zum Nachbarn. Es lebe der Unterschied! Nur wer sein eigenes Land schätzt und liebt, kann auch andere Länder schätzen, lieben und respektieren. Und nur wer für andere die gleiche Wertschätzung aufzubringen bereit ist, kann auch eine gesunde Eigenliebe entwickeln. Respekt, nicht Unterwerfung oder Anbiederung, Vielfalt und nicht Einheitsbrei. Das ist die Essenz dessen, was General de Gaulle als das »Europa der Vaterländer« bezeichnet hat. Man kann dem Mann schwerlich

Nationalismus im negativen Sinne unterstellen, aber er liebte sein Land mit ganzem Einsatz und auch im vollen Bewusstsein der inneren Schwächen und Widersprüche Frankreichs.

An dieser Schnittmenge gereifter Vaterlandsliebe und europäisch-abendländischer Identität befindet sich der gemeinsame Grund für eine Koalition, die die Mitte der Politik wieder dahin rücken kann, wo sie hingehört. Und das ist nicht links von der Mitte, sondern eben wirklich in der Mitte. Damit eine solche Koalition entwickelt werden kann, brauchen wir eine überparteiliche Initiative. Sie darf nicht in den Geruch kommen, für eine Partei zu stehen. Aber sie darf durchaus mit der Arbeitshypothese arbeiten, dass eine rechts der Mitte stehende populistische Partei nützlich und notwendig ist, die im Fieber des Linksdralls delirierenden und dilettierenden ehemals konservativen und liberalen Parteien zur Besinnung zu bringen. Das tut sie, weil der Bürger durch sie die Freiheit hat, den Schwerpunkt aller ihn im Parlament vertretenden Parteien an die Koordinaten zurückzuschieben, wo er sie haben will und wo sie vor Frau Merkels eigenmächtigem langen Marsch nach links-außen auch schon gewesen sind.

Das wird die Sozialisten in allen Parteien nicht davon abhalten, lauthals »rääächts« zu schreien. Das sollte uns politisch bewussten Bürgern aber egal sein. Für diese Leute ist ohnehin alles »rääächts«, was nicht die Antifa links überholt.

Die Kombination der Krise und der unermüdlichen Aufklärungsarbeit durch einen parteiunabhängigen, aber liberal-konservativen Thinktank kann die friedliche bürgerliche Revolution gelingen lassen. Aber es ist durchaus denkbar, ja sogar wahrscheinlich, dass sich der aus dem psychedelischen Drogenrausch linker Fantasien erwachende Michel dabei auch der Methoden des zivilen Widerstands bedienen muss, die wir von den Linken abschauen und erlernen müssen.

Ein marktwirtschaftlicher 100-Tage-Plan

Eine alte Regel in der Politik lautet: Wer Schmerzen zufügen muss, der muss es schnell und gleich zu Beginn einer neuen Regierung tun. Ein Zahnarzt weiß, umso schlimmer der Zustand eines Gebisses, desto mehr Leidensfähigkeit wird seine Sanierung dem Patienten abverlangen. Wären Deutschland oder Europa ein Gebiss, dann müsste man angesichts des Zustandes von einer Kariesruine sprechen. Die dringend notwendigen Maßnahmen werden allen Beteiligten große Opfer und Schmerzen abverlangen, weil die wirtschaftlichen, sozialen, sicherheitspolitischen und technologischen Defizite nach Jahrzehnten der Misswirtschaft ein atemberaubendes Ausmaß angenommen haben. Eine neue Regierung hat daher nicht viel Zeit, das Notwendige zu beschließen und umzusetzen.

Tut sie das schnell und entschlossen, dann werden die Selbstheilungskräfte des Marktes allerdings wahre Wunder vollbringen.

Wie muss das 100-Tage-Programm einer neuen Regierung aussehen? Es muss bestehen aus Deregulierung, Einsparung, Umsteuerung der Ausgaben von Konsum in Investitionen und Reparatur der Infrastruktur, Bildungsreform, Verteidigungsreform, Reform der inneren Sicherheit, Rentenreform, Einwanderungsreform, Rolle rückwärts in der Energiepolitik, Steuersenkungen, drastischer Vereinfachung des Steuersystems, deutlicher Verkleinerung der Staatsquote, Abschaffung aller Subventionen, Privatisierung von Nicht-Kernaufgaben des Staates, Verkleinerung der Bürokratie, Rückkehr zur Vertragsfreiheit in allen Branchen, Sektoren und Belangen, mit einem Satz: Deutschland braucht eine Reform an Haupt und Gliedern.

Der Satz Winston Churchills, dass man jeden Respekt vor dem Gesetz zerstört, wenn man 10 000 Vorschriften erlässt, muss umgedreht und so neu gelesen werden: Die Abschaffung von 10 000 Vorschriften wird dem Gesetz wieder Respekt verschaffen.

Bewusst aus dieser Liste ausgeklammert werden die notwendigen Reformen unserer Verfassungsordnung zur Stärkung ihres ursprünglichen demokratischen Gedankens, denn dieser Prozess kann nicht von einer Regierung im Wege eines wirtschaftlichen Notprogrammes durchgeführt werden. Erforderlich ist vielmehr das Aufsetzen eines Prozesses, wie es bei der Abfassung und Verabschiedung des Grundgesetzes bereits vorgesehen wurde, als man dort in Artikel 146 hineinschrieb: »Dieses Grundgesetz verliert seine Gültigkeit an dem Tag, an dem sich das gesamte deutsche Volk in freier Selbstbestimmung eine neue Verfassung gibt.«[120]

Diese Möglichkeit hat eine ganz große Koalition im Zuge der Wiedervereinigung aus Angst vor dem Souverän, dem Volk, nicht genutzt.[121] Deutschland ist damit ein Land, das – im Unterschied zu vielen anderen demokratischen Ländern auf der Welt – seinem Volk die Verfassung nie zur Zustimmung vorgelegt hat. Dies ist ein Legitimationsdefizit, das nur durch die Korrektur des Sachverhaltes geheilt werden kann – zu dem das Grundgesetz immer noch eine Grundlage bietet, heißt es doch dort heute im neuen Artikel 146: »Dieses Grundgesetz, das nach Vollendung der Einheit und Freiheit Deutschlands für das gesamte deutsche Volk gilt, verliert seine Gültigkeit an dem Tage, an dem eine Verfassung in Kraft tritt, die von dem deutschen Volke in freier Entscheidung beschlossen worden ist.«

Die vor uns liegende wirtschaftliche, gesellschaftliche und politische Krise wird auch eine Verfassungskrise sein. Deshalb bietet sie auch die Chance zu tiefgreifender Reform des Grundgesetzes im Sinne des Artikels 146. Mit dieser Frage werden wir uns aber erst in Kapitel IX »Eine neue Ordnung der Freiheit« auseinandersetzen.

Sehen wir uns die Elemente notwendiger wirtschaftlicher Reform der Reihe nach an.

Zwei Lügen

Die europäische Wirtschaft ist maßlos überreguliert. Der Ruf nach Regulierung ist die direkte Folge des in der Politik und in weiten Teilen einer schlecht, falsch und bewusst in die Irre geführten Bevölkerung verwurzelten Misstrauens gegen die Marktkräfte. Wenn man schon nicht zur Planwirtschaft übergehen kann, so wird doch in schöner Regelmäßigkeit das Ergebnis des Marktes als nicht erwünscht, »ungerecht« oder irgendwie »schädlich« gebrandmarkt, weil Partikularinteressen mit der Absicht des Raubes oder der unverdienten Vorteilnahme durch Marktverzerrungen nach Korrekturen schreien.

Die **Banken** werden seit der Finanzkrise von 2007/08 totreguliert. 20 Prozent der Erträge der Banken gehen mittlerweile für Compliance und aufsichtsrechtliches Berichtswesen drauf. Riesige Mengen an Daten und Berichten werden gewälzt ohne jeden Mehrwert, und vor allem ohne die Ziele eines stabileren und sichereren Finanzwesens sowie des Verbraucherschutzes zu erreichen, die man ursprünglich einmal als Ziele ins Feld geführt hat, um diesen Multimilliardenaufwand zu rechtfertigen.

Nimmt man das Beispiel Deutschlands im Jahr 2017, so haben die Banken in diesem Jahr knapp über 100 Milliarden Euro Erträge erwirtschaftet, davon etwa 85 Milliarden Euro Zinsmargen mit schnell fallender Tendenz. Davon wurden gut 15 bis 20 Milliarden Euro für Regulierungskosten aufgewendet. In ganz Europa dürften es 60 bis 80 Milliarden Euro sein. Geld, das andererseits für die dringend erforderliche Sanierung des Bankensystems fehlt.

Ähnlich sieht es aus bei anderen Finanzdienstleistern wie der Versicherungswirtschaft, den Brokern, den Vermögensverwaltern und den Pensionsfonds. Eine volkswirtschaftliche Verschwendung gigantischen Ausmaßes hat um sich gegriffen. Kritisiert man diesen bürokratischen Amoklauf, so heißt es ste-

VIII Eine bürgerliche Revolution in Deutschland?

183

reotyp nur, »die (bösen) Banken« hätten eben 2008 vom Steuerzahler gerettet werden müssen, und das rechtfertige es, dass sie jetzt bluten sollten. In dieser aggressiven Rechtfertigung stecken gleich zwei Lügen:

Lüge Nummer eins: Es sei vor allem die Schuld der Banken plus »Marktversagen« gewesen, dass es 2007 gekracht hat. Diese Lüge habe ich bereits 2013 in meinem Buch »Verzockte Freiheit« gründlich widerlegt, wo im Detail aufgezeigt wurde, wie es in Wahrheit staatliche Interventionen und Vorschriften waren, die dem Desaster den Weg bereitet haben, ja die es mit schlafwandlerischer Zwangsläufigkeit herbeigeführt haben.

Fürs Protokoll fasse ich im Folgenden die staatlichen Interventionen und ihre schädliche und für die Finanzkrise ursächliche Wirkung hier noch einmal zusammen. Dies gelingt am besten, wenn man sich die Verbriefungspipeline ansieht, mit deren Hilfe man damals viele hundert Milliarden Euro schlechter Hypothekenkredite geschaffen und dann in das weltweite Finanzsystem gepumpt hat. An jeder Stelle dieser Gülleleitung finden wir den Staat, die Aufsicht oder die Zentralbank bei der Betätigung der falschen, marktfremden Ventile, die das Desaster unausweichlich machten. Betrachten Sie, verehrte Leser, hierzu die **Abb. 6** über staatliche Intervention und die Entstehung der Verbriefungspipeline.

Um die Aussage dieser Darstellung nachzuvollziehen, müssen zwei Fragen beantwortet werden:

1. Wie ist diese Pipeline im oberen Teil der Grafik von links nach rechts zu lesen? Wie funktioniert die Verbriefung, und welche Akteure haben welche Rolle?

2. An welchen Stellen hat der Staat in welcher Weise eingegriffen und wie hat er den marktlichen Prozess durch seine Eingriffe verzerrt und so das Desaster verschuldet?

Beginnen wir mit der Pipeline. Was passiert bei einer Verbriefung nach dem Muster der Produkte, die bei der Krise 2007/08 die Hauptrolle gespielt haben? Es beginnt mit der Ver-

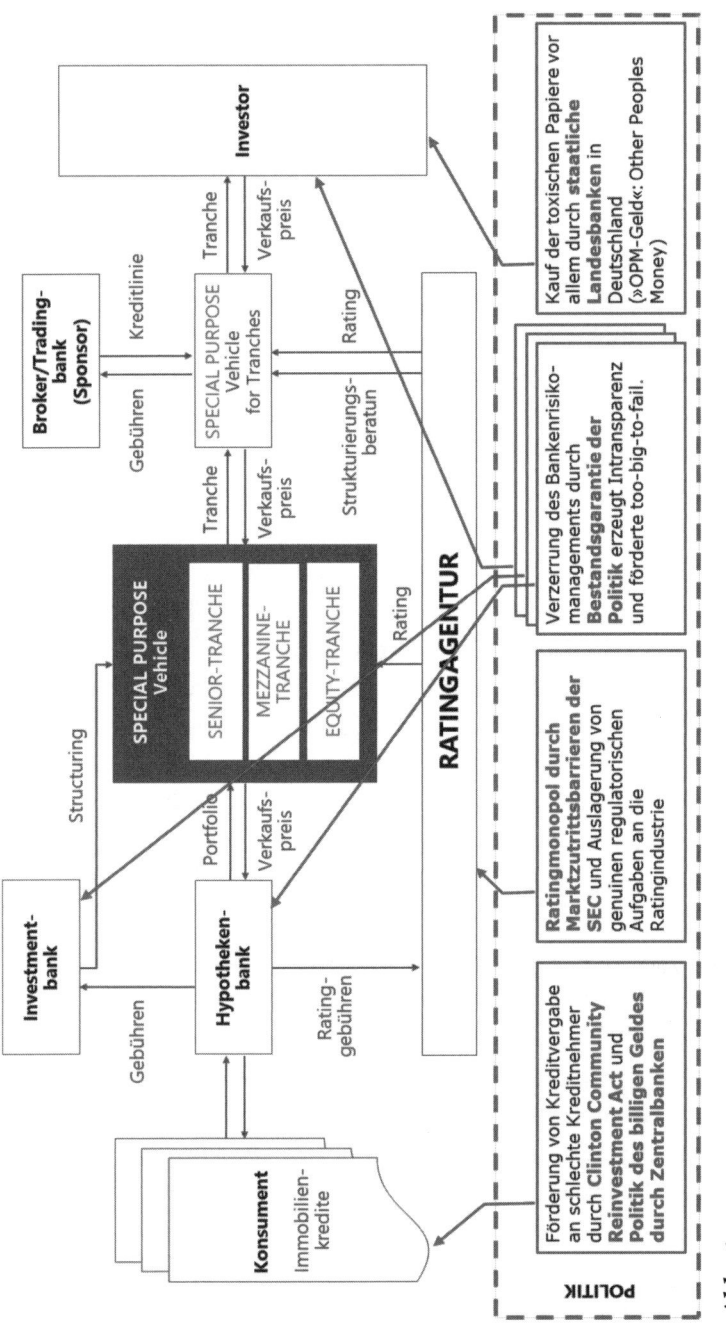

Abb. 6

185

gabe von Bau- oder Hypothekenkrediten an Immobilienkäufer durch die Hypothekenbanken. Dem liegt normalerweise eine Prüfung der Kreditwürdigkeit und auch der maximalen Kredittragfähigkeit des Kreditnehmers zugrunde. Er benötigt dafür zwei Dinge: erstens einen Grundstock an Eigenkapital für die Finanzierung der Immobilie (in der Regel beim Kauf zwischen 30 und 40 Prozent des Kaufpreises) und zweitens ein Einkommen, das nach laufenden Kosten ausreicht, Zins und Tilgung des Kredites zu bedienen. Es sollte auch einen Einkommenspuffer geben, um kurzfristige Schwankungen bei den Ausgaben oder Einnahmen kompensieren zu können.

Die Erfüllung dieser beiden Bedingungen ist nicht nur die Voraussetzung dafür, dass die Bank damit rechnen kann, Zins und Tilgung des Kredites vertragsgerecht zu erhalten, also keinen Kreditausfall und damit Verlust zu erleiden, sondern zugleich Bedingung dafür, dass sich der Kreditnehmer durch den Kauf der Immobilie nicht selbst ruiniert. Denn kommt er mit den Zahlungen in Verzug, so wird der zwangsweise durch die Bank betriebene Verkauf seiner Immobilie in der Regel zu Verlusten führen mit der Folge, dass sein investiertes Eigenkapital ganz oder teilweise aufgezehrt wird und er danach mittellos oder sogar noch mit Restschulden, aber ohne Immobilie dasteht. Die Kreditwürdigkeitsprüfung schützt also nicht nur die Bank, sondern auch den Kreditnehmer.

Wenn die Hypothekenbank sich einer Kreditnachfrage gegenübersieht, die sie nicht mit ihrer eigenen Risikotragfähigkeit bedienen kann oder aufgrund ihres Risikoappetits nicht bedienen will, so wird sie die vergebenen Kredite in ein sogenanntes »Special Purpose Vehicle« SPV (in der Regel eine Kapitalgesellschaft mit begrenzter Haftung, also eine Ltd. oder eine GmbH) packen, um sie dann ganz oder in Tranchen verkaufen zu können. Für diesen Vorgang nimmt die Hypothekenbank die Dienste einer Investmentbank in Anspruch, deren Knowhow darin besteht, diese Transaktion mit speziellen Verträgen,

Strukturierung und Platzierung am Markt (also Verkauf an Investoren) effizient und schnell durchführen zu können.

Mit einer Dosis Finanzalchemie werden dann die in dem Special Purpose Vehicle befindlichen Kredite als Portfolio von Anteilen mit bestimmten Risiko-Rendite-Profilen neu geschnitten. Die Rechte an diesen Anteilen werden in Vertragsform gegossen und so zu Wertpapieren gemacht, die einzeln oder im Bündel an Investoren verkauft werden können, die genau diese Art von Risiko-Rendite-Investment suchen.

Auf dem Weg dorthin werden die neuen Papiere und auch das gesamte Portfolio im SPV einem Rating unterzogen, welches die Risikokomponente messen und dokumentieren soll. Das Rating macht dann eine Aussage darüber, wie hoch die Wahrscheinlichkeit ist, dass der Käufer, also der Investor eines solchen Papiers, Verluste erleidet, weil einzelne oder viele Kreditnehmer der ursprünglich vergebenen Hypothekenkredite bankrottgehen und dann nicht zahlen werden. So sollte es jedenfalls sein. Zwischenzeitlich wissen wir ja, dass die Ratingagenturen diesen Job nicht mit der Sorgfalt und Verlässlichkeit gemacht haben, die man hätte erwarten dürfen. Wie wir gleich sehen werden, spielte der Staat dabei eine Hauptrolle, die gerne heruntergespielt und verschwiegen wird.

Am Ende dieser Pipeline schließlich steht der Investor. Im Vertrauen auf die Ratings der Papiere (oftmals AAA, also höchste Qualitätskategorie) wurden viele Milliarden Euro bzw. Dollar investiert und jede Vorsicht und die eigene Pflicht zum Risikomanagement über Bord geworfen. Wir werden gleich sehen, warum.

Damit kommen wir zur zweiten Frage: Wo und wie hat der Staat in Gestalt von Regierung, Gesetzgeber, Aufsicht oder Zentralbank eingegriffen, und was waren die Folgen?

Wir beginnen wieder ganz links, bei der Kreditvergabe an Häuslebauer. Dabei gab es zwei marktverzerrende Nachfrage-Booster, für die der Staat gesorgt hatte: Erstens hat man den

Banken noch zu Zeiten der Clinton-Regierung in den USA auferlegt, einen gewissen Anteil der Baukredite auch an solche Schuldner zu vergeben, die eigentlich nach den Standards der Banken gar nicht kreditwürdig waren. Jedem Amerikaner ein Haus, war die Devise. Das Ding nannte sich »Clinton Community Reinvestment Act«.[122] Es sollte wohl was Soziales sein. Dass man mit solch einer Maßnahme nicht nur Verluste bei den Hypothekenkrediten programmiert, sondern auch den Ruin der von diesem Gesetz scheinbar erst einmal »profitierenden« Kreditnehmer billigend in Kauf nimmt, das hat man nicht bedacht oder wollte es nicht bedenken. Das Ganze brachte ja schließlich erst mal Wählerstimmen oder sollte es jedenfalls tun.

Als zweites Element kam hinzu, dass die Zentralbank über viele Jahre auf jede Erschütterung der Kapitalmärkte und jedes laue Lüftchen, das nach Rezession roch, sofort mit einer Zinssenkung und Geldmengenerhöhung durch Bereitstellung billiger Liquidität reagierte. Die immer weiter fallenden Zinsen machten es für immer mehr Menschen attraktiv, sich hoch zu verschulden und eine Immobilie zu kaufen, die sie sich eigentlich nicht leisten konnten. Dabei lockte man sie in die Falle variabler Zinsen, die im Falle einer Zinserhöhung für viele die Zahlungsunfähigkeit nach sich ziehen musste. Eine langfristige Zinsbindung, die die Kreditnehmer vor Schwankungen schützt, ist in den USA aus Gründen des vermeintlichen »Verbraucherschutzes« nicht möglich.[123] Das ist natürlich ökonomischer Blödsinn, aber aktivistische Richter und Politiker wissen es ja bekanntlich besser. Dieser Mix sorgte dafür, dass die Immobiliennachfrage immer weiter stieg und mit ihr die Preise. Die Blase war geboren, und ihre Hebamme war nicht der Markt, es war der Staat in Gestalt der Regierung, des Gesetzgebers, der Bankenaufsicht und der Zentralbank.

Das wäre per se noch kein Grund gewesen, eine derartige Bombe im Weltfinanzsystem zu installieren wie die, welche wir dann 2007/08 haben explodieren sehen. Es mussten weitere Dinge dafür passieren. Rücken wir also auf der Grafik ein wenig nach rechts, zu den Ratingagenturen.

Ihre Aufgabe war es, den Risikogehalt der Kreditportfolien und der aus ihnen herausgeschnittenen Tranchen zu bewerten. Dafür wurden sie bezahlt, und zwar von den Leuten, die diese Papiere verkaufen wollten und also ein Interesse daran hatten, dass das Rating möglichst gut ausfällt. So was nennt man einen Interessenkonflikt.[124] Ein Schelm, wer Schlechtes dabei denkt.

Dieser Interessenkonflikt war der Finanzmarktaufsicht lange bekannt, aber die Ratingagenturen fielen trotz ihrer Schlüsselstellung im System nicht unter deren Zuständigkeit. Das heißt: Sie fielen fast nicht darunter, denn die allwissende Aufsicht in Gestalt der SEC, der Securities and Exchange Commission (US-amerikanische Börsen- und Wertpapieraufsichtsbehörde), redete den Agenturen zwar nicht in ihre Geschäfte rein, aber stellte immerhin sicher, dass sich heilsame Konkurrenz in diesem Markt nicht etablieren konnte. Neue Marktteilnehmer wurden behindert und verhindert mit allerlei bürokratischer Fantasie.[125] Das führte dazu, dass drei Agenturen den Weltmarkt bis heute beherrschen; zwei von ihnen, Standard & Poors (S&P) und Moodys, teilen fast 90 Prozent des Marktes unter sich auf und gehören den gleichen Institutionen. Wir stehen also vor einem Monopol unter Artenschutz durch die Behörden.

Abb. 7 zeigt uns die Eigentümerverflechtung der beiden größten Ratingagenturen, S&P und Moodys, auf Basis der Recherche des Autors im Jahr 2012.[126] Dieses Monopol hatte jeden Anreiz, für die Verbriefungen beste Ratingnoten zu vergeben, denn es verdiente daran prächtig, und kein marktlicher Wettbewerb stand dem im Wege. Es war nicht der Markt, es war die Bürokratie, die das notwendige Korrektiv in Form von Wettbewerb zur Bereinigung dieses offensichtlichen Interessenkonfliktes verhindert hat.

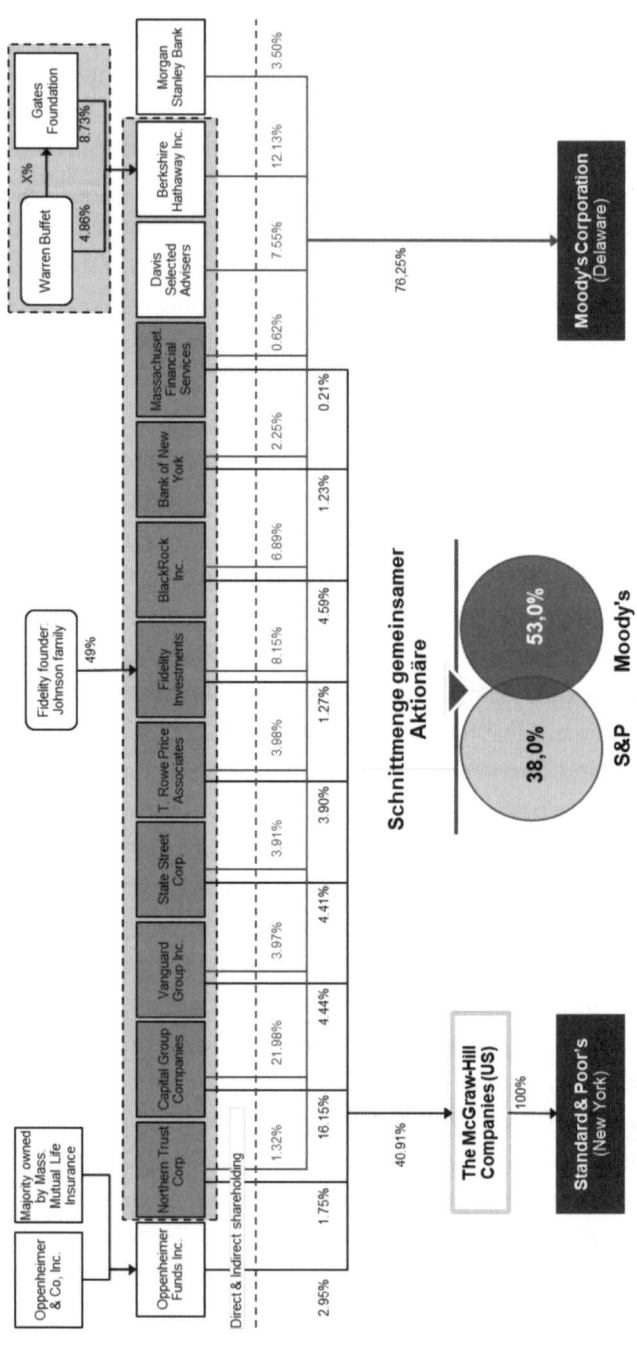

Abb. 7

Damit kommen wir zu den Banken, die als Investoren am Ende der Pipeline die toxischen, aber von den Agenturen als mündelsichere Babymilch angepriesenen Papiere massenweise als »Kreditersatzgeschäft« in ihre Bücher schaufelten, weil sie es für eine smarte Idee hielten, Risiken einzugehen, von denen sie absolut keine Ahnung hatten und auch nicht haben wollten. Wie bitte!? Ja, Sie haben genau richtig gelesen, liebe Leser. Denn Ahnung war nicht vonnöten. Für die Risikobewertung hatte man ja die Ratingagenturen, und die Bankenaufsicht selbst hatte für diese von den Ratingagenturen bewerteten Papiere eine Ausnahme, ein Schlupfloch konstruiert, welches es den Banken ersparte, für diese Art Papiere eine eigene Risikomessung und -steuerung aufbauen zu müssen. Man erlaubte es den Banken einfach, das externe Rating der Agenturen als einzigen Faktor ihres internen Ratings nach Basel II[127] einzubauen, was natürlich nichts anderes hieß als Copy-Paste, und fertig war die Laube. Und welche Banken, liebe Leser, haben sich auf diese Gelegenheit, kein eigenes Risikomanagement für dieses spezielle Milliardenportfolio betreiben zu müssen, mit besonderem Elan geworfen? Na, klingelt's? Ganz genau! Die Landesbanken und andere Banken im Staatsbesitz, die mit dem Geld anderer Leute, hier des Steuerzahlers, Wall Street und Gordon Gekko spielen wollten.

Staatsbanken, nicht private Banken, waren die Hauptakteure beim Import dieses blankpolierten Katzengoldes.

Fassen wir zusammen: Von einem Ende zum anderen hat der Staat sich eingemischt und die Marktmechanismen außer Kraft gesetzt. Und als es dann knallte, haben die Politiker, die das Ganze zu verantworten hatten, mit dem Finger auf den Markt (und auf die Banken) gezeigt und was von Marktversagen geschwafelt. Das ist eine verdammte Lüge. Und sie wird nicht durch ständiges Wiederholen wahr.

Es wird höchste Zeit, dass dieser Lüge öffentlich und lautstark widersprochen wird. Denn sie bildet die Grundlage dafür, das nächste Staatsversagen mit der Wiederholung dieser dann noch größeren Lüge zu bemänteln und die Schuld der Bürokratie auf den Markt und seine Vordenker und Teilnehmer abzuwälzen.

Lüge Nummer zwei: dass der ganze bürokratische Aufwand das System angeblich sicherer macht. Das Gegenteil ist aber der Fall. Die Kosten dieser nutzlosen Übung erodieren die Ertrags- und Kapitalkraft der Banken und tragen so wesentlich dazu bei, ihre Risikotragfähigkeit zu unterminieren. Wenn man die 80 Milliarden Regulierungskosten der Banken nämlich mit der Zahl der Jahre multipliziert, in denen diese Branche zum Objekt der Planwirtschaftswut gemacht wurde, so summiert sich das auf gut eine Billion Euro Kosten auf. Das sind zwei Drittel des Betrages, den die Zombiefirmen an Verlusten erzeugen werden, wenn es demnächst zum Schwur kommt und die aufgeschobene Pleitenwelle nachgeholt wird.

Dazu kommt, dass dieser ganze Aufwand die Aufsicht, die Politik und auch die Banken nicht schlauer gemacht hat hinsichtlich der Risiken. Die erstrebte Transparenz wurde nicht erreicht. Das geht mit den fehlgeleiteten Konzepten einer inkompetenten Aufsicht auch gar nicht, da kann sich die EZB noch so lange als »die kompetente Autorität« bezeichnen, wie sie will. So nennt sich übrigens die Bankenaufsicht in Europa tatsächlich in ihren internen Papieren: »The competent authority«. Wenn es nicht so traurig wäre, könnte man darüber lachen.

Was stattdessen erreicht wurde, ist ein Gefühl trügerischer Sicherheit. Eine Serie mit untauglichen Mitteln und Methoden durchgeführter Stresstests, die ich in meinem Buch »Der Draghi-Crash« und weiteren Publikationen bereits ausführlich beleuchtet habe[128], Hunderte von Sonderprüfungen, Simulationen und Milliarden Seiten von Berichten ohne echten Informationsmehrwert erzeugen die Illusion von Sicherheit – und halten so die »kompetenten Autoritäten« davon ab, sich auf die drohenden Gefahren auch nur annähernd angemessen vorzubereiten. Oder sich Gedanken darüber zu machen, wie man das System nicht gegen die Marktkräfte, sondern mithilfe der Marktkräfte sicherer machen könnte.

Aber dafür müsste man ja die mit dem Gefühl eigener Allmacht verbundenen planwirtschaftlichen Überzeugungen über Bord werfen. Das ist wohl emotional zu viel verlangt.

Eine Reformregierung muss dies schnell ändern, notfalls auch im nationalen Alleingang.

Planwirtschaft pur

Überall sind wir von konkreten Auswirkungen dieser planwirtschaftlichen Überzeugungen umgeben. Im Folgenden einige Beispiele:

Die **Energiewirtschaft** hat man nicht nur totreguliert, man hat sie in eine echte Planwirtschaft umgewandelt, bei der den Unternehmen im Detail vorgeschrieben wird, wie sie Energie erzeugen dürfen und wie nicht. Atomstrom ist verboten. Braunkohleverstromung wird demnächst verboten. Die unzuverlässigen Quellen Wind und Sonne werden mit Hunderten von Milliarden Euro subventioniert und mit einer außerhalb des öffentlichen Haushalts eingetriebenen Stromsteuer finanziert. Das Ergebnis ist, dass Deutschland die bei Weitem höchsten Strompreise aller Industrie- und Schwellenländer hat. Verbraucher und Industrie zahlen einen hohen Preis in Form von Konsumverzicht und Verlust an Wettbewerbsfähigkeit, und das, ohne dass auch nur ein einziges der hehren Klimaziele oder anderer Umweltschutz-bezogenen Ziele erreicht wird.

Zahllose Studien bescheinigen der Merkel'schen Energiewende, eine Ausgeburt ökonomischer Ignoranz zu sein.[129]

Einstmals blühende Versorgungsunternehmen wie RWE und E.ON sind nur noch ein Schatten ihrer früheren Existenz, Übernahmekandidaten für französische Atomkonzerne im besten Fall, Pleitekandidaten im schlimmsten Fall. Zugleich schlittert das deutsche Stromnetz im Zustand planwirtschaftlichen Deliriums regelmäßig knapp am großen Systemausfall vorbei, der als Folge der Überlastung des Netzes durch diese Politik aber nur noch eine Frage der Zeit ist.[130] Es wird interessant sein zu beobachten, wie Teile unseres Landes bei einem möglicherweise tagelangen Blackout in die Anarchie versinken. Man kann sich schon ausmalen, wie in einigen Städten die Clanherrschaft nach dem Muster afghanischer Warlords installiert werden wird, wenn das einmal so weit sein sollte. Da kann man sich einen Vorgeschmack der kommenden Großkrise verschaffen.

Die *Automobilindustrie*, neben dem mit ihr in hohem Maße interdependenten Maschinenbau das ökonomische Rückgrat unseres Landes, schleppt sich von einer Krise zur nächsten. Mit der Festlegung willkürlicher, wissenschaftlich unhaltbarer Grenzwerte für Feinstaub und Stickoxide hat man den bei Weitem effizientesten Antrieb, nämlich das Dieselaggregat, auf das Gleis einer toten Technologie geworfen. Da zeigt sich, dass der Staat nicht nur maximal ungeeignet ist, künftige Gewinnertechnologien auszuwählen, sondern dass er auch maximal katastrophal effizient darin ist, die beste Technologie, den eigentlichen Gewinner, den der Markt in einem komplexen Selektionsprozess hervorgebracht hat, zu zerstören und seine Eigentümer und Entwickler um die Früchte ihrer Arbeit zu betrügen.

Jetzt stehen wir vor der Situation, dass diese Säule der deutschen Industrie gleichzeitig von einem politisch induzierten Hype dazu getrieben wird, in die wahrscheinlich schlechteste Technologie zur Lösung vermeintlicher Umweltprobleme und zur Sicherung der für die Arbeitsmobilität unverzichtbaren

Individualmobilität Milliarden zu investieren und mit an Sicherheit grenzender Wahrscheinlichkeit zu versenken. Das ist die Elektromobilität, für deren Stromversorgung das von der Energiewende geschwächte Netz gar nicht mehr stabil und stark genug ist, wenn die Planzahlen der E-Autos auch nur annähernd erreicht werden sollten (was allerdings nicht zu befürchten ist).

Zugleich deuten alle Studien darauf hin, dass die für die E-Mobile notwendigen Rohstoffe, insbesondere für die Batterien, gar nicht ausreichend verfügbar sind[131], nach kurzer Zeit aufgrund der zu hohen Nachfrage auf unerschwingliche Höhen verteuert werden und so das Ganze auch rein finanziell ein Wolkenkuckucksheim ist und bleiben wird, von den gewaltigen Schäden an der Umwelt und der Gesundheit der mit dem Abbau beschäftigten Menschen an den Orten ihrer Gewinnung ganz zu schweigen.

Und ist es auch Wahnsinn, so hat es doch Methode.

Die **Wohnwirtschaft** ist im Namen der gezielten Enteignung und der Bevorzugung der Mieter gegenüber den vermeintlich ausbeuterischen Vermietern ein einziger Albtraum der Überregulierung, Bevormundung, Vertragsfreiheitsberaubung und künstlichen Verknappung. Der Wohnungsmarkt findet seine Preise nicht mehr durch die Signale und die Wechselwirkung von Angebot und Nachfrage und ist so jeder Effizienz beraubt. Er findet seine Preisbildung vielmehr in einem Dschungel von Verzerrungen, angefangen beim Nullzins, angereichert durch Kündigungsschutz (es ist leichter sich scheiden zu lassen, als einen vertragsuntreuen Mieter loszuwerden), absurden »Mietspiegeln«, bei denen Bürokraten »Vergleichsmieten« erfinden müssen, weil die Preissignale des Marktes abgeschafft wurden, Mietpreisbremsen, Klein-Klein-Regeln bei der Umlage von Modernisierungskosten, Bauvorschriften, Subventionen, irrsinniger Migrationspolitik in Kombination mit der Anmietung von Wohnraum »zu jedem Preis« durch den Staat, um die

Migranten unterzubringen, Steuersparmodellen und von den Kommunen zu verantwortenden künstlichen Baulandverknappungen.

Die überbordende Bürokratie dieses Dschungels erhöht die Verwaltungskosten der Wohnungswirtschaft, setzt Anreize für Maßnahmen, die weder im wirtschaftlichen Interesse des Vermieters noch des Mieters sind, schreckt Investoren davon ab, überhaupt in diesem Segment zu investieren, und verknappt das Wohnungsangebot durch gesetzliche Preisverzerrung nach unten. Wie man mit dieser Fehlsteuerung dem Problem der Wohnraumknappheit jemals entgegenwirken oder gar Herr werden möchte, das weiß Gott allein. Die Bürokratie weiß es jedenfalls nicht. Dafür schreit man dort bei jedem Eigenversagen nach einem Mehr dieser falschen Medizin. Es wird höchste Zeit, diesen Dschungel zum Wohle von Mietern und Vermietern zu lichten, und zwar nicht mit dem Taschenmesser, sondern mit der Kettensäge.

Der *Pharma- und Gesundheitssektor* gehört zu den vermeintlichen Segnungen des Sozialstaates. Solange ich politisch denken kann, also ungefähr seit dem zarten Alter von zehn Jahren, kann ich mich an TV-Sendungen erinnern, in denen eine wechselvolle Schar von »Gesundheitspolitikern« die nächste Reform des Medizinbetriebes und seiner explodierenden Kosten vorbereitet, diskutiert und auf den Weg gebracht hat. Was all das bewirkt hat, war die Ansammlung einer zwiebelartigen Struktur übereinandergetürmter bürokratischer Schichten, mit immer mehr Vorschriften, Deckelungen, Obergrenzen, Untergrenzen, Verteilungsgremien, Leistungskatalogen, Streichungen, Erweiterungen, Strafen und Sanktionen.

Das Medizinstudium umfasst zu einem nicht geringen Teil die Vermittlung von Fähigkeiten, sich in diesem Labyrinth zurechtzufinden, ohne sich aus Versehen strafbar zu machen oder die Approbation als Arzt zu gefährden. Das Ganze geht natürlich zulasten des eigentlich viel wichtigeren Ziels der medizinischen Wissensvermittlung und Patientenbetreuung. Denn die Kapazität eines Menschen von 100 Prozent wird nicht dadurch auf 120 Prozent aufgebläht, dass man zusätzliche, sinnlose Anforderungen obendrauf packt. Nein, sie geht zulasten der eigentlichen Aufgabe, und das Ergebnis ist, dass viele Ärzte einen erheblichen Teil ihrer wertvollen Zeit nicht mit Heilen, sondern mit Verwalten verbringen.

Die Patienten haben sich daran gewöhnt, dass sie zu selbst absolut notwendigen Leistungen Zuzahlungen leisten oder diese komplett selbst tragen müssen. Das gilt jedenfalls, wenn sie zu denjenigen gehören, die eingezahlt haben. Die Gruppe der nie eingezahlt Habenden ist von solchen Restriktionen weitestgehend ausgenommen und befreit.

Als ob das noch nicht genug wäre, will man nun den ganzen Zweig der privaten Krankenversicherung als Quelle einer vermeintlichen »Zweiklassenmedizin« der Ideologie der Gleichmacherei opfern. Das Ergebnis wird eine kurzfristige Entlastung der Beitragszahler der gesetzlichen Kassen sein, die nach kurzer Zeit von der weiter wuchernden Bürokratie absorbiert werden wird. Dann muss sich der soziale Gerechtigkeitswahn auf die Suche nach einem weiteren Topf machen, den er zulasten der Zukunft plündern kann.

Auch dieses System braucht eine marktwirtschaftliche Reform an Haupt und Gliedern, die den Versicherungsschutz entweder privatisiert oder auf Fälle beschränkt, bei denen die Kosten medizinischer Behandlung einen bestimmten Prozentsatz des verfügbaren Einkommens überschreiten. Versichert wird dann nicht mehr die Medizin als spezielles Konsumgut, sondern nur noch der Fall einer unverschuldeten Belastung, die der Einzelne nicht tragen kann und die daher wirklich die Solidargemeinschaft fordern darf. Im Gegenzug sinken die Beiträge dramatisch, und das Geld steht dem Versicherten zur Verfügung, entweder für medizinische Leistungen oder für andere Dinge, wenn er das bevorzugt. Das würde die gesetzlichen Krankenkassen um 95 Prozent ihrer Bürokratie beschneiden und sowohl Ärzten als auch Patienten ein nie gekanntes Maß an Freiheit zur Entscheidung darüber geben, was gut für sie ist.

Die *Landwirtschaft* ist dank der Zuständigkeit der EU zu einem Subventionsdschungel und Programmdickicht verkommen, das jedes Jahr nicht nur den größten Haushaltsposten der EU verschlingt, sondern Fehlanreize und Fehlsteuerungen setzt, die dann durch neue Programme, Mehrausgaben und noch mehr Bürokratie wieder korrigiert werden. Dazu wurde schon so viel geschrieben, dass man Gefahr läuft, sich nicht zum ersten, sondern zum 5000sten Male zu wiederholen, wenn man das hier in seiner ganzen Absurdität ausbreitet. Auch dieser Sektor braucht einen marktwirtschaftlichen Neustart.

Die *Digitalisierung* ist in unserer schönen sozialistischen Republik Chefsache der Kanzlerin. Ein Konzept davon, was wirklich gebraucht wird, um den Boden der Innovation, der Gründung neuer Unternehmen und der digitalen Ökosysteme nach dem Vorbild von Silicon Valley oder Israel zu bereiten, haben wir natürlich demzufolge nicht. Anstatt sich Gedanken zu machen, wie man die Kräfte der Märkte entfesseln könnte und was eigentlich die Prioritäten sind, die die Kreativität der Vielen freisetzt, wettet man auf die Fantasielosigkeit der Wenigen, also der inkompetenten Politbürokraten.

Ein Gestrüpp von Förderprogrammen, Antragsformularen und Einzelinterventionen, welches die Kreativität der Unternehmen darauf konzentriert, sich einen Überblick über die Möglichkeiten des Abgreifens von Steuergeldern zu verschaffen und ihr diesbezügliches Antragswesen zu optimieren, kriecht aus den Korridoren der Planwirtschaftler hervor wie eine Schlingpflanze. Sie schafft keinen intellektuellen und technischen Fortschritt, sondern sie erstickt ihn. Wenn Hirnleistung in Anträge geht, anstatt in neue Technologien, Produkte und Marktforschung, dann ist das Ergebnis vorhersehbar. Die innovative Kapazität ist halt begrenzt und kann nur einmal eingesetzt werden. Lassen Sie sich nicht einreden, diese Förderprogramme seien ein Erfolg. Erfolg wird von der Bürokratie nach ihren ganz eigenen Regeln gemessen, nämlich zum Beispiel nach der Zahl der Unternehmen, die ein Programm in Anspruch nehmen. Je mehr Unternehmen die Subvention abgreifen, als desto erfolgreicher gilt das Programm. Würde man stattdessen messen, was am Markt ankommt in Form erfolgreicher Produkte, wäre die ganze Jämmerlichkeit der Übung sofort offensichtlich. Wenn schon der »Erfolg« nach einer mit dem Schwachsinn konkurrierenden Methode erfasst und gemessen wird, wie soll dann ein Land mit solchen Maßnahmen jemals wettbewerbsfähig in dem vermeintlich geförderten Sektor werden? Da man die Mittel aber vorher am Markt erfolgreichen Unternehmen entzogen hat, denen sie dann nicht für neue Investitionen zur Verfügung stehen, sind all dies in Wahrheit Programme zur Zerstörung der Wettbewerbsfähigkeit.

So zieht sich eine Spur planwirtschaftlicher Verwüstung durch die Industrien, Branchen und Unternehmen Deutschlands und Europas. Es ist an der Zeit, den Anspruch der Bürokratie drastisch zurückzustutzen. Nicht um fünf oder um zehn Prozent, sondern um 100 Prozent. Es wird uns besser gehen ohne sie.

Die Eckpunkte eines 100-Tage-Programms

Einzelmaßnahmen und Kurieren an den Symptomen werden uns nicht aus dieser Krise herausführen. Was wir brauchen, ist ein gesamtheitlicher neuer gesellschaftspolitischer Entwurf. Er muss sich an marktwirtschaftlichen Prinzipien orientieren.

Einsparung und Senkung der Staatsquote: Friedrich der Große stellte bereits treffend fest:»Es ist gerecht, dass jeder Einzelne dazu beiträgt, die Ausgaben des Staates tragen zu helfen. Aber es ist nicht gerecht, dass er die Hälfte seines jährlichen Einkommens mit dem Staat teilen muss.«

Das angeblich so diktatorische Kaiserreich kam mit einer Staatsquote von zwölf Prozent aus.[132] Es beschränkte sich auf Gesetzgebung, Rechtsprechung, innere und äußere Sicherheit, öffentliche Infrastruktur und wenige Elemente der existenziellen Grundsicherung, die damals in erster Linie Familiensache und nicht Staatssache war. Das Ergebnis war eine Explosion des Wohlstands durch Wachstum und technischen Fortschritt. Die damals noch weitverbreitete Armut war nicht die Folge des marktwirtschaftlichen, kapitalistischen Systems, sie war ein noch nicht restlos abgearbeitetes Erbe der Feudalzeit, also der Unfreiheit. Dass die modernen Jünger des Feudalismus und der Unfreiheit, die Marxisten, dieses Armutserbe dem Kapitalismus in die Schuhe schoben und es bis heute tun, ist daher der Ausdruck des größten propagandistischen Betrugs der Neuzeit.

Der hypertrophierte und ausufernde Staatsapparat nimmt dem Bürger die Hälfte dessen weg, was er erarbeitet. Bis in den Juli hinein arbeiten wir für den Staat, erst ab dann für uns selbst. Fordert man eine Beschränkung dieser arroganten Anmaßung der Beraubung und Verschwendung, wird von den Linken die haltlose Behauptung in die Welt gesetzt, das münde in einer »Suppenküchenökonomie«, einem Land, in dem wenige Reiche ihr Leben genießen und die Masse der Menschen ein Leben in der Suppenküchenschlange führen müsse. Das Verrückte daran ist: Ein Haufen Leute glauben diesen Nonsens, obwohl sie doch noch vor wenigen Jahrzehnten live und in Farbe (oder besser in Grau) zusehen konnten, dass die einzig wahre Suppenküchenökonomie der Sozialismus ist.

Wir brauchen ein ehrgeiziges Programm, welches die Steuern um sieben bis acht Prozentpunkte des Bruttosozialproduktes pro Jahr senkt und mit den Ausgaben das Gleiche tut, bis die

Staatsquote auf halbwegs gesunde 25 Prozent reduziert ist. Diese Quote sollte auch die verfassungsrechtliche Obergrenze der Steuer- und Abgabenquote sein, in Verbindung mit einem absoluten Schuldenverbot für die öffentliche Hand.

Umsteuerung der Ausgaben von Konsum in Investitionen und Reparatur der Infrastruktur: Dieses Ziel kann durch zwei Maßnahmen erreicht werden: erstens die direkte Umsteuerung der öffentlichen Ausgaben, Reduktion von konsumtiven Aufwendungen zugunsten der Investitionen in Infrastruktur, und zweitens durch Übernahme von Infrastrukturfinanzierungen durch private Unternehmen. Hierfür ist ein umfassendes Privatisierungsprogramm erforderlich. Die Erlöse der Privatisierung sollten in einen Fonds zur Umstellung des Rentensystems auf ein Kapitalstock-gedecktes System fließen, das dann nach chilenischem Vorbild ebenfalls zu privatisieren ist.[133]

Bildungsreform: Deutschland, insbesondere seine südlichen Bundesländer Bayern und Baden-Württemberg, hatte einst ein sehr erfolgreiches Bildungssystem, das in der Lage war, die jungen Menschen auf die Herausforderungen des Lebens, nicht nur des Berufslebens vorzubereiten. Sein Qualitätsmerkmal war die Feingliederung aufgrund von Leistung und Neigung. Die Gliederung nach Leistung in Form eines dreigliedrigen Systems von Haupt-, Realschule und Gymnasium stellte sicher, dass qualifizierte Schulabgänger sowohl für die akademischen als auch für die handwerklichen Berufe zur Verfügung standen. Die Wahlmöglichkeit der Schüler nach humanistischem, musischem, neusprachlichem und naturwissenschaftlichem Gymnasialzweig ermöglichte den Schülern mit höchster Leistung und Leistungsbereitschaft, sich optimal auf unterschiedliche akademische Karrieren vorzubereiten.

Ergänzt wurde dies durch ein hochwertiges Bildungsangebot privater und kirchlicher Schulen.

Davon noch übrig ist die Fluchtmöglichkeit wohlhabender Eltern, ihre Kinder den staatlichen Verwahranstalten durch private Schulen zu entziehen. Wer sich das nicht leisten kann, dessen Kinder fallen der leistungsfeindlichen Gleichmacherei, dem rassistischen Mobbing von Jugendclans mit fehlendem Integrationshintergrund und der Gleichgültigkeit eines auf Sozialismus und Gendersprache reduzierten Lehrkörpers zum Opfer. Der Abstieg in den internationalen Leistungswettbewerben und die tägliche Realität der heruntergekommenen Schulen belegen dies.[134] Dieses System benötigt eine Reform an Haupt und Gliedern. Es muss schnellstens zum Erfolgsmodell der bundesrepublikanischen Gründerjahre zurückgeführt werden. Indoktrination mit Genderunterricht, Klimahysterie und linken Parolen durch eine Generation von politisierten »Lehrern« muss schnellstens ersetzt werden durch Konzentration auf Inhalte, Bildung und Leistung, auf Vorbereitung für das Leben. Dafür müssen die Lehrpläne durchforstet und neu ausgerichtet werden. Die Lehrbücher sind der Erfordernis anzupassen, den Schülern das zu vermitteln, was sie brauchen, und nicht das, was linke Ideologen sich wünschen, dass sie skandieren sollten. Nicht Schulschwänz-Partys à la »Fridays for Future«, bei denen in Wahrheit die Zukunft verspielt und nicht gewonnen wird, sondern Erfüllung des Bildungsauftrages und Erlernen von Disziplin zur Bewältigung von Herausforderungen sind gefragt. Wer das als Lehrer nicht will oder kann, der sollte sich einen neuen Job suchen müssen, denn er beraubt mit seiner ideologischen Arroganz die Schüler ihrer Zukunftschancen.

Verteidigungsreform: Die Bundeswehr benötigt schnellstens ein neues Zielbild und eine neue Führung, nicht nur auf politischer, sondern auch auf militärischer Ebene. Jahrzehnte der Fehlplanung, überzogener Einsparungen, Korruption, politisch motivierter Beförderungen und Demütigung soldatischer Traditionen haben aus ihr ein Abziehbild einer Armee gemacht.[135] Man kann von einer Armee, die nicht stolz sein darf, nicht verlangen, dass ihre Soldaten ihr Leben für ein Land riskieren, dessen politische Klasse sie offenbar verachtet und missbraucht.

Eine Reform muss klaren Prinzipien folgen.

Wir brauchen die Wehrpflicht oder Dienstpflicht sowohl für Männer als auch für Frauen. Eine Armee ist entweder eine Bürgerarmee oder eine Söldnerarmee. Nur die Wehrpflicht garantiert eine Bürgerarmee.

Wir brauchen eine auf Territorialverteidigung ausgerichtete Armee nach Schweizer Vorbild. Sie ist lokal organisiert, sodass Dienstpflicht, Ausbildung und Wehrübungen in Heimatnähe der Dienstpflicht leistenden Bürger ausgeübt werden können und der Verteidigungsauftrag auch emotional der eigenen Heimat gilt.

Wir brauchen daneben eine interventionsfähige Armee zur Erfüllung von Bündnispflichten und internationalen Pflichten in solchen Fällen, in denen die Staatengemeinschaft in Form der Vereinten Nationen die Notwendigkeit einer Intervention zur Verhinderung von Völkermord oder einer unmittelbaren Gefährdung des Friedens feststellt.

Beide Teile sind mit allen für ihren Auftrag erforderlichen Mitteln auszustatten. Hierfür ist ein Budget von mindestens zwei Prozent der Wirtschaftsleistung erforderlich. Am Anfang wird es wahrscheinlich deutlich mehr sein, um die Folgen der jahrzehntelangen Misswirtschaft zügig aufzuräumen.

Reform der inneren Sicherheit: Die innere Sicherheit wurde erodiert durch falsche Toleranz gegenüber dem Rechtsbruch, sofern er von einer Gruppe begangen wurde, deren Fehlverhalten zu kritisieren als politisch inkorrekt gebrandmarkt werden konnte. Sie sollte ersetzt werden durch eine Politik der Nulltoleranz.

Eine Taskforce sollte alle dafür nötigen Gesetzesänderungen gebündelt vorbereiten, sodass der Staat schnellstmöglich wieder handlungsfähig beim Schutz seiner Bürger wird.

Dazu gehören unter anderem die schnelle Zerschlagung der organisierten Clankriminalität und eine gründliche Reform des Ausländerrechts. Das Begehen einer Straftat ist inkompatibel mit dem Gastrecht eines Landes und muss daher bereits beim ersten Konflikt mit dem Gesetz klare aufenthaltsrechtliche Konsequenzen haben.

Um die unbedingte Rechtsstaatlichkeit durchzusetzen, sind Polizei und Justiz mit den erforderlichen personellen und materiellen Ressourcen auszustatten.

Rentenreform: Das gegenwärtige Rentensystem ist aufgrund der demografischen Entwicklung und des schwachen Produktivitätsfortschritts nicht nachhaltig tragfähig und eigentlich als Pyramidenschema konstruiert. Es muss reformiert werden mit folgenden Prinzipien und Zielsetzungen:

◢ Beendigung der Subvention kinderloser durch kinderreiche Familien, und dies sollte auch rückwirkend geschehen. Das bedeutet für Kinderlose Rentenkürzungen und für Kinderreiche Rentenerhöhungen;

◢ Privatisierung der Rentenkassen;

◢ Umstellung auf ein kapitalgedecktes System zur Sicherstellung der Nachhaltigkeit.

Einwanderungsreform: Ein Land ohne Grenzen ist kein Land. Auch für ein Land gilt: Wer in alle Richtungen offen ist, ist nicht ganz dicht. Das Asylrecht ist durch die Verhinderung von bisher geduldetem massenhaftem Missbrauch vor seiner Erosion zu schützen. Das Land muss denjenigen Schutz bieten, die wirklich politisch verfolgt sind, und nicht denjenigen, die das nur behaupten. Die Einwanderungspolitik muss sich wie in Kanada oder Australien an den Bedürfnissen des Landes und des Staatsvolkes orientieren. Einwanderung und Asyl sind strikt zu trennen und nicht unzulässig zu vermengen.

Rolle rückwärts in der Energiepolitik: Das beinhaltet eine ersatzlose Streichung des Erneuerbare-Energien-Gesetzes EEG, eine sofortige Beendigung des Atomausstieges, eine Nicht-Umsetzung des planwirtschaftlichen Kohlekompromisses und eine Wiederherstellung der Freiheit der Energieversorger zur Bestimmung ihres Primärenergie-Portfolios, basierend auf Kosten-, Risiko- und Nachfrageüberlegungen. Alle Subventionen sollten ersatzlos gestrichen werden. Alle Energieformen werden gleich oder gar nicht besteuert, ohne jede Diskriminierung positiver oder negativer Art. Konsumenten, die für sich entscheiden wollen, einen »grünen« Energiemix zu kaufen, können dies in einer freien Marktwirtschaft tun zu den realen Kosten, die diese Entscheidung beinhaltet.

Abschaffung aller Subventionen: Die anmaßende Einmischung des Staates bei der Auswahl von Gewinnern, der falsche Glaube, ein von Lobbyisten beeinflusster Bürokrat wisse es besser als der Bürger, findet in Subventionen ihre Kristallisation. Sie sollten ersatzlos abgeschafft und verboten werden. Das Geld ist dem Steuerzahler durch Steuersenkungen zurückzugeben. Er weiß selbst am besten, wo er es investieren möchte.

Privatisierung aller Nicht-Kernaufgaben des Staates: Der Staat tätigt unzählige Dienstleistungen, für die private Unternehmen ebenso gut und meistens besser zu niedrigeren Kosten und besserem Preis-Leistungs-Verhältnis sorgen können. Eine Arbeitsgruppe sollte alle staatlichen Tätigkeiten, Behörden und Ämter dahingehend durchleuchten, ob sie echte hoheitliche Aufgaben ausführen und ob diese benötigt werden. Wenn nein, dann sollte entweder die Schließung oder Privatisierung erfolgen. Privatisierungserlöse sollten der kapitalgedeckten Rentenversicherung zugeführt werden. Das führt zugleich zu einer Verkleinerung der Bürokratie und Reform der Verwaltung.

Rückkehr zur Vertragsfreiheit: Der Staat sollte alle Einschränkungen der Vertragsfreiheit ersatzlos streichen. Das gilt insbesondere für das Arbeitsrecht und das Mietrecht. Beide sind grundlegend zu reformieren. Vorbild hierfür ist die Schweiz.

Fazit: Die Rückkehr zu einem schlanken, effizienten Staat, zu marktwirtschaftlichen Prinzipien, zu Sparsamkeit und Konzentration auf das Wesentliche sind die Erfolgsrezepte, die die heilsamen Kräfte des Marktes freisetzen. Nach einer kurzen Phase schmerzhafter Anpassungen wird die Wirtschaft auf einen Pfad stabilen und nachhaltigen Wachstums zurückkehren.

IX •
EINE NEUE
ORDNUNG
DER FREIHEIT

»Wir wollen sein ein einig Volk von Brüdern,
in keiner Not uns trennen und Gefahr.
Wir wollen frei sein, wie die Väter waren,
eher den Tod, als in der Knechtschaft leben.
Wir wollen trauen auf den höchsten Gott
und uns nicht fürchten vor der Macht der Menschen.«

Friedrich Schiller: Wilhelm Tell

Wenn wir unsere Gesellschaft wieder auf den Pfad des Erfolgs führen wollen, so müssen wir nicht nur darüber nachdenken, wie wir die Fehlentwicklungen der letzten 50 Jahre rückgängig machen. Wir müssen, ausgehend vom freiheitlichen Wertegerüst und den Staatstheoretikern der Aufklärung, darüber nachdenken, wie wir Institutionen schaffen und stärken, die einem erneuten Angriff des Sozialismus besser standhalten und mehr Widerstand entgegensetzen als das gescheiterte Vehikel der Parteiendemokratie. Denn dass auch eine erneuerte Republik der Freiheit wieder von einem in neuer Verkleidung daherkommenden Sozialismus angegriffen werden wird, darf man angesichts der menschlichen Natur als abgemacht unterstellen. Igor Schafarewitsch sprach in diesem Zusammenhang von Sozialismus als »anthropologischer Konstante« der Menschheitsgeschichte.

Diese Übung wird nicht ohne ketzerische Fragen an ihr Ziel gelangen, weil der Demokratie, so erstrebenswert sie ist, der selbstzerstörerische Keim der Korruption durch eine faule, aber gierige Mehrheit innewohnt, die gerne eine Minderheit der Leistungsträger ausbeuten möchte. Der Schrei nach Umverteilung, der eigentlich ein Kriegsruf der Beraubung ist, verführt und korrumpiert die politische Elite, deren ganzes Streben und Walten auf die Beschaffung von Mehrheiten für den Machterhalt gerichtet ist. Denn nur die nicht vom Markt und vom Wettbewerb gezügelte Macht schafft Privilegien und Möglichkeiten, sich persönlich durch legale oder illegale Korruption zu bereichern.

Auch die wirtschaftlichen Eliten, die sich eigentlich am Markt erfolgreich durchgesetzt haben, neigen dazu, ihre erlangte wirtschaftliche, politische und gesellschaftliche Machtstellung mit korrupten Mitteln zu perpetuieren. Die Versuchung ist einfach zu groß, die eigenen Kinder und Enkel vor der Unbarmherzigkeit des Marktes, in dem man sich mit so viel Mühe, Arbeit und Glück durchgesetzt hat, zu schützen. Die Governance-getriebene Verkrustung der großen Unternehmen, die einen natürlichen Zerfallsprozess auslöst, indem Eigentum und Kontrolle voneinander getrennt werden, verstärkt dieses Bedürfnis.[136] Deshalb mündet auch das Bündnis von Großunternehmen und Staat, auch bekannt als Faschismus, in der gleichen sozialistischen Dystopie wie die Herrschaft der Bürokraten.[137] Nur der Weg in den Untergang ist ein anderer. Diese in der Geschichte immer wieder vorkommende unselige Allianz ist auch der Grund dafür, warum viele Sozialisten und auch unpolitische Menschen die bürokratische Herrschaft der Großunternehmen für den Kapitalismus bzw. die Marktwirtschaft halten. Das ist eine Sinnestäuschung, welche die Sozialisten ebenfalls ausnutzen, um die Menschen gegen die freie Marktwirtschaft in Opposition zu bringen.

Deshalb wirkt kluge Ordnungspolitik der Vermachtung entgegen. Industriepolitik, mit ihrer Verhätschelung von Großunternehmen, wie der Herr Wirtschaftsminister Altmeier sie propagiert, tut das genaue Gegenteil.

Wer sich über die menschliche Schwäche der mühelosen Selbstbereicherung und die unterschiedlichen Kanäle ihrer Entfaltung nicht völlig im Klaren ist, wird sich in den Fallstricken dieses intellektuellen Problems sehr schnell verfangen.

Diese Überlegungen waren den Staatstheoretikern der Aufklärung bereits vollkommen bewusst. Gewaltenteilung, Verfassungsstaat, Checks und Balances, Minderheitenschutz und grundlegende, unveräußerliche Menschenrechte unter dem Schutz der Verfassung waren und sind die Mittel ihrer Wahl, der Selbstkorruption und dem Verfall demokratischer Staaten entgegenzuwirken. Umso besser eine Verfassung die Freiheit der Bürger eines Landes garantiert und sichert, als desto langlebiger erweist sich das von ihr begründete demokratische Gemeinwesen. Freiheit schafft Wohlstand, stärkt die sie tragenden Eliten und sichert damit in einer freien Republik die Voraussetzungen für die Langlebigkeit ihrer Institutionen, die wiederum die Freiheit garantieren. Ein sich selbst verstärkender Kreislauf demokratischer Reife wird so in Gang gesetzt.

Umgekehrt führt die Aushöhlung der Freiheit auch zur Untergrabung der Institutionen, was derzeit insbesondere bei der Rechtstaatlichkeit in Deutschland und Europa beobachtet werden muss. Der dann in Gang kommende Kreislauf führt zu einer wechselseitigen Verstärkung von Umverteilung, Korruption, Erosion des Rechts, wirtschaftlichem Abstieg und schließlich der Zerstörung der Freiheitsrechte der Bürger. Die daraus unvermeidlich resultierende Krise des Gemeinwesens führt dann entweder in die Katharsis, die Reinigung der Köpfe von schlechten und falschen Ideen, oder zum Sieg des Sozialismus, gefolgt vom Abstieg in die Barbarei.

Ist eine Verfassung schlecht konstruiert, so trägt sie bereits bei ihrer Verkündung ihr Verfalldatum dick und fett im Beipackzettel aufgedruckt. Ein besonders gutes Beispiel dafür ist die fehlkonstruierte Gewaltenteilung praktisch aller europäischen Demokratien. Die Ernennung von Richtern nach Parteienproporz, die Weisungsbefugnis der Exekutive an die Staatsanwaltschaft und die oben beschriebene adverse Selektion von Parteipolitikern durchlöchern die Gewaltenteilung zwischen Legislative, Exekutive und Judikative bis zur Unkenntlichkeit. Die Gleichschaltung der Gewalten öffnet der Korruption dann Tür und Tor. Es ist daher eine Heuchelei, wenn die EU, die sich mit demokratischer Kontrolle, guter Governance und angemessener Gewaltenteilung so schwer tut, Polen oder

Ungarn für ihre Sünden mit Schelte überzieht, weil diese ihre Verfassungsgerichte von den Resten sozialistischer Richterseilschaften befreien wollen.

Die Evolution der verfassungsmäßigen Ordnung

So wie in der Wirtschaft Ideen um die besten Produkte und Dienstleistungen im evolutorischen Wettbewerb stehen, der schlechte und nicht funktionierende Unternehmen oder Produkte aussortiert und abschafft, so unterliegen auch Staaten und Verfassungen einem Evolutionsprozess. Die Institutionenökonomik befasst sich praktisch ausschließlich mit der Frage, ob gesellschaftliche, also politische, wirtschaftliche, soziale und gesetzliche Rahmenbedingungen einer Gesellschaft effizient und zielführend, also am Ende wettbewerbsfähig gestaltet sind. Friedrich von Hayek, Ludwig von Mises und andere haben bereits erkannt und demonstriert, dass das Prinzip spontaner Ordnung im evolutionstheoretischen Sinne nicht nur im reinen Wirtschaftsleben der Marktinteraktion gilt, sondern eben auch hinsichtlich der Institutionen, die dem Markt und der Gesellschaft ein Rahmenwerk geben. Versagen also Institutionen, so ist der Wettbewerb der Ideen eröffnet, sie durch etwas Besseres zu ersetzen.

Das gilt auch für unser Grundgesetz.

Es muss befreit und bereinigt werden von allen freiheitsfeindlichen Elementen, die sich bei seiner Verschriftlichung durch die verfassungsgebende Versammlung eingeschlichen haben und die entweder das Ergebnis von Kompromissen mit stimmberechtigten sozialistischen Ideologen waren oder deren schädliche Tragweite für die Untergrabung der Freiheit man seinerzeit nicht erkannt hat, weil die Fantasie nicht ausgereicht hat, die vielfältigen Wege der Korruption in einer Demokratie vorauszusehen.

Was sind nun die Prinzipien und Komponenten, an denen sich eine solche Reform ausrichten sollte? Ohne Anspruch auf Vollständigkeit möchte ich hier auflisten, welche Überlegungen dabei nach meiner Überzeugung ihre gestalterische Kraft entfalten müssen:

◢ Stärkere Verankerung der **Werte**, auf denen die freie Gesellschaft ruhen muss: Ehe und Familie, Eigentum, Individualität, Religion und Kultur;

◢ Sicherung bzw. Wiederherstellung der **Gewaltenteilung**, insbesondere im Hinblick auf die Rechtsprechungsorgane zur Auslegung der Verfassung als letzte Verteidigungslinie der verfassungsmäßigen Ordnung; Direktwahl von Mandatsträgern aller drei Gewalten durch den Bürger;

◢ Wiederherstellung der **Presse-** und **Medienvielfalt** und Zerstörung des Bandes zwischen Macht und Medien; stärkere Sicherungsmechanismen gegen Zensur und Informationskontrolle;

◢ Stärkung der **Privatsphäre und der Grundrechte** des Bürgers an den eigenen Daten zur Verhinderung eines Überwachungsstaates und einer auf Überwachung basierenden Degradierung des Bürgers zum konsumierenden Objekt der Manipulation;

◢ **Machtbegrenzung** für Politiker durch **Haftungsregeln** nach dem Vorbild der freien Wirtschaft und durch Einführung von **Amtszeitenbegrenzung**; Bruch des Amtseides und Untreue dürfen auch in der Politik straf- und zivilrechtlich nicht folgenlos bleiben;

◢ Selektionshürden für exekutive Ämter in Form von **Mindestqualifikationen**;

◢ Beendigung der adversen Selektion von Politikern durch Reform der **Bezahlung** und Gleichbehandlung von Mandatsträgern aus der freien Wirtschaft und Staatsangestellten/ Beamten;

◢ Stärkung der **Subsidiarität** durch Steuerhoheit der Gemeinden und Rückzug der Zentralgewalt auf solche Aufgaben, die nur und ausschließlich von ihr erfüllt werden können; Stärkung der *Eigenverantwortung* regionaler Einheiten durch Abschaffung des Rechts auf Transfers;

◢ *Direkte Demokratie* auf allen Ebenen der Gebietskörperschaften, also Gemeinden, Bundesländern und Bund nach dem Vorbild der Schweiz;

◢ Verhinderung von Interessenkonflikten und »Tyrannei der Mehrheit« durch grundlegende Reform des aktiven und passiven *Wahlrechts*;

◢ Begrenzung der *Staatsquote* auf maximal 25 Prozent;

◢ *Verbot* staatlicher *Verschuldung*;

◢ Währungswettbewerb, Bargeldverfügbarkeit und *Goldstandard* mit Verfassungsrang;

◢ Stärkung der *Eigentumsrechte* und der *Vertragsfreiheit* sowie Verankerung der *Marktwirtschaft* als einzige freiheitliche Form der Wirtschaftsordnung mit Verfassungsrang;

◢ Freiheitliche *Wertevermittlung* und -sicherung als Staatsziel;

◢ abschließend zur Diskussion die Frage: Taugt ein Monarch als *Verfassungs- und Freiheitsgarant?*

Wir wollen uns auf den folgenden Seiten mit diesen Elementen im Detail befassen.

Die Werte der freien Gesellschaft – Ehe und Familie, Eigentum, Individualität, Religion und Kultur: Eine Verfassung, die nicht auf Werten beruht, kann niemals eine tragfähige Grundlage für eine freie Gesellschaft schaffen oder sein. Es geht dabei auch nicht um irgendwelche Werte, sondern es geht um die Werte der von christlichem und jüdischem Denken inspirierten Aufklärung. Sie steht in diametraler Opposition zur Jakobinischen Aufklärung, die diesen Begriff nur gekapert hat, um ihn zu pervertieren und so zu missbrauchen. Denn die Jakobiner waren als Fackelträger des Sozialismus die historischen Vorläufer und Staffelträger zwischen den sozialistischen Ketzersekten des Mittelalters und dem Marxismus und Kommunismus der Neuzeit.[138]

Mit Freiheit und Menschenrechten haben sie nur etwas im Sinn, soweit es ihnen als sinnentleerter Slogan dazu dient, gutgläubige Anhänger in die Falle der Knechtschaft zu locken. Der Wurm muss schließlich dem Fisch schmecken und nicht dem Angler.

Die Präambel der Verfassung muss verdeutlichen, auf welchem Wertegerüst die Verfassung und damit auch das Gemeinwesen errichtet werden. Konkret muss sie für die fünf Säulen einer freien Gesellschaft, nämlich Ehe und Familie, Eigentum, Individualität, Religion und Kultur nicht nur Lippenbekenntnisse ablegen, sondern ihren prägenden Rang für die Gesellschaft so schützen, dass unwillige Politiker oder Richter dies nicht so ohne Weiteres erodieren können, selbst wenn es ihnen in den ideologischen oder korrupten Kram passt. Was bedeutet das im Einzelnen?

Beginnen wir mit *Ehe und Familie:* Die Verfassung stellt eigentlich in ihrem Wortlaut bereits heute Ehe und Familie unter den besonderen Schutz des Staates. Die Väter des Grundgesetzes hatten zurecht erkannt, dass sie der Baustein der Gesellschaft ist. Die Familie perpetuiert das Gemeinwesen durch Geburt und Erziehung der Kinder zugleich in die Zukunft. Diese simple biologische Funktion und ihre soziale Bedeutung machen deutlich, was in den 300 000 Jahren Menschheitsgeschichte jeder Generation klar war, nur offenbar der unsrigen nicht: Die heterosexuelle Familie aus Mann, Frau und ihren biologischen Kindern sichert den Fortbestand der Gesellschaft. Sie kann nicht durch andere Lebensformen ersetzt werden, auch nicht durch die Reproduktionsmedizin, der man das ja zumindest theoretisch zutrauen könnte. Dem steht aber die empirische Beobachtung entgegen: Die Erosion von Ehe und Familie hat dazu geführt, dass die natürliche Rate der Reproduktion für eine stabile Bevölkerung von 2,1 Kindern pro Frau (eigentlich genügen zwei Kinder, aber die zusätzlichen 0,1 sind nötig, um die Sterblichkeitsrate bis zum Erreichen des Erwachsenenalters bzw. der Reproduktionsfähigkeit zu kompensieren) nicht mehr erreicht wird.

Der Mainstream reagiert darauf mit dem Schulterzucken des Naiven: »Was soll's, dann haben wir halt in Zukunft eine geringere Bevölkerungsdichte auf unserem übervölkerten Kontinent.« So funktioniert es aber leider nicht. Die fallende Geburtenrate führt zu einem schnell wachsenden Anteil alter Menschen, deren Versorgung, Ernährung und Pflege nicht mehr von ihnen selbst geleistet werden kann, sondern von den Jüngeren geleistet werden muss. Die Ressourcen, die sie binden, können von den jungen Berufstätigen nicht mehr in Kinder investiert werden, sodass der Druck steigt, noch weniger Kinder zu bekommen. Ein Teufelskreislauf kommt in Gang, der nur durch massiven Konsumverzicht der gesamten Gesellschaft oder durch die Weigerung der Jungen, die Alten ohne Kinder zulasten ihrer eigenen Kinder zu alimentieren, durchbrochen werden kann.

Das Problem kann gemindert werden, wenn die Produktivität der Berufstätigen schneller steigt als die Wachstumsrate der Alten an der Bevölkerung. Damit ist aber in einem nicht marktwirtschaftlichen System nicht zu rechnen. Und je stärker die Überalterung der Bevölkerung wird, desto mehr Wähler hat ein auf Umverteilung ausgerichtetes System, welches in Feindschaft zur Marktwirtschaft steht. Die Ausbeutung der Minderheit durch die Mehrheit nimmt in dieser gerontokratischen Scheindemokratie eine neue Form an: die der Ausbeutung der Jungen, der Familien, durch die kinderlosen Alten. Diese Ausbeutung findet bereits heute statt, indem eine wachsende Zahl von Rentnern, die nie Kinder hatten, sich ihre Rente von den Kindern anderer Leute bezahlen lässt.

Sie wird nur noch nicht in ihrer Totalität und Fatalität wahrgenommen, weil die Bevölkerungspyramide noch nicht weit genug auf den Kopf gestellt worden ist. Ist aber erst einmal ein »Punkt ohne Wiederkehr« überschritten, so wird sich der Abstieg der Gesellschaft in die Altersfalle dramatisch beschleunigen und damit enden, dass es entweder zu einer Revolution der Jungen kommt oder zu einem Untergang des Volkes.

Eine reformierte Verfassung muss daher die Worthülse der Familie als Baustein der Gesellschaft mit neuem Leben füllen. Dazu gehören materielle und ideelle Elemente, die in Verfassungsrang erhoben werden müssen, damit nicht erneut eine korrumpierte politische Klasse sie im Wege der Gesetzgebung aushöhlt. Diese sind:

◢ Es gibt zwei biologische Geschlechter: Mann und Frau.

◢ Die Ehe ist die Verbindung von Mann und Frau, und sie dient dem Zweck der Familiengründung mit Kindern.

◢ Andere Formen des Zusammenlebens sind zu tolerieren, aber nicht zu fördern. Sie können nicht den Status einer Ehe einnehmen oder auch nur so genannt werden.

◢ Das Recht auf Leben ist ein unantastbares Menschenrecht, und es kann nicht durch Willkürbeschluss einer Mehrheit geraubt werden. Das gilt auch für den ungeborenen Menschen.

◢ Ein staatliches Rentensystem, welches Geld von den Kinderreichen zu den Kinderlosen umverteilt, ist ein System der Beraubung, muss daher verfassungswidrig sein und verboten werden.

◢ Eine Geldpolitik, welche durch manipulierte Nullzinsen die Immobilienpreise künstlich und marktfremd als aufsteigende Blase in die Höhe treibt und so für junge Familien das Immobilieneigentum und damit die Familiengründung unerschwinglich macht, muss verfassungswidrig sein und verboten werden.

Eigentum: Das private Eigentum kommt in seiner freiheits- und sinnstiftenden Bedeutung im Grundgesetz deutlich zu kurz. Eigentlich wird es im Text darauf reduziert, dass es »verpflichtet« und »zugleich dem Wohl der Allgemeinheit dienen solle«. In Verbindung mit einer flockig-unpräzisen Formulierung, unter welchen Umständen Enteignung verfassungskonform sein sollte, geht unser Grundgesetz an der fundamentalen Wahrheit vorbei, dass ohne den unbedingten Schutz des Privateigentums eine demokratische, also freie Ordnung überhaupt nicht möglich ist. Wer kein Privateigentum besitzt, dem ist die Möglichkeit der Gestaltung des eigenen Lebens weitestgehend genommen. Er kann nicht für sich und die ihm anvertrauten Menschen seiner Familie in der Weise sorgen, dass er ohne bürokratischen Gnadenerweis der Güterzuteilung ihre Behausung, ihren Schutz, ihre Ernährung, Ausbildung und Bekleidung sicherstellen kann.

Die Wurstigkeit, mit der die Herrschenden nicht nur die Verfügungsgewalt über das Eigentum und die mit dem Eigentum eigentlich untrennbar verbundenen Rechte immer weiter einschränken, und die Schamlosigkeit der Beraubungsdebatte unter dem Stichwort der Enteignung, unter Hinweis darauf, dass die Verfassung das ja sogar »vorsehe«[139], zeigt, dass die Reform unserer Verfassung dringend einer Stärkung, sicheren Verankerung und Immunisierung des Eigentums gegen sozialistische Politikerbegehrlichkeiten bedarf.

Es ist dabei nicht falsch, dass Eigentum auch dem Allgemeinwohl dienen[140] sollte, wenn man das Allgemeinwohl denn erst einmal korrekt definiert. Die Allgemeinheit ist nämlich kein mystisch-beseeltes Kollektivwesen, wie das durch die verqueren Gehirne und verquasten Gedankengänge linker Ideologen und Möchtegern-Philosophen geistert. Die Allgemeinheit in diesem Sinne ist vor allem auch nicht die Masse, deren fast schon naturgesetzliche Fehlleitung wir bereits in Kapitel VI dieses Buches diskutiert haben. Die Allgemeinheit besteht aus der Summe der Individuen, deren Wohlfahrt durch eine gesellschaftliche, politische und wirtschaftliche Ordnung maximiert werden soll. Da aber diese Maximierung ganz eindeutig und empirisch belegt nur in einer freien Marktwirtschaft stattfinden kann, ist der auf den Eigennutz des Eigentümers ausgerichtete Gebrauch einer im Eigentum befindlichen Sache auch zugleich die Art der Verwendung, die dem Allgemeinwohl am besten dient. Wir sehen also: Für die Erfüllung dieses Artikels brauchen wir keine sozialistischen Umverteiler, kein »Gemeineigentum«, kein »Staatseigentum« und keinen Bürokraten mit der Einbildungskraft, dass die Verfügungsgewalt bei ihm besser aufgehoben sei als beim rechtmäßigen Inhaber derselben, also dem Eigentümer. Die Verfassung muss diese notwendige Bedingung der Freiheit anerkennen und schützen.

Individualität: Das Individuum als Träger des freien Willens bildet die Basis der Freiheit, weil freier Wille, freie Entscheidung und damit Freiheit als solche untrennbar miteinander verbunden sind. Das Individuum steht in Opposition zum Kollektiv bzw. zum kollektivistischen Konzept. Ein Land, ein Volk oder vielmehr eine soziale Gemeinschaft ist insofern für das Individuum relevant, als sie das kulturelle, soziale und wirtschaftliche Umfeld konstituieren, in dem sich das Individuum als freies Wesen entfaltet. Dieses ist also das Ergebnis der Summe der Individuen und ihrer Handlungen. Eine Gesellschaft, die das Individuum nicht als zentrales Element der Ausübung von Freiheit anerkennt, die es stattdessen zur Zelle eines Kollektivs, des staatlichen Leviathan macht, untergräbt infolgedessen die Basis ihrer Freiheit. Die Verfassung muss daher die Rechte des Individuums in den Mittelpunkt ihrer Schutzbestrebungen stellen. Menschenrechte sind immer Rechte des Einzelnen.

Das bedeutet aber auch: Die Freiheit des Einzelnen hört da auf, wo die Rechte des anderen Einzelnen anfangen. Freiheit und damit Individualität sind nicht denkbar ohne die Freiheit und die Individualität des anderen. Was also unser aller Freiheit schützt, ist die Herrschaft des Rechts. Sie ist unteilbar. Sie gilt nicht für den einen mehr und den anderen weniger. Sie gilt vor allem auch für den, der sich nicht wehren kann. Eine Mehrheit, die einer Minderheit oder wehrlosen Gruppe ihre fundamentalen Rechte, ja ihr Menschsein abspricht, handelt wider die Natur der Rechte des Individuums. Sie darf sich dann nicht wundern, wenn sie eines Tages auch an der Reihe ist bei der Entkleidung um ihre Menschenwürde. Das ist der Unterschied zwischen Individualismus und Egoismus.

Religion: »Europa wird christlich sein oder es wird nicht sein.« Dieser Satz Otto von Habsburgs enthält die tiefe Wahrheit, dass das abendländische Narrativ das Christentum und die in ihm wurzelnde Aufklärung ist. Es gibt kein alternatives Narrativ dazu. Die islamischen Gesellschaften bieten kein Narrativ des Erfolgs, sondern, leider empirisch bislang nicht anders zu beobachten, nur eines der Despotie, der Verarmung, Unterdrückung und Gängelung. Die Gottlosigkeit ist die Religion der Sozialisten, Nationalsozialisten und der Jakobiner. Der totalitäre Islamismus eines »islamischen Staates« kann im Blick auf seine Feindschaft zu den beschriebenen fünf tragenden Säulen durchaus ebenfalls als Inkarnation eines völkermörderischen Sozialismus verstanden werden.

So richtig es sein mag, dass Staat und Kirche heute getrennt sind, weil die Macht sonst die Religion korrumpiert, so wichtig ist es, dass sich die Gesellschaft in ihrer Verfassung zu ihren Wurzeln und zu ihrem Narrativ bekennt. Dies umso mehr, als das christliche Fundament auch die Grundlage der Philosophie der Freiheit ist. Es gab in geschichtlicher Zeit keine freie Gesellschaft mit einem anderen religiösen Narrativ als dem christlich-jüdischen. Das sollte uns zu denken geben, und das muss unsere Verfassung inkorporieren.

Das Christentum und der Gottesbezug gehören also ganz klar in die Verfassung. Und im Lichte dieser Einsicht ist sie auch zu interpretieren.

Kultur: Unsere Kultur ist ein prägendes Element unserer Identität. Identität ist notwendig für das Selbstverständnis eines Volkes als Gesellschaft. Diese Kultur wächst über viele Generationen, Jahrhunderte, sogar Jahrtausende, und sie reflektiert die Genesis eines Volkes, seine Ursprünge, seine Entwicklung, seine Fortschritte, Brüche, Siege und Niederlagen. Der Austausch mit anderen Völkern verändert dieses im Laufe der Zeit. Auch die Geschichte ist Teil der Identität, im Guten wie im Schlechten. Das ist nicht neu. Neu ist die Überflutung der Identität und Kultur unseres Kontinents mit einem Einheitsbrei namens Multikulti. Der Begriff soll Vielfalt vorgaukeln, wo es in Wahrheit um Vereinheitlichung, Normierung, Verflachung und Gesichtslosigkeit geht. Eine Verfassung, die ein Volk sich gibt, kann sich nicht über seine durch die Geschichte gestiftete Identität hinwegsetzen. Sie muss sie schützen und bewahren. Sie muss das Gleichgewicht zwischen dem Risiko des Absterbens durch Abschottung und dem Risiko des Verschwindens durch Überflutung finden. Das ist auf unserem Kontinent nicht mehr der Fall.

Die Stärkung der Gewaltenteilung: Die Gewaltenteilung wurde in Deutschland, wie in den meisten europäischen Demokratien, nie wirklich realisiert. Wir haben zwar drei Gewalten des Staates, aber sie sind nicht geteilt, sondern sie sind durch Proporz und Ernennungsverfahren in den Griff einer politischen Klasse geraten, die es auf diesem Wege geschafft hat, die Herrschaft des Rechts durch das Recht der Herrschaft zu ersetzen. Insbesondere ist es gelungen, das Verfassungsgericht auf eine Weise gleichzuschalten, dass es den Regierenden nur noch in Alibifällen geringer Bedeutung in den Arm fällt, damit es von sich behaupten kann, irgendwie doch unabhängig zu sein. Das ist eine Täuschung und Selbsttäuschung der Judikative.

Ebenso wie die Judikative ist auch die Legislative ihrer ursprünglichen Kontrollfunktion der Regierung beraubt. Die

Ursache dafür ist einerseits die oben beschriebene adverse Selektion der Abgeordneten bzw. der Politiker ganz allgemein, die schlecht oder gar nicht qualifizierte Leute in Entscheidungspositionen bringt, für die sie weder in der Regierung noch im Parlament intellektuell gerüstet sind, und andererseits das komplett aufgeblähte Parlament. Deutschland leistet sich bezogen auf seine Bevölkerungszahl das bei Weitem größte Abgeordnetenhaus.[141] Das Ergebnis von Größe und Personalauswahl ist, dass das hohe Haus zu einem großen Teil aus Hinterbänklern besteht, eine echte Debatte kaum noch stattfindet und der Bundestag sich als Stimmvieh der Regierung missbrauchen lässt.

Man erkennt dies auch schon daran, dass Umfragen unter Abgeordneten ergeben haben, dass sie die einfachsten Zusammenhänge über das, worüber sie gerade abgestimmt haben, nicht verstanden hatten.[142] So war bei der Abstimmung des Bundestages über die Griechenland-Rettung kein befragter Parlamentarier in der Lage, die Frage eines Journalisten nach dem Umfang der Haftung Deutschlands aus diesem Beschluss korrekt zu nennen. Diese Zahl stand in der Gesetzesvorlage der Bundesregierung wohlweislich auch erst gar nicht drin. Gefragt hat aber auch so gut wie keiner.

Um die Gewaltenteilung zu stärken, müssen Parlament und Richteramt reformiert werden. Welche Elemente könnten dies erreichen?

◢ Abgeordnete müssen eine berufliche Qualifikation vorweisen und sollten wenigstens fünf bis zehn Jahre auch in ihrem Beruf erfolgreich tätig gewesen sein.

◢ Die Zahl der Abgeordneten des Bundestages sollte auf 300 begrenzt werden.

◢ Die Sonderrechte von Beamten und Staatsangestellten, die in die Politik gehen, müssen abgeschafft werden. Sie stellen eine Diskriminierung der übrigen Bevölkerung hinsichtlich der Ausübung ihres passiven Wahlrechts dar.

◢ Jede Art von Quoten stellt eine verfassungswidrige Diskriminierung derer dar, die nicht in ihren Genuss kommen, und ist daher zu verbieten. Das gilt laut unserem Grundgesetz bereits jetzt, aber es hält die politische Klasse nicht davon ab, diesen undemokratischen Unsinn zu beschließen.

◢ Richter für die höchsten Gerichte sollten vom Bürger gewählt, mindestens aber bestätigt werden.

Wiederherstellung von Medienfreiheit und Medienvielfalt:
Die Idee, dass man einen öffentlich-rechtlichen Rundfunk brauche, um die Bürger zu informieren und zu guten Demokraten zu machen, ist eine in sich geschlossene Lebenslüge unseres Mediensystems.

Es steht dem Staat nicht zu, sich einen Apparat zuzulegen mit dem Zweck, die Meinungsbildung seiner Bürger zu beeinflussen oder gar zu steuern und – wie in jüngster Zeit immer häufiger zu beobachten – im Sinne der Mächtigen zu manipulieren.

Wenn man es als gesellschaftliche und damit staatliche Aufgabe ansieht, Medien- und Meinungsvielfalt für den demokratischen Willensbildungsprozess sicherzustellen, so ist der Fokus genau auf das Wort »Vielfalt« zu legen. Eine staatliche Mediendominanz steht dem schon per definitionem entgegen. Sie erzeugt Uniformität, und das ist auch genau das, was geliefert wird. Wie erzeugt man Vielfalt? Durch Wettbewerb und durch Verhinderung von Kartellen und Monopolen. Was für Produktionsgüter anderer Art gilt, gilt auch für die Presse. Was also nottut, wäre eine »Medienordnungspolitik«, die Meinungskartelle verhindert. Ein derartiges Meinungskartell haben wir derzeit, und es manifestiert sich in der Dominanz des linken Mainstreams in Zeitungen, Zeitschriften, TV, Radio und anderen Medien. Aufgabe des Staates im Sinne einer ordnungspolitischen Konzeption wäre es also, diesem Kartell entgegenzuwirken, es zu schwächen, und nicht, es durch ein Staatszwangsbeschallungsinstrument zu ergänzen.

Was folgt daraus für eine reformierte Verfassung?

◢ Es sollte dem Staat untersagt sein, eigene Medien zu betreiben.

◢ Einer Mediengleichschaltung im Sinne eines Meinungskartells ist entgegenzuwirken durch ordnungspolitische, Kartelle unterbindende Maßnahmen.

Stärkung der Privatsphäre und der Grundrechte des Bürgers: Die Freiheit beruht letztlich auf dem Recht des Einzelnen an seiner eigenen Person. Die eigene Person gehört nur sich selbst, nicht irgendjemand anderem, also weder dem Staat noch anderen Individuen gleichermaßen. Untrennbar mit der Person selbst verbunden ist ihre Autonomie, die sie umgebende Sphäre des Raumes, sowohl in realem als auch in übertragenem Sinne. Daraus folgt das Recht auf Privatsphäre.

Während unsere politische Führung es gestattet oder sogar befördert hat, die wirtschaftliche und monetäre Verfasstheit unseres Gemeinwesens von demokratischen Prinzipien zu entfernen, hat sie gleichzeitig eine Infrastruktur der Informationskontrolle errichtet, die die Privatsphäre der Bürger in radikaler Weise zerstört hat. Dies geschah unter dem Vorwand der inneren Sicherheit und wurde angeführt von einer transatlantischen Koalition der Geheimdienste. Diese Infrastruktur ist inzwischen so allgegenwärtig und zudringlich, dass die Freiheit des Denkens und der Meinungsäußerung in Gefahr ist. In der Tat ist diese Infrastruktur die Grundlage einer neuen Tyrannei.

Der Krieg gegen den Terror diente dabei als Begründung. Eine neue Form nicht erklärten Notstands wird herangezogen, um unsere Freiheit, unsere Privatsphäre und am Ende auch unsere demokratischen Institutionen und die Herrschaft des Rechts zu zerstören.

Die Geheimdienste sind zum Staat im Staate geworden. Sie haben einen stillen Staatsstreich organisiert. Sie verweigern sich angemessener demokratischer Kontrolle und hebeln nationale gesetzliche Beschränkungen ihrer Tätigkeit aus, indem sie eine internationale Bruderschaft der Spione etablieren. Ihr illegal erworbener Informationsvorsprung dient als Begründung ihres Herrschaftsanspruches über uns, weil sie es »besser wissen« als wir.

Dies alles geschieht unter den Augen einer politischen Klasse, die noch nicht einmal im Ansatz begonnen hat zu begreifen, welche Dimensionen dieser Angriff auf die Demokratie hat. Man kann von einem kompletten Fehlen der Wahrnehmung für die Tatsache sprechen, dass ein Prozess im Gange ist mit dem Ziel, einen totalitären Polizeistaat zu errichten.

In gleicher Zudringlichkeit, mit den Mitteln der kreativen Umzingelung durch digitale Produkte, gelingt es den monopolistischen Datenkraken, unsere Privatsphäre anzugreifen. Sie gehen dabei eine neue Art staatsmonopolkapitalistischer Symbiose mit den Geheimdiensten ein.[143]

Eine Verfassungsordnung, die diese neuen technologischen Realitäten ignoriert und keine Vorkehrungen dafür trifft, den Bürger vor diesem systematischen Angriff auf seine Privatsphäre zu schützen, kann auch seine Freiheit auf Dauer nicht bewahren. Das Recht auf informationelle Selbstbestimmung muss daher Verfassungsrang haben. Dazu gehört beispielsweise auch das Recht auf Bargeld zur Verhinderung des gläsernen Bürgers. Im Rahmen der genuinen Staatsaufgabe der Rechtssetzung ist sicherzustellen, dass dem Bürger die rechtlichen Mittel zur Verfügung stehen, seine informationelle Autonomie und damit seine Privatsphäre auch durchzusetzen.

Machtbegrenzung, Checks & Balances und die Haftung von politischen Amtsträgern: Macht korrumpiert. Und absolute Macht korrumpiert absolut. Deshalb muss eine Verfassung die politische Macht des Einzelnen begrenzen.

Wenn der Geschäftsführer oder Vorstand eines Unternehmens Entscheidungen zum Schaden des Unternehmens trifft und dabei Sorgfalt und kaufmännische Regeln außer Acht lässt, so macht er sich haftbar und in vielen Fällen auch strafbar. Im privaten und wirtschaftlichen Leben ist es eine Selbstverständlichkeit, dass wir für die Folgen unseres Tuns Verantwortung übernehmen, und in der marktwirtschaftlichen Ordnung ist dies auch die Grundlage guter Governance durch den Einklang von Vollmacht und Haftung. Ist er nicht gegeben, so führt die Trennung von Macht und Haftung dazu, dass in schöner Regelmäßigkeit Entscheidungen zulasten Dritter gefällt werden. Man nennt das gemeinhin Korruption.

Die Politik aber hat ihre Rolle, Regeln zu setzen, die für alle verbindlich sein sollten, dazu missbraucht, für sich selbst eine große Ausnahme zu machen. Politiker sind für die Folgen ihres Tuns in aller Regel nicht haftbar, es sei denn, sie greifen direkt in die Kasse oder lassen sich bestechen. Ansonsten genießen sie Immunität. Der Stimmenkauf durch Wahlversprechen, die mit anderer Leute Geld finanziert werden, erfüllt nachgerade schulbuchmäßig die Definition der Korruption und eines Vertrages zum Nachteil Dritter. Aber alle Welt hält das für normal. Wenn die Politik das Recht beugt, wie die Kanzlerin dies im Zusammenhang mit der illegalen Migrationspolitik seit vier Jahren tut, wer dabei Unsummen an Steuergeld verbrennt und in Konflikt mit seinem Amtseid gerät, der muss in Europa keine Folgen fürchten. Das Gleiche gilt, wenn sich die Geldpolitik über die Verträge und damit über das Recht stellt.

Wenn jemand Steuern hinterzieht, also Geld nicht zahlt, das er vorher selbst verdienen musste, dann schickt ihn unser System hinter Gitter.[144] Wenn aber jemand Steuergeld auf die absurdeste Art und Weise veruntreut, Geld, das dieser jemand vorher nicht selbst verdienen musste, dann passiert ... nichts, obwohl es eigentlich verwerflicher ist als Steuerhinterziehung, denn es handelt sich um das Geld anderer Leute. Ein besonders schönes Beispiel dafür ist der Berliner Flughafen, wo Politiker wie Herr Wowereit die »Aufsicht« führten über die spektakulärste Geldverbrennung, die man in der Geschichte dieser Republik je bei einem einzelnen Projekt gesehen hat. Hat das Folgen? Nur für den Steuerzahler, der nachlegen muss und nachlegen muss und nachlegen muss … Während sich der ehemalige regierende Bürgermeister bräsig darüber delektiert, dass seine Nachfolger den Saustall, den er hinterlassen hat, auch nicht aufgeräumt bekommen.[145] Das ist eine Asymmetrie der Haftung. Sie fördert die Auswüchse der Verschwendung, sie gebiert eine feudalistische Geisteshaltung der Korruption in den Köpfen ihrer Nutznießer. Wir brauchen daher eine mit Verfassungsrang ausgestattete Regelung, die klarstellt:

◢ Politiker haften für ihre Entscheidungen analog dem, was in der Privatwirtschaft üblich ist.

◢ Der Bruch des Amtseides muss geahndet werden in Abhängigkeit von der Schwere der Folgen. Der Amtseid ist keine leere formale Hülle und kein sinnloses Zeremoniell.

Mindestqualifikationsanforderungen für politische Amtsträger: Die adversen Anreize, die dafür sorgen, dass die Neigung, in die Politik zu gehen, umso höher ist, je geringer das Einkommen, das die gleiche Person in der freien Wirtschaft erzielt oder auch nur erzielen kann, führen nicht nur dazu, dass nicht die intellektuelle Elite unseres Landes sich an den Schalthebeln der politischen Macht wiederfindet. Sie führen auch dazu, dass Politiker häufig über keinerlei abgeschlossene Ausbildung oder berufliche Qualifikation verfügen. Studienabbrecher oder Schulabbrecher leiten Bundestagsfraktionen, Ministerien und Behörden und sind oft weder in der Lage, ihre Entscheidungen mit dem dafür erforderlichen Wissen vorzubereiten, noch die Folgen abzuschätzen, wenn sie Fehlentscheidungen treffen. Und selbst wenn sie über eine berufliche Qualifikation verfügen, ist es oftmals die falsche. Der Grundsatz »Schuster, bleib bei deinen Leisten« ist der Politik vollkommen fremd. Ein besonders schönes Beispiel dafür ist Frau von der Leyen, ausgebildete Ärztin, die es geschafft hat, die Streitkräfte unseres Landes mit ihrer schwer überbietbaren Inkompetenz in einen Scherbenhaufen zu verwandeln und die Truppe gegen sich aufzubringen wie kein anderer Verteidigungsminister seit Gründung der Bundeswehr im Jahre 1955.

Gleichzeitig werden die wenigen gut ausgebildeten, talentierten und versierten Personen, die bereit sind, ihrem Land zu dienen, und die jederzeit in der freien Wirtschaft ein Vielfaches ihres Politikergehaltes verdienen könnten, auf Karrieresackgassen abgeschoben und von den wichtigen Entscheidungen ferngehalten. Denn der Feind des Minderleisters, das gilt für alle Organisationen, ist der Bessere. Vor ihm hat der Inkompetente Angst, ist er doch in der Lage, dessen eigene Fehler zu erkennen und beim Namen zu nennen. Trunken von der Macht sind die meisten dieser Gestalten nicht in der Lage, sich von einer immer noch einigermaßen kompetenten Ministerialbürokratie in die Schranken weisen zu lassen. Man umgibt sich stattdessen mit Jasagern und Lakaien, deren Rückgratlosigkeit ihr Karriererezept ist. Die Herrschaft des Mittelmaßes führt so unweigerlich zur Herrschaft der Minderbemittelten. Denn wer nicht zu den Besten gehört, der weiß das in aller Regel auch. Er hat Angst nicht nur vor den Besseren, sondern auch vor den nur Gleich-Guten. Er wird nach Menschen Ausschau halten, die ihm nicht gefährlich werden können, und so gerät er an die nächsttiefere Stufe akkumulierter Kompetenzfreiheit.

Diese Treppe wird von oben gekehrt und sie führt über kurz oder lang bis in das fünfte Untergeschoss. Das Ergebnis ist in Deutschlands Zustand zu besichtigen. Wir brauchen daher eine Regel, die sicherstellt, dass Leitungsfunktionen in Behörden und Ministerien, wie auch dem Kanzleramt, bestimmte Mindestvoraussetzungen an Ausbildung und Berufserfahrung außerhalb der Politik erfordern:

◢ Politische Amtsträger, wie zum Beispiel Minister und Staatssekretäre, müssen über eine berufliche Ausbildung und erfolgreiche Berufserfahrung von mehreren Jahren in dem Feld verfügen, für das sie zuständig sein sollen. Die Mindeststandards müssen denen des Beamtenrechts entsprechen.

Bezahlsystem in der Politik: Wie in Kapitel III »Das Versagen der politischen Elite« bereits dargelegt, führt das Bezahlsystem unserer Abgeordneten zu einer adversen Selektion und zur systematischen Ansammlung der Nicht-Befähigten in der Politik. Eine Person, die in ihrer Ausbildung und im Berufsleben am freien Markt gescheitert ist, findet nirgendwo auch nur annähernd vergleichbare Möglichkeiten, ein über dem Durchschnitt liegendes Einkommen zu erzielen wie in der Politik, wenn man einmal vom organisierten Verbrechen absieht.

Dabei sollten die Diäten, also die Abgeordneteneinkommen, ursprünglich einmal eine Entschädigung für entgangenes Einkommen sein, welches die Mandatsträger durch ihren Dienst am Gemeinwohl nicht mehr beziehen können.[146] Auf diese Funktion sollte es auch wieder zurückgeführt werden. Das bedeutet: Die Vergütung von politischen Mandatsträgern sollte sich an ihrem tatsächlich erzielten Durchschnittseinkommen aus beruflicher Tätigkeit orientieren, das sie in den letzten vier Jahren (eine Legislaturperiode) vor der Mandatsübernahme erzielt haben. Dabei sollte es eine Unter- und eine Obergrenze geben, um einer zu extremen Spreizung vorzubeugen. Damit wird der Anreiz, in der Politik aktiv zu sein, über die intellektuellen Leistungsschichten gleichmäßiger verteilt und sichergestellt, dass nicht nur akademische, sondern auch praktische Intelligenz, wie sie in der Handwerksausbildung vermittelt wird, ihren Platz in der Politik findet.

In Kombination mit der Anforderung an die inhaltliche und ausbildungsbezogene Qualifikation von politischen Amtsträgern, also Ministern, Staatssekretären und dergleichen, kann so die systematische Selektion der Unterqualifizierten für die Positionen mit der größten Machtfülle in unserer Gesellschaft zumindest reduziert, wahrscheinlich aber sogar ganz vermieden werden.

Diese Regelung sollte für Mandatsträger aus allen Ebenen des politischen Betriebes und der politischen Einheiten gelten, vom Bund über die Länder bis zu den Kommunen und ihren angeschlossenen Behörden und Verwaltungseinheiten.

Die Sicherstellung der Subsidiarität: Subsidiarität bedeutet, dass alle Entscheidungen so nah am Bürger wie möglich fallen. Sie ist letztlich Ausdruck eines marktwirtschaftlichen Gedankens, der die Autonomie des Individuums auch bei Anerkennung der Notwendigkeit staatlicher Strukturen schützt. Subsidiarität stellt eine simple Frage: Warum sollte eine Aufgabe von einer administrativen Einheit getätigt werden, wenn sie von einer Einheit durchgeführt werden kann, die näher am Bürger ist? Die Antwort darauf ist: Das sollte sie nicht.

Deshalb ist zum Beispiel Bildung Ländersache und nicht Bundesangelegenheit, und bei der Verteidigung ist es umgekehrt. Die zentralistische Bürokratie, die ihren Hauptzweck in der Selbstperpetuierung und Vergrößerung sieht, unterminiert das Prinzip der Subsidiarität permanent und zieht Aufgaben an sich, die weder genuin ihre eigenen sind noch ihr somit zugebilligt werden sollten. Das größte diesbezügliche »Schwarze Loch« ist die Europäische Union, die in einem Prozess permanenter Amtsanmaßung ohne demokratische Kontrolle ausgreifend und umfassend ständig neue bürokratische Kompetenzen an sich reißt. Dieser Prozess beschleunigt sich, seit das Bundesverfassungsgericht mit der Aufgabe der Ultravires-Kontrolle in diesem Bereich effektiv seine eigene Abdankung betrieben hat.

Dies ist aber nicht der einzige Attraktor der Kompetenzanmaßung und -überschreitung im System. Permanent laufen

Entscheidungskompetenzen zu größeren und zentraleren bürokratischen Einheiten, meistens entweder im Namen einer vermeintlichen, in der Regel nur behaupteten Effizienz, der vorgeschützten Notwendigkeit einer »Vereinheitlichung«, Standardsetzung oder Normierung.

Um diesen Trend umzukehren und seine Rückkehr zu verhindern, sind sehr viel gründlichere verfassungsrechtliche Vorkehrungen erforderlich, als unser Grundgesetz sie gegenwärtig bietet. Es braucht die klare Definition einer subsidiären Arbeitsteilung, die sich zum Ziel setzt, ein Maximum an Entscheidungen in die Hände der Bürger zu legen. Zugleich muss künftig sichergestellt werden, dass eine Verschiebung dieser Grenzen immer nur temporär und ausschließlich nach ausdrücklicher Genehmigung der Bürger erfolgen kann.

Zur Subsidiarität gehört auch die Begrenzung, ja eigentlich die **Abschaffung von Instrumenten des regionalen Finanzausgleichs**. Das unter dem Wieselwort der Solidarität geschaffene System des Länderfinanzausgleichs in Deutschland, der teils versteckten und teils offenen Transferunion in der EU und der Vielzahl kommunizierender finanzieller Röhren unterminiert jede verantwortungsbewusste Fiskalpolitik in den politischen Einheiten, die davon profitieren. Gerade das Beispiel Italiens macht die Unsinnigkeit einer solchen Politik deutlich: Der Süden des Landes, der sprichwörtlich vom erfolgreichen Norden zu alimentierende Mezzogiorno, ist in 150 Jahren Subventionsgeschichte nicht aus dem Quark gekommen. Wahrscheinlich wäre er längst eine ökonomisch blühende Landschaft ohne die Transfers, die dort die Kultur der Abhängigkeit züchten und verfestigen.

Man muss nur die Verschwendungssucht der Bundeshauptstadt Berlin mit ihrer dreisten »arm, aber sexy«-Attitüde (sorry, Berlin, aber ein ständig aufgehaltenes Händchen ist nicht sexy, sondern nur penetrant) betrachten und die Selbstverständlichkeit, mit der auf ein angeblich vom Grundgesetz verbrieftes Recht der Beraubung anderer, im Vergleich erfolgreicher und sparsamer Bundesländer gepocht wird, dann erkennt man die Fehlanreize, die solch ein System setzt. Wer Solidarität verlangt, der sollte sie künftig nur noch bekommen, wenn die Zahlenden einen Finanzkommissar dort einsetzen dürfen, der gegen jede Ausgabe ein Veto einlegen kann und der von diesem Recht so extensiv Gebrauch macht, dass die Empfänger es kaum erwarten können, ihn dank eigener Sanierungsanstrengungen wieder nach Hause schicken zu dürfen. Sitzt ein Land oder ein Bundesland in der Schuldenfalle und kann sich nicht aus eigener Kraft aus ihr befreien, so muss ein Schuldenschnitt für einen Neustart sorgen. Das wird Investoren und Banken künftig von unkluger Kreditvergabe abhalten. Das gilt für Berlin ebenso wie für Griechenland.

Der ultimative Ausdruck der Subsidiarität ist das Recht auf Sezession, wie es sich zum Beispiel in der Verfassung des kleinen Fürstentums Liechtenstein findet.[147] Es macht deutlich, dass größere Einheiten immer nur auf Basis der Freiwilligkeit kleinerer, bürgernäherer Einheiten entstehen können und dass diese Konzession bei Verspielen des Bürgervertrauens auch wieder zurückgenommen werden kann. Der Brexit ist ein Paradebeispiel dafür, wie verspieltes Vertrauen ein Volk zum Austritt, zur Sezession aus einem multinationalen staatsähnlichen Gebilde animiert hat und wie dieses Gebilde, die Europäische Union, durch ihre gezielte Obstruktion und eine Strategie der »Bestrafung der Unbotmäßigen« dieser Entscheidung im Nachhinein mehr demokratische Rechtfertigung erteilt hat, als jede Diskussion dies je gekonnt hätte.[148]

Mehr direkte Demokratie: Wenige Konstruktionsfehler unseres Gemeinwesens haben die Erosion des Vertrauens zwischen Regierenden und Regierten stärker bewirkt als das Fehlen jeder echten Form direkter Demokratie. Unsere Variante der repräsentativen Demokratie hat sich durch die eingangs bereits beschriebenen Mechanismen bereits so weit vom Willen des

Volkes, des einzigen und wahren Souveräns, entfernt, dass die Frage gestattet sein muss, ob wir denn überhaupt noch in einer genuinen Demokratie leben. Die von den Parteien gekaperte parlamentarische Herrschaftsform, abgesichert durch praktisch unbegrenzte mediale Feuerkraft, zu bezahlen vom Zielobjekt der Propaganda, dem Bürger, durch zunehmende politische Gleichschaltung der privaten Medien und um sich greifende Zensur der neuen Internetmedien, hat nicht nur einen selbstreferenziellen Echoraum für die eigenen Gläubigen errichtet. Nein, sie hat auch das Volk durch den Gleichklang der Medien, die immer mehr die Form von Propaganda annehmen, in den gleichen Echoraum gesperrt.

Dies macht das Fehlen eines Korrektivs umso bedenklicher.

Es werden allerlei historische und praktische Einwände gegen die Einführung von Volksabstimmungen nach schweizerischem Vorbild vorgebracht. Um sie bloßzustellen, genügt meistens bereits die Frage, wer sie vorbringt und welchem Interesse diese Einwände dienen. Angeblich haben Abstimmungen zum Niedergang der Weimarer Republik beigetragen.[149] Das hat man uns schon vor 40 Jahren in der Schule erzählt. Die Erklärung, wie der Mechanismus hierfür ausgesehen haben soll, ist man schon damals schuldig geblieben.

Ein weiteres Argument liegt in der Möglichkeit, dass unterschiedliche Volksabstimmungen zu widersprüchlichen Ergebnissen und damit zu Inkonsistenzen bei politischen Entscheidungen führen könnten. Wenn man sich die Widersprüche der Ergebnisse unserer Politik ansieht, kann man eigentlich über dieses Argument nur lachen. Offenbar schaffen unsere Regierenden die Massenproduktion von inneren Widersprüchen auch ganz ohne die Assistenz des Volkes.

Dann wird von der Notwendigkeit großer demokratischer Reife gesprochen, die die Voraussetzung für eine direkte Demokratie sei. Der Herr Oberlehrer, der diese Reife nach Gutdünken attestiert (oder auch nicht), ist natürlich die politische Klasse, die uns unreifen kleinen dummen Leuten das Recht der Mitsprache auch weiterhin verweigert.»Die da oben« wissen es natürlich besser. Sie benehmen sich dabei nachgerade, als wären sie selbst der Souverän und die Attestierung demokratischer Reife an den wahren Souverän ein Gnadenerweis.

In der Tat liegt fehlende demokratische Reife vor, aber nicht beim Volk, dem Souverän, sondern bei den Mitgliedern der politischen Klasse, die sich selbst einen Durchblick attestieren, der im Widerspruch zu dem Auswahlverfahren steht, mit dem sie in ihre Position gekommen sind.

Stellen Sie sich einmal vor, wenn das Volk entscheiden dürfte, ob wir mit unseren Ersparnissen den Euro retten, ob wir es der Europäischen Union gestatten, uns immer neue Lasten und Risiken aufzubürden, ob wir überhaupt Mitglied des gescheiterten Euro bleiben wollen oder gar der Europäischen Union! Wenn es in unserer Macht stünde, über die Massenmigration per Volksabstimmung zu entscheiden und über alles, was damit zusammenhängt? Horribile dictu! Da schreit die ganz große sozialistische Koalition doch nach einem Exorzisten oder wahlweise nach dem Verfassungsschutz.

Die Wahrheit ist profan: Direkte Demokratie ist unbequem, vor allem für die, die gerne mit ihren ideologischen Vorstellungen am Bürger vorbei- und durchregieren. Dabei stellt Artikel 20 des Grundgesetzes eindeutig fest:»Alle Staatsgewalt geht vom Volke aus. Sie wird vom Volke in Wahlen und Abstimmungen (…) ausgeübt.« Unsere abdankende parteipolitische Klasse hat es nunmehr 70 Jahre geschafft, dieses gegen Geist und Buchstaben des Grundgesetzes auf Wahlen alle vier Jahre zu reduzieren und das verbriefte Recht auf Abstimmungen dem Volke vorzuenthalten. War es doch schon unbequem genug, diesem Volk alle vier Jahre die demokratische Reife abzuringen, seine Kreuzchen auch nur ja an der richtigen großkoalitionären Stelle zu machen.

234

Hier müssen wir die neue Verfassung eigentlich nicht einmal ergänzen, wir müssen nur durchsetzen, was bereits heute unser verbrieftes Recht ist. Aber zur Sicherheit sollte es so formuliert werden, dass das Recht auch einklagbar wird.

Reform des aktiven und passiven Wahlrechts: Die Demokratie ist, das wusste schon Winston Churchill, die schlechteste Regierungsform – außer allen anderen. An anderer Stelle formulierte der gewitzte Brite, dass es, um gegen die Demokratie zu sein, genüge, sich den Durchschnittswähler anzusehen. Die Vertreter der Österreichischen Schule, insbesondere Friedrich August von Hayek und Ludwig von Mises, haben viel Zeit und Mühe darauf verwendet, die Schwächen der demokratischen Regierungsform und ihre inneren Widersprüche und Gefahren für die Freiheit zu analysieren und aufzuzeigen. Und wenn uns die brandgefährlichen Entwicklungen der letzten Jahre ja auch eines gezeigt haben, dann, dass der Demokratie der Keim ihrer eigenen Zerstörung innewohnt.

Das Grundproblem, vor dem wir stehen, ist der siamesische Zwilling aus politischer Korruption und der »Tyrannei der Mehrheit«. Diese beiden sind insbesondere in der parlamentarischen, repräsentativen Demokratie die Nemesis der Freiheit. Sie haben ihre Wurzeln in der in Kapitel III (Das Versagen der politischen Elite) beschriebenen Dynamik der Masse. Der Mensch trifft andere, irrationale Entscheidungen in der Masse, weil er dann glaubt, die Folgen auf andere abwälzen zu können. Die Akkommodation dieses Wollens durch eine auf Stimmenkauf angelegte politische Klasse führt zu einer politischen Schule der Beraubung. Natürlich müssen es immer Minderheiten sein, die man im Einzelfall mit einer Maßnahme beraubt, da sich sonst keine Mehrheit für diese Maßnahme findet. Um diese Beraubung zu rechtfertigen, ist es notwendig, ihr ein moralisches Mäntelchen umzuhängen.

Das ist meistens die Wiederherstellung einer vermeintlichen Gerechtigkeit, die Beseitigung einer angeblichen Ungerechtigkeit und im Zuge dessen die Brandmarkung des für die Beraubung vorgesehenen als verwerfliches asoziales, gegen das »Gemeinwohl« handelndes Element der Gesellschaft. Dafür bieten sich natürlich vor allem diejenigen an, bei denen aufgrund ihres Fleißes, ihres wirtschaftlichen Erfolges und damit ihrer Ressourcen auch etwas zu holen ist. Das sind »die Reichen«, »die Miethaie«, »die Kapitalisten«, »die Profiteure«, »die Spekulanten«, »die Zocker« (Wahlweise »Bankster«) oder »die Globalisierungsgewinner«. Das Ergebnis ist, dass Politiker nicht nur mit dem Versprechen der auf Beraubung basierenden Umverteilung Stimmen kaufen und gewählt werden können, sondern dass sie, um dies zu erreichen, einen Keil in die Gesellschaft treiben müssen, die die Opfer ihres Raubes zu Aussätzigen macht.

Wenn wir die Demokratie als langfristig stabile Regierungsform behalten wollen, dann müssen wir den Stimmenkauf mit anderer Leute Geld endlich als das erkennen und benennen, was er in Wahrheit ist: eine spezielle Form der Korruption, die die Demokratie letztendlich aushöhlt.

Um dieser Form der Korruption einen dauerhaften Riegel vorzuschieben, müssen wir uns ernsthafte Gedanken machen, wie das universelle Wahlrecht (das die Berechtigung zur Teilnahme an den im vorigen Abschnitt erwähnten Abstimmungen der direkten Demokratie einschließt) so weiterentwickelt werden kann, dass der Stimmzettel eine Lizenz zur Gestaltung der freien Gesellschaft wird und nicht zu einer Lizenz zur Beraubung von Minderheiten degeneriert. Ich möchte eine Reform des Wahlrechts zur Debatte stellen. Nicht in der offenkundig die Rechte des Souveräns beschneidenden Form, die die TAZ neulich präsentierte, als sie alten Menschen ihr Wahlrecht wegzunehmen vorschlug nach der Devise »Die sind eh nicht mehr da, wenn das Wahlergebnis umgesetzt wird«.[150] Ich möchte stattdessen vorschlagen, das Wahlrecht um eine Stufe zu erweitern:

Jeder Wähler sollte wählen dürfen zwischen der Ausübung seines Wahlrechts und dem Recht auf Empfang staatlicher Transfers. Diese Wahl sollte im gleichen Turnus erfolgen wie die Legislaturperioden und für deren Dauer bindend sein. Was bedeutet das? Ohne an dieser Stelle den Anspruch auf die Lösung des Problems schlechthin postulieren zu wollen, stelle ich einen ganz einfachen Grundgedanken zur Diskussion: Wer vom Staat, und damit von seinen Mitbürgern und Mitwählern, Geld entgegennimmt, sei es als Bürger in Form von Sozialtransfers oder als Unternehmer in Form von Subventionen, geht nicht wählen. Jeder ist komplett frei, sich für das eine oder andere zu entscheiden. Damit entfällt für die Politik die Möglichkeit des Stimmenkaufs mit dem Geld anderer Leute, denn jeder, der sich davon einen Vorteil verspricht, geht nicht wählen. Entscheidet er sich für das Wahlrecht und gegen Transfers, so kann er für die Dauer der Legislaturperiode auch keine staatlichen Transfers erhalten. Benötigt er sie durch sich ändernde Umstände doch, so muss er dafür das Wahlrecht für zwei Perioden aufgeben.

Es ist nun natürlich zu erwarten, dass die gleichen Leute, die eben noch den Alten das Wahlrecht unterschiedslos nehmen wollten, angesichts dieses Vorschlages ihre Liebe zum allgemeinen und vor allem unbeschränkten Wahlrecht wiederentdecken und es zum allgemeinen Menschenrecht erheben (was es nicht ist, sonst dürften auch Sträflinge im Justizvollzug und Nicht-Bürger es ausüben).

Es ist aber voraussehbar, was passieren wird, wenn man meinem Vorschlag folgt: Nach einer Übergangsphase, in der nur die Minderheit der Leistungsträger wählen geht, würden die Transfers drastisch reduziert und so ganz automatisch die meisten Menschen aus der Abhängigkeit von Transfers befreit, egal ob das Sozialtransfers oder Subventionen für unternehmerisches Versagen betrifft. Damit wächst die Zahl der Wähler wieder an, am Ende wird sie nicht kleiner sein als heute. Aber diese Wähler werden sich bewusst sein, was es bedeutet, das Geld zu erwirtschaften, von dem sie leben.

Gleichzeitig schlage ich vor, das Wahlalter wieder auf 21 Jahre heraufzusetzen, weil die Ausübung des demokratischen Wahlrechts eine gewisse Reife erfordert.

Drittens schlage ich vor, dass Eltern das Wahlrecht ihrer Kinder bis zum 21. Lebensjahr ausüben dürfen. Damit bekommen Familien endlich das Stimmgewicht, das ihnen angesichts der Last, die ihnen für die Zukunft aufgebürdet wird, zusteht.

Diese Vorschläge werden von den Profiteuren des Stimmenkaufsystems natürlich als undemokratisch und diskriminierend, wahlweise als »rechts«, als »Stände- oder Klassenwahlrecht à la Kaiserzeit« oder mit ähnlichen Begriffen belegt werden. Das sind sie aber nicht, denn das grundsätzliche Wahlrecht wird in keiner Weise eingeschränkt. Es wird nur das umgesetzt, was in jeder Gemeinderatsabstimmung seit ewigen Zeiten üblich ist: dass man nicht an Abstimmungen teilnimmt, von deren Ausgang man profitiert. Zum Beispiel kann ein Gemeinderatsmitglied nicht darüber mit abstimmen, ob sein Acker zu Bauland gemacht wird oder nicht. In dem kleinen Gremium lässt sich das durch allerlei Geschäfte auf Gegenseitigkeit dennoch umgehen, aber in der großen Menge der Wähler ist diese Umgehung nicht möglich, zumal die Wahlen geheim sind und bleiben sollen.

Die Begrenzung der Staatsquote auf maximal 25 Prozent: Das 20. Jahrhundert hat empirisch den Beleg geliefert, dass der Staat und seine Bürokratie auch und gerade in der parlamentarischen Demokratie ständig nach Vergrößerung und neuen Zuständigkeiten streben, ohne dass dies der Wohlfahrt der Menschen auch wirklich den behaupteten Nutzen stiftet. Die Bürokratie wächst, beschäftigt sich mit sich selbst, saugt immer mehr Ressourcen auf und vergeudet so das ökonomische Lebensblut eines Landes. Das stärkste Wirtschaftswachstum hatte Deutschland im Kaiserreich von 1871 bis 1914 bei einer Staatsquote von nur knapp über zwölf Prozent. Diese sollte daher auf maximal 25 Prozent oder weniger begrenzt werden. Wenn die Politik sich neue Aufgaben suchen möchte, so muss sie sich bei anderen Aufgaben eben zurücknehmen.

Das Verbot staatlicher Verschuldung: Die Verschuldung gibt der Politik die Möglichkeit des Stimmenkaufs nicht nur zulasten von existierenden Minderheiten, sondern auch von künftigen Generationen. Die Staatsschulden sind der größte Anreiz für die Politik, die Geldordnung zu untergraben, um mittels Inflation die Bedienung von immer mehr Schulden tragbar zu machen. So schaukeln sich Geld- und Fiskalpolitik gegenseitig immer weiter hoch, bis es zur Krise kommt. Geld- und Fiskalpolitik sind der wahre langfristige »Doom Loop«, die Weltuntergangsschleife schlechthin. Eine neue Verfassung sollte staatliche Verschuldung daher auf allen Ebenen der Gebietskörperschaften und Institutionen verbieten.

Währungsordnungs-Wettbewerb, Goldstandard und Bargeld: Wie das Beispiel des Euro wieder einmal mehr beweist, kann man das Geldmonopol der Politik nicht anvertrauen, ebenso wenig kann man die Macht, Geldpolitik zu betreiben, einem wie auch immer gearteten Bürokratengremium anvertrauen. Der Goldstandard bei gleichzeitiger Zulassung von privaten Währungen verhindert beides. Er bricht das Monopol und nimmt der Politik die Möglichkeit, den Zins als wichtigsten Preis der Marktwirtschaft zu manipulieren, den Bürger über Inflation zu berauben und die staatliche Gier nach Mitteln für korrupte Wahlgeschenke der Politiker zu alimentieren.

Zugleich sollten wir uns eine Sache klarmachen: Es gibt eine Koalition der Bargeldfeinde, die zugleich Feinde unserer Freiheit sind. Die Glieder dieser unheilvollen Allianz haben zwar unterschiedliche Motive für ihren Drang, das Bargeld abzuschaffen, aber ihre Begründungen sind stets die gleichen, fadenscheinigen Scheinargumente, nämlich dass man Geldwäsche, Steuerhinterziehung, Kriminalität und Terrorfinanzierung abstellen müsse und dass dies nicht gehe, solange Bargeld existiert. Wer könnte schon etwas gegen diese edlen Motive einwenden?[151]

Die Wahrheit ist aber viel profaner und nicht edel. Worum es wirklich geht, ist die Enteignung durch einen massiven Negativzins, wenn die Politik oder die Geldpolitik in ihrer unendlichen fiskalischen Gier dies braucht, die Überwachung des Bürgers, der sich in einer Welt ohne Bargeld noch nicht einmal eine Tüte Gummibärchen kaufen kann, ohne dass der Staat das weiß, und die Schaffung eines monopolistischen elektronischen Zahlungsverkehrsmarktes, bei dem der Bürger mit jedem Einkauf zur Gebührenmelkstelle degradiert wird. Diese Motive sind schon viel weniger edel als die oben genannten vermeintlichen, die ohnehin mit all dem Kontrollapparat nicht erreicht werden.

In einer Sendung des öffentlich-rechtlichen Rundfunks vom Frühjahr 2019 wurde behauptet, dass 20 Prozent aller großen Immobilientransaktionen in Deutschland durch die Mafia getätigt werden, mit gewaschenem Geld.[152] Da fragt man sich, warum der kleine Mann jede Transaktion über 10 000 Euro melden muss und gleichzeitig Milliarden den Weg vorbei an den angeblich so wachsamen Augen unserer Behörden finden. Die Antwort ist ganz einfach: Weil das nur ein Popanz ist, es geht nicht um die Verhinderung von Geldwäsche und Steuerhinterziehung. Es geht um den Bürgerüberwachungs- und Bürgerenteignungsstaat. Er ist antifreiheitlich und daher ein Angriff auf die freiheitlich-demokratische Ordnung.

Diese drei Elemente, Goldstandard, Währungswettbewerb und das Recht auf Bargeld als gesetzliches Zahlungsmittel, sollten daher in Verfassungsrang erhoben werden.

Private Eigentumsordnung, Vertragsfreiheit und Marktwirtschaft im Verfassungsrang: Die Väter des Grundgesetzes waren sich in leider nur sehr unzureichendem Maße darüber im Klaren, dass das Verlassen des marktwirtschaftlichen Weges nicht ohne eine Erosion der Freiheit und damit letztlich der Demokratie möglich ist. Der sogenannte »Dritte Weg« erweist sich für die freiheitlich-demokratische Grundordnung daher als existenzielle Bedrohung, in gewisser Weise als ihr zentimeterweises Absterben.[153]

Von Hayek beschrieb die dem zugrunde liegenden Mechanismen als eine Art Rüstungswettlauf zwischen dem freiheitsliebenden Individuum und dem machthungrigen und kontrollwütigen Staat.[154]

Es beginnt mit einem Eingriff des Staates im Wege der Regulierung, Einmischung oder Beseitigung eines Teils des marktlichen Prozesses, weil das Ergebnis aus politischen Gründen nicht gefällt. Die Bürger versuchen, die Auswirkungen des staatlichen Eingriffs zu umgehen, zu mildern oder mit innovativen Methoden auszuhebeln, was nach kurzer Zeit eine weitere staatliche Regulierung auslöst. Der Kreislauf von Regulierung, also Befehl und Marktreaktion, geht so Runde um Runde und erodiert die Freiheit des Einzelnen immer mehr. Der Griff des Staates wird dabei immer härter, das Unerwünschte wird erst zur Ordnungswidrigkeit, dann zur Straftat und schließlich zur todeswürdigen staatsfeindlichen Aktivität, die mit aller Macht der Obrigkeit bekämpft wird. Die Eskalation der Eingriffe des Staates in das Mietrecht sind ein treffendes Beispiele für diese Erosion der Freiheit. Gut gemeint ist eben das Gegenteil von gut gemacht.

Soll die Freiheit der Mitglieder des Gemeinwesens auf Dauer geschützt werden, so kann dies daher nur in einem freien marktwirtschaftlichen Wirtschaftssystem geschehen. Eine sich freiheitlich nennende Verfassung, die es versäumt, dies anzuerkennen und zu kodifizieren, trägt den Keim ihres unvermeidlichen Untergangs in sich.

Es ist daher notwendig, Eigentumsordnung, Marktwirtschaft und Vertragsfreiheit durch die Verfassung zu schützen und als gesellschaftliches Zielbild zu definieren. Wie bereits weiter oben in diesem Kapitel dargelegt, ist es der dem Eigennutz dienende Gebrauch des Eigentums, der durch die Mechanismen der Marktwirtschaft zugleich seinen sozialen Nutzen maximiert. Wer Adam Smith[155] gelesen hat, der weiß, dass erfolgreiche Gesellschaften diesem Leitbild seit Generationen folgen. Erhard nannte die Marktwirtschaft nicht sozial, weil er glaubte, die Sozialisten sollten sie zähmen oder steuern, sondern weil sie automatisch ein sozialverträgliches Ergebnis herstellt, wenn man sie wirken lässt.[156] Nur wir vergessen das immer wieder.

Freiheitliche Wertevermittlung als Staatsziel: Eine lebendige Demokratie lebt nicht allein von der sinnvollen Konstruktion ihrer Institutionen, die wir in Summe als demokratische »Governance« beschreiben können. Jede dieser Institutionen ist nur so gut wie die Menschen, die sie stützen. Das gilt sowohl für die Inhaber der Funktionen in den drei Gewalten als auch für das sie tragende, wählende, kontrollierende und beaufsichtigende Volk.

Wir erleben derzeit, wie Kampagnen der systematischen Verdummung, der Bildungserosion, der Medienmonopolisierung und des »Nudging«, der Sprachkontrolle, Zensur und Propaganda das Gegenteil dessen erzeugen, was notwendig wäre.

Im Jahr 2018 hatte der Autor die Ehre, vor dem Hayek-Club Hamburg einen Vortrag über die aktuellen wirtschaftlichen, finanziellen, gesellschaftlichen und technologischen Risiken der vor uns liegenden Diskontinuitäten zu halten. Die Veranstalter überreichten mir danach ein kleines gebundenes Schulbüchlein aus den 1950er-Jahren, welches damals in der Freien und Hansestadt Hamburg ein ganz normaler und logischer Bestandteil des schulischen Curriculums gewesen ist. Sein Titel lautete: »Freiheit – unser höchstes Gut!«[157]

Nicht nur spricht es Bände, dass diese entscheidende staatsbürgerliche Botschaft heute an Hamburgs Schulen nicht mehr gelehrt wird. Stattdessen habe ich mir von mehreren Seiten erzählen lassen, dass Rektoren am Freitag von Klassenzimmer zu Klassenzimmer gehen und die Schüler auffordern, den Unterricht zugunsten von Schulschwänz-Party zu versäumen. Manche Alt-68er mögen so hoffen, dass nur die Verblödung der Schüler sie zur gefügigen Verfügungsmasse der von ihnen erträumten sozialistischen Ökodiktatur machen wird.

Von der Erziehung zur freiheitlichen Demokratie übrig geblieben ist eine Konsenssoße aus Ökosozialismus, Klimahysterie, Gerechtigkeitsgetue, Gleichmacherei und dem Aberglauben daran, dass Staat und Bürokratie es schon richten werden und wir nicht mehr selbst nachdenken müssten. Könnte ja anstrengend sein, das Gehirn zu benutzen. Zusammengefasst wird dieser Schmarren unter dem nach »Sesamstraße« und »Sendung mit der Maus« klingenden Akronym »PoWi«, Politik und Wirtschaft, vermittelt. In Wahrheit lernen die Schüler weder das eine noch das andere.

Es darf nicht ins Ermessen kurzfristig denkender und bildungsferner Kultusminister gestellt werden, ob der jungen Generation die Grundlagen der freiheitlichen Ordnung beigebracht werden. Dies muss Staatsziel sein. Denn nur eine nachrückende Generation, die an Freiheit und Demokratie glaubt, sie verstanden hat und auch weiß, wer und was sie bedroht, wird sie verteidigen können.

Das Staatsziel der freiheitlichen Erziehung muss daher in der Verfassung verankert werden. Es ist der Boden und Dünger, auf dem sie sich perpetuiert.

Ein Monarch als Verfassungs- und Freiheitsgarant? Vorweg: Das ist kein nostalgisches Plädoyer für die Wiedereinführung einer Monarchie. Es stellt sich aber die Frage, ob die europäischen konstitutionellen Monarchien, die – mit Ausnahme der absolutistischen Wahlmonarchie des Vatikanstaats – zugleich sehr gut funktionierende Demokratien sind[158], sich eignen, aus ihren Vorteilen einige Lehren für eine stabile freiheitliche Verfassungsordnung zu ziehen.

Wohl wenige Ideen erscheinen auf den ersten Blick weniger kontraintuitiv als der Gedanke, ausgerechnet einem Monarchen die Sicherung der freiheitlich-demokratischen Grundordnung anzuvertrauen. Der Grund für diese Wahrnehmung ist die historische Periode des Absolutismus, die auch in vielen Monarchien der Neuzeit, insbesondere in den arabischen Staaten, nie ein Ende gefunden hat. In diesem System repräsentiert der Monarch nicht das Volk, den eigentlichen Souverän, sondern er ersetzt den Souverän und setzt sich an seine Stelle. Niemand hat das klarer und eingängiger zum Ausdruck gebracht als der französische König Ludwig XIV., als er formulierte: »Der Staat bin ich.«[159]

Demgegenüber stand bereits früh die gänzlich davon abweichende Auffassung der dienenden Funktion des Monarchen, wie wir sie im Wappenspruch des Prinzen von Wales (und einiger der mit ihm verwandten europäischen Adelshäuser) erkennen können, der lautet: »Ich dien.«[160] Die überlieferten Zitate Friedrichs des Großen über die dienende Rolle des Monarchen, die ihm auferlegten Pflichten und Beschränkungen definieren dieses fundamental vom zentralistischen Absolutismus abweichende Selbstverständnis.[161]

Monarchien haben aber, auch das zeigt die Geschichte, wenn sie nicht Teil einer klar definierten Arbeits- und Gewaltenteilung sind, die klare Tendenz in Richtung Machtkonzentration und den Anspruch der Absolutheit, insbesondere dann, wenn intellektuell und geistig schwache Persönlichkeiten auf den Thron gelangten und dem keine konstitutionellen Schranken gesetzt waren.

Wie wir an unseren Republiken sehen können, ist die Rechtsform des Staatsoberhauptes, also Präsident bzw. Staatschef versus Monarch, aber keineswegs eine Garantie dafür, dass intellektuell und geistig Schwache außen vor bleiben. Im Gegenteil.

Betrachtet man hingegen die aktuell in Europa existierenden konstitutionellen Monarchien Spanien, Belgien, Niederlande, die skandinavischen Länder, das Vereinigte Königreich oder die kleinen Fürstentümer Luxemburg oder Liechtenstein, so zeigt sich, dass diese durchaus einige Vorteile zu bieten haben: Sie sind unzweifelhaft Demokratien. Sie stärken das Identitätsgefühl des Volkes, verkörpern historische Kontinuität im positiven Sinne und machen zugleich den Wandel und seine Notwendigkeit transparent, denn diese Monarchien hätten sich nicht halten können, hätten sie an überkommenen Machtstrukturen absolutistischer Vergangenheit festgehalten.

Zugleich ist der Monarch einerseits der Notwendigkeit einer Wiederwahl entzogen, befindet sich aber 365 Tage im Jahr im Wahlkampf um die Akzeptanz seiner vorgeblich veralteten Institution. Der auf Neutralität sich verpflichtende Monarch ist nur dem Souverän rechenschaftspflichtig und konstitutionell auf den Schutz der Verfassung festgelegt. In diesem Konstrukt stellt er einen Wall zur Verteidigung der freiheitlichen Ordnung dar.

Die Frage stellt sich: Kann eine Demokratie, die sich im Gegensatz zu den oben genannten Ländern historisch aus dieser Kontinuität verabschiedet hat, ein Institut finden, welches diese Vorteile verkörpert? Die Präsidialdemokratien Frankreich und USA sind in dieser Diskussion interessante Beispiele, weil sie sich auf eine Art Wahlkönigtum geeinigt haben. Die Präsidenten dieser Länder werden vom Volk gewählt, und sie vereinen mehr Macht auf sich als fast alle anderen Staatschefs demokratisch verfasster Staaten. Das Modell konzentrierter Macht kollidiert regelmäßig mit der Gewaltenteilung auf eine für die Freiheit nicht immer vorteilhafte Weise.

Zielführender wäre es, darüber nachzudenken, das als Wahlkönigtum konstruierte Präsidentenamt mit weniger oder gar keiner Exekutivmacht auszustatten, dafür aber mit umso mehr Vetorecht. Ein Modell, welches aus meiner Sicht hierfür Vorbild sein könnte, ist das kleine Fürstentum Liechtenstein, welches ein Maximum an Subsidiarität und individueller Freiheit des Bürgers mit einem Vetorecht des Monarchen in grundsätzlichen Fragen verbindet. Wird diese Institution nach dem Vorbild des »Heiligen Römischen Reiches Deutscher Nation« von den kleinsten Einheiten des subsidiär organisierten Bundesstaates aus ihrer Mitte gewählt, so würde sie zugleich zum Garanten dieser Subsidiarität.

Das ist ein noch nicht zu Ende gedachter Gedanke, aber vielleicht ein Baustein für eine alternative Ordnung zur gescheiterten Parteiendemokratie neben den oben genannten Elementen des Plebiszits und der subsidiären gesetzgeberischen Mechanismen einer stärker dezentral organisierten bürgerlichen Staats- und Rechtsordnung.

X •
EPILOG: DIE SIEBEN TODSÜNDEN UNSERER GESELLSCHAFT

»Jeder Heilige hat eine Vergangenheit,
jeder Sünder eine Zukunft.«

Oscar Wilde

Wir haben auf mehr als 200 Seiten eine gewisse Wegstrecke zurückgelegt. Ausgehend von der Erosion unserer Freiheitsrechte und der mit ihnen untrennbar verbundenen marktwirtschaftlichen Ordnung wurde postuliert, dass unsere Gesellschaft auf eine politische, soziale und wirtschaftliche Großkrise zusteuert, die zugleich die Gefahr birgt, unser Land, ja unseren Kontinent in den Sozialismus abgleiten zu lassen, aber auch die Chance beinhaltet, die Krise als Reinigung, als Katharsis zu nutzen, um die Ordnung der Freiheit wiederherzustellen und sie über ihre Feinde triumphieren zu lassen. Insbesondere haben wir das Versagen unser politischen, wirtschaftlichen, medialen und kirchlichen Eliten analysiert.

Mit der auf Einsichten von Schafarewitsch beruhenden Analyse des Kulturmarxismus, seiner Proponenten und seiner Wühlarbeit an den Grundlagen der freien Gesellschaft haben wir uns einen möglichen, ja plausiblen Erklärungsansatz für die aktuellen Verwerfungen angesehen, der das historische Bild der letzten 50 Jahre nachvollziehbar macht, einen theoretischen Abriss über die fünf Werte-Säulen freier Gesellschaften (Ehe und Familie, Eigentum, Individualität, Religion und Kunst/ Kultur) und ihre Wechselwirkung liefert und aufzeigt, wo anzusetzen ist, damit aus dem Teufelskreislauf der sich aufschaukelnden Beschädigung dieser Werte ein Wachstumskreislauf ihrer Wiedergewinnung werden kann.

Wir haben uns auf dieser Basis angesehen, welches 100-Tage-Programm einer neuen Regierung erforderlich ist, um die unmittelbaren Gefahren für das politische und wirtschaftliche sowie soziale Überleben des Landes abzuwenden und den Weg der wirtschaftlichen und gesellschaftlichen Gesundung zu beschreiten. Und es wurde ein Vorschlag gemacht, unsere freiheitlich demokratische Grundordnung durch eine umfassende und tiefgreifende Verfassungsdebatte zu stärken.

Jenseits der Vorschläge praktischer Politik müssen wir uns aber eines klarmachen und beim Namen nennen, denn nur wer die Dinge beim Namen nennt, wird bestehen: Indem wir die Schlussfolgerungen von Schafarewitsch rekapitulieren, können wir den Kampf zwischen Freiheit und Sozialismus aus religiöser Sicht auch als einen Kampf zwischen Gut und Böse interpretieren.

Dabei greifen soziale und individuelle Mechanismen ineinander. Man könnte fast sagen, soziale und individuelle Sünde bedingen sich gegenseitig und befinden sich in einem Wechselspiel. Der Erfolg des Sozialismus als Ausdruck gesellschaftlicher Sünde führt unvermeidlich in den Abgrund, die gesellschaftliche Großkatastrophe, deren Katharsis das Wiedererlernen des Lernens erzwingt. Die Katharsis ist in diesem Zyklus also der Weg zu einer Wiederkehr der wahren Moral und Tugend, die – im Gegensatz zum sozialistischen Zerrbild einer Scheinmoral und des darauf aufbauenden jakobinischen Tugendterrors – auf der Freiwilligkeit des an ihr teilhabenden und teilnehmenden Individuums beruht.

Wie können wir uns das Wechselspiel individueller Sünde und gesellschaftlicher Sünde als Strategie des Sozialismus zur Machtergreifung vorstellen? Wir machen ein Gedankenexperiment.

Wir beginnen mit einem gesellschaftlichen Status der Freiheit. Die Keimzellen der Gesellschaft sind Ehe und Familie, die Rechte des Individuums an sich selbst und seiner Person sind respektiert, die Eigentumsordnung ist privat, das religiöse Narrativ ist christlich-jüdisch bestimmt und stützt daher die freiheitliche Idee und ihre Institutionen. Kunst, Kultur und Musik erreichen eine Blüte, sie sind Ausdruck der Korrespondenz zwischen Geschöpf und Schöpfer zur Vermittlung der Größe und Schönheit der das Geschöpf umgebenden und für den Menschen geschaffenen Schöpfung. Das unausweichliche Ergebnis einer solchen Ordnung ist – empirisch vielfach belegt – Freiheit, Fortschritt und Wohlstand.

Der nur theoretisch denkbare, aber in der Realität nie erreichbare Zustand einer vollkommenen utopisch freien Gesellschaft ist – leider ebenso empirisch belegt – nicht realistisch. Darin unterscheidet er sich nicht von anderen Utopien. Aber für unser Gedankenexperiment ist er nützlich. Warum ist er das? Weil selbst in einer nur halbwegs nach diesem Muster funktionierenden Gesellschaft die Mechanismen der individuellen Fehlbarkeit der Tropfen sind, der diesen Stein langsam, aber sicher aushöhlen kann, wenn man ihm nicht entgegentritt. Diese Fehlbarkeit ist zutiefst menschlich, und es geht hier nicht darum, zu urteilen oder zu verurteilen, sondern nur darum, die Motive des Individuums zu erkennen, die dazu führen, dass seine individuelle Handlungsweise diese Bausteine der freien menschlichen Ordnung untergräbt. Die menschliche Fehlbarkeit ist der wahre Grund, warum eine »ideale« freie Gesellschaft Utopie bleibt. Im Gegensatz zu den Sozialisten ruft der Libertäre aber nicht nach dem normierten, geformten neuen Menschen, sondern akzeptiert den Menschen, wie er ist, als gegeben und wertvoll.

Es ist beispielsweise das fremdgehende sexuelle Begehren außerhalb der Ehe, welches Ehe und Familie beschädigt und unterminiert. Die biblischen Gebote gegen den Ehebruch und das Verbot, des Nächsten Frau zu begehren, sind die logische Antwort, wenn die Religion das Rahmenwerk der Werte liefert, um eine Gesellschaft stabil und erfolgreich zu machen, indem sie ihren Grundbaustein, die Familie, schützt.

Das Gleiche gilt für die private Eigentumsordnung. Das materielle Begehren des Einzelnen, wenn es sich auf das Eigentum eines anderen richtet, untergräbt dieses. Die logische Antwort der Bibel:»Du sollst nicht begehren deines Nächsten Hab und Gut.«

Damit die Gebote durchgesetzt werden, benötigt eine Gesellschaft eine Rechtsordnung. Eine der genuinen staatlichen Aufgaben ist daher bekanntlich die Rechtsprechung. Ihre Grundvoraussetzung ist eine Vorgehensweise der Wahrheitsfindung. Die Antwort der Zehn Gebote:»Du sollst nicht falsch Zeugnis geben wider deinen Nächsten« dient als Basis einer Prozessordnung.

Wir sehen an diesen ausgewählten Beispielen, dass es eine Korrespondenz zwischen dem gibt, was die Zehn Gebote als individuelle Sünde definieren und letztlich auch sanktionieren, und den Komponenten einer funktionierenden Ordnung freier Menschen. Es sind die Regeln der zwischenmenschlichen Interaktion, die die Funktionsfähigkeit einer gesellschaftlichen Ordnung definieren – oder auch nicht.

Zugleich, und obwohl der Mensch die Sünde als böse erkennt und sie der zerstörerischen Kraft des Bösen zuordnet, ist der Mensch auch frei, sich für das Böse und gegen das Gute zu entscheiden. Dies ist der Preis der Freiheit: die Möglichkeit des Individuums, sie zu missbrauchen, sich für das Schlechte zu entscheiden und so die gesellschaftlichen Voraussetzungen für die Freiheit im Sinne einer Entscheidung für das Gute zu unterminieren.

Hier nun setzt der Sozialismus an. Die sozialistische Ideologie appelliert an niedere, sündige, selbstsüchtige Instinkte und die niedrigen Beweggründe des Menschen, um ihn dazu zu verführen, sich für das Böse, für die Sünde und gegen das Gute zu entscheiden, indem sie die Sünde zur Norm erhebt, der man straf- und folgenlos frönen kann.

Die Eigentumsordnung wird durch das Schüren von Neid als per se schlecht verleumdet. Dies verfängt natürlich vor allem bei denen, die weniger leisten und sich zu kurz gekommen wähnen. Und da es immer jemanden gibt, der erfolgreicher ist als man selbst und dem man diesen Erfolg missgönnt, ist der Neid eine der stärksten Triebfedern für die Erosion der Eigentumsrechte, die moralische Erhöhung der Beraubung und ihre Beförderung zur angeblich einzig wahren Gerechtigkeit der sozialistischen Umverteilung.

Die für den Erhalt von Ehe und Familie unabdingbare Sexualmoral wurde im Zuge einer radikalen Sexualisierung der Gesellschaft, ihrer pornografischen Überflutung, der Vergötzung einer auch auf Kosten Dritter gnadenlos auszulebenden hedonistischen Sexualität und der Verweigerung der Prokreation, also der Missachtung des Gebots »Seid fruchtbar und mehret euch« radikal zerstört. Wie bereits im Eingangskapitel beschrieben, ist die propagierte Lebensform der Vereinzelung und Vereinsamung für die Masse der Menschen nicht realisierbar, ohne dass sie diejenigen, die sich für ein verantwortungsvolles Leben nach traditionellem Familienbild entscheiden, durch massive Umverteilung berauben. So zerstört die Sexualisierung der Gesellschaft nicht nur Ehe und Familie, sondern bereitet auch der Untergrabung des Eigentums und damit der Zerstörung der Autonomie des Individuums als freier Mensch den Boden.

Wenn man die ökonomischen Folgen der resultierenden demografischen Katastrophe bedenkt, so kann man sagen, die Sexualisierung der Gesellschaft ist der Sprengsatz, der die freiheitliche Ordnung wie kaum ein anderes Element des sozialistischen Angriffs zerstört. Schafarewitsch beschreibt in seinem historischen Abriss früherer Versuche, sozialistische Gesellschaften zu errichten, dass auch dieses Phänomen nicht neu ist. So wurden im Jahr 1600 in der westfälischen Stadt Münster während der Schreckensherrschaft einer sozialistischen Ketzersekte alle Arten der Ausschweifungen propagiert und gepflegt, insbesondere durch die Anführer dieser Sekte, also ihre kommunistischen Funktionäre.[162] Die große Zahl der Selbstmorde missbrauchter junger Mädchen und Frauen wurde in den alten Chroniken aufgezeichnet. Die Täter landeten damals nach ihrem Sturz auf dem Scheiterhaufen und bereichern seither die Statistik der Inquisition. Fast ist man geneigt zu sagen: An der Inquisition war auch nicht alles schlecht.

Es ist das unverwechselbare Zeichen dieser Entgleisung, dass sie den Missbrauch nicht nur betreibt, sondern billigt und fördert. Der Missbrauchsskandal in der Kirche ist ein untrügliches Zeichen dafür, wie eine Strategie der Unterwanderung auch diese Institution einem Fäulnisprozess ausgesetzt hat mit dem Ziel ihrer Vernichtung. Menschen mit derartigen Neigungen suchen sich Plätze in der Gesellschaft, wo sie diese ausleben können, egal ob Kirchen, Kindergärten oder Schulen. Dabei zielen sie auf die Schutzräume ihrer potenziellen Opfer, weil sich die meisten Leute nicht vorstellen können, dass dieser Schutzraum in sein Gegenteil umgestülpt wird, das widerspricht in gewisser Weise dem Urvertrauen des Menschen.

Diese sexuelle Revolution kommt nicht ohne unschuldige Opfer aus, sie ist kein opferloses Verbrechen. Sie macht auch nicht halt vor den Schwächsten, wie die Versuche der damals sich so nennenden »Schwulen Plattform« der Grünen in den 1980er-Jahren, den »einvernehmlichen« Sex mit Kindern zu legalisieren, zeigten.[163] Die Perversion dieser Forderung wird klar, wenn man sich vergegenwärtigt, dass ein Einvernehmen in dieser Frage angesichts des Machtgefälles zwischen Erwachsenem und Kind gar nicht möglich ist. Sex mit Kindern ist nie einvernehmlich, er stellt immer und ohne Ausnahme eine Vergewaltigung dar.

Warum sind diese Zusammenhänge so entscheidend? Weil die Durchtränkung einer Gesellschaft mit der individuell gelebten Sünde die Voraussetzung dafür ist, die Menschen für die sozialistischen Ideen empfänglich zu machen. Der Sozialismus verspricht den Menschen, dass sie ihre unterdrückten Neigungen ausleben dürfen, notfalls auch auf Kosten anderer.

Der einzige echte, wahre Kampf des Sozialismus gegen die Unterdrückung betrifft seine Forderung nach Freiheit des Auslebens unterdrückter Bedürfnisse. Der erwähnte Versuch der »Schwulen Plattform« der Grünen steht hierfür beispielhaft. Die Schamlosigkeit wird als Lebensform propagiert, die eigene Aberration zum Normalzustand deklariert, indem persönliche Präferenzen und Praktiken, die hinter die geschlossene Türe der Privatsphäre gehören, auf der Straße ausgelebt werden, wo man auch Kinder und unreife Jugendliche damit konfrontiert.[164]

Dies gebiert eine Kultur der Beraubung, des Aushebelns der sexuellen Selbstbestimmung meist zulasten der Schwächsten der Gesellschaft, der Schaffung von Positionen der Macht über Menschen, der leistungslosen Bereicherung (die die wahre Gier darstellt) und der Verhärtung des Herzens gegenüber den Opfern.

Wurde die wirkliche Ethik und Moral der Gesellschaft erst einmal erfolgreich so weit unterminiert, dass die Freiheit kollabiert und der Sozialismus an die Macht kommt, so schafft er Bedingungen, die ein Überleben ohne Sünde kaum noch ermöglichen. Er erzieht die Menschen auf diese Weise zur Sünde. Das Ersetzen des freien Tausches, also des Marktes, und die Abschaffung des Privateigentums führen dazu, dass alle für das Überleben notwendigen Güter durch die Bürokratie zugeteilt werden. Damit bekommt der am reichlichsten, der das System in korrupter Weise bespielen kann und der mit Gefälligkeiten handelt. Bestechung, Vetternwirtschaft, Seilschaften, mafiose Strukturen bilden dann eine neue Form des Wettbewerbs heraus, bei der die Gewissenlosigkeit der entscheidende Wettbewerbsvorteil ist. Es überlebt und gedeiht der, der am brutalsten und rücksichtslosesten agiert. Diesem Druck, die Sünde als Lebensform zu akzeptieren, um zu überleben, widerstehen nur die geistig und seelisch Stärksten, Menschen wie Alexander Solschenizyn oder Andrej Sacharow und andere Dissidenten des sozialistischen Systems. Sie sind die wahren Helden der Freiheit.

Daher koinzidiert der Kollaps der Wirtschaft im sozialistischen System mit dem Kollaps des funktionierenden Gewissens. Für die unvermeidliche Katastrophe müssen folglich Sündenböcke gefunden werden. Sie sind dann die Opfer des sich in der Geschichte immer wieder quasi naturgesetzlich aus dem ideologischen Schlangennest des Sozialismus erhebenden Völkermords.

Der Sozialismus kann also aus christlicher Sicht als ein Kreislaufsystem der Sünde angesehen werden. Er benutzt sie zur Machtergreifung und setzt dann die erschlichene und durch Betrug und Gewalt eroberte Macht ein, um die Herrschaft der Sünde zu festigen und zu perpetuieren. Deshalb haben die Kirchenväter bereits im Mittelalter die sogenannten sieben Todsünden als gesellschaftliche Gefahr erkannt:

Die **Wollust**, die Ehe und Familie zerstört, der **Neid** und die **Gier**, die die Eigentumsordnung untergraben, die **Völlerei**, die die Wohlhabenden denkfaul macht und ihr Sensorium für die drohenden Gefahren schwächt, die **Trägheit**, die den Leistungsgedanken unterminiert und eine Kultur der Abhängigkeit von Transfers züchtet, der **Zorn**, der sich unreflektiert gegen »die herrschenden Verhältnisse« oder die »herrschende Klasse« richtet und nicht fragt, was man selbst tun kann, um sein Los zu verbessern, und der **Hochmut**, der ein Merkmal der selbsternannten sozialistischen revolutionären »Elite« ist, die Gleichheit predigt, um den Neid zu schüren, aber alle anderen als Abschaum und Objekt der Ausbeutung ansieht. Man selbst ist eben »gleicher«.

Das System der sich gegenseitig verstärkenden Wechselwirkung individueller und gesellschaftlicher Sünde zeigt uns aber auch, wo wir ansetzen müssen. Mit einer Renaissance der Werte, mit einer kritischen Selbstreflektion, der Suche nach und der Akzeptanz der Erkenntnis unserer ganz eigenen, individuellen Schwächen und Verführbarkeiten und der Bereitschaft, an uns selbst ebenso zu arbeiten wie an der Gesellschaft, die wir verändern müssen, um sie wieder erfolgreich zu machen.

Wir müssen akzeptieren, dass die Freiheit als gesellschaftliche Realität von uns Selbstbeschränkung fordert. Dann und nur dann haben wir die Chance, sie an unsere Kinder und Enkel weiterzugeben.

ANMERKUNGEN

1 https://www.aerzteblatt.de/nachrichten/99562/Jusos-wollen-Legalisierung-von-Schwangerschaftsabbruechen; https://www.jusos.de/content/uploads/2018/12/g1_fuer-ein-recht-auf-reproduktive-selbstbestimmung-legalisierung-von-schwangerschaftsabbruechen.pdf. Diese Konsequenz steht zwar im Beschluss der Jusos nicht explizit, ist jedoch die juristische Folge der bewusst schwammig gewählten Formulierung. Die Erfahrung in den USA zeigt, dass Abtreibungskliniken sich nicht darum scheren, was angeblich gar nicht gemeint ist, sondern diese absichtlich geschaffenen juristischen Grauzonen zugunsten einer extremen Auslegung zulasten des Lebensrechtes von Ungeborenen ausnutzen.

2 https://www.focusonthefamily.com/socialissues/life-issues/a-sad-day-in-new-york-abortion-now-legal-until-birth; http://www.outono.net/elentir/2019/01/29/the-monstrous-details-of-the-new-york-law-that-allows-abortion-up-to-birth/; https://www.dailywire.com/news/42839/watch-democratic-va-governor-endorses-murder-born-ben-shapiro?%3Futm_source=facebook&utm_medium=social&utm_campaign=benshapiro. Dazu passt insbesondere die Haltung der demokratischen Partei und ihrer Präsidentschaftskandidatin der Wahl 2016, die mit rabulistischen Argumenten ein Gesetz ablehnten, das ein Kind, welches seine Abtreibung überlebt, unter den Schutz des Gesetzes stellt (Live born infanct protection act): https://www.vox.com/policy-and-politics/2019/2/25/18239964/born-alive-abortion-survivors-protection-2019-sasse

3 Das zeigt sich am Beispiel der Euthanasiepraxis in Holland, einem Vorreiterland bei der Freigabe der Abtreibung. Dort entscheiden mittlerweile Eltern und Ärztekommitees über das Leben von Kindern und Jugendlichen, und es wird aktive Sterbehilfe auch für Minderjährige aus psychischen Gründen durchgeführt, obwohl klar sein muss, dass deren Urteilsvermögen die Konsequenzen gar nicht erfassen kann: https://www.theatlantic.com/ideas/archive/2019/06/noa-pothoven-and-dutch-euthanasia-system/591262/

4 https://www.youtube.com/watch?v=pYCD7_OG2fU

5 Für die interessierten Leser hier das Originaldokument: https://cdn.netzpolitik.org/wp-upload/2019/02/framing_gutachten_ard.pdf

6 https://www.tagesspiegel.de/gesellschaft/medien/wdr-rundfunkrat-kritisiert-framing-manual-ist-eine-dummheit/24047120.html

[7] https://de.wikipedia.org/wiki/Öffentlich-rechtlicher_Rundfunk#Finanzierung

[8] https://www.welt.de/wirtschaft/article138326984/Merkel-will-die-Deutschen-durch-Nudging-erziehen.html

[9] https://www.welt-sichten.org/artikel/27067/ngos-der-gute-ruf-ist-angekratzt

[10] https://www.tichyseinblick.de/daili-es-sentials/antifa-nicht-extremistisch-weil-das-geld-vom-staat-kommt/

[11] https://www.welt.de/politik/deutschland/article175440604/Koeln-Wie-Andrea-Horitzky-CDU-von-der-Fluechtlingskrise-profitiert.html

[12] https://www.tichyseinblick.de/wirtschaft/target-2-und-die-gesundheit-der-banken/

[13] http://www.hanswernersinn.de/de/kontroversen/AufrufBankenunion

[14] Die im französischen Absolutismus entwickelte wirtschaftliche Theorie des Merkantilismus, eine Rechtfertigungslehre der Feudalherrschaft, unterteilte die Menschen in drei Klassen: Die »Classe productive« waren die Bauern, die als einzige als wertschaffend angesehen wurden, Händler und Handwerk hingegen wandelten nach dieser Theorie den bäuerlichen Mehrwert nur um und wurden daher als »Classe stérile« bezeichnet, als sterile Klasse. Die Allokation der Güter wurde besorgt vom Adel, der »Classe distributive« oder verteilenden Klasse. Der Adel ist in dieser Theorie die Vorläuferklasse der sozialistischen Planungs- und Verteilungsnomenklatura.

[15] »Das Volk hat das Vertrauen der Regierung verscherzt. Wäre es da nicht besser, die Regierung löste das Volk auf und wählte ein anderes?« https://de.wikipedia.org/wiki/Die_Lösung

[16] https://www.welt.de/politik/deutschland/article162407512/Das-Volk-ist-jeder-der-in-diesem-Lande-lebt.html

[17] https://www.zeit.de/politik/deutschland/2019-02/frauenquote-politik-paritaet-gesetze

[18] Mehr dazu in meinem Buch »Wenn schwarze Schwäne Junge kriegen« (siehe Literaturliste).

[19] Erster Grundsatz des Philosophen René Descartes.

[20] https://www.kas.de/veranstaltungsberichte/detail/-/content/-das-grundgesetz-wurde-massgeblich-von-den-amerikanern-beeinflusst-1

[21] https://www.europolis-online.org/kategorie/klage-gegen-die-ezb/

22 Überzeugend belegt wurde dies u. a. durch eine Studie des Max-Planck-Instituts für Gesellschaftsforschung: Höpner, Martin: Der Europäische Gerichtshof als Motor der Integration: Eine akteursbezogene Erklärung, in: Berliner Journal für Soziologie 21(2), S. 203–229 (2011).

23 http://curia.europa.eu/juris/document/document.jsf?text= &docid=208741&pageIndex=0&doclang=DE&mode=req&dir= &occ=first&part=1

24 https://www.tichyseinblick.de/meinungen/die-stunde-der-wiesel/

25 Dietrich Murswiek, Die Ultra-vires-Kontrolle im Kontext der Integrationskontrolle, in: Europäische Grundrechte-Zeitschrift (EuGRZ) 2017, Heft 11–16, S. 327–338.

26 Neue Zürcher Zeitung vom 24.4.2019, S. 41.

27 https://www.bundesverfassungsgericht.de/DE/Richter/richter_ node.html

28 https://www.reuters.com/article/us-canada-politics/cana- das-golden-boy-trudeau-sinks-in-polls-as-scandal-takes-toll- idUSKCN1RL269

29 https://www.faz.net/aktuell/politik/inland/staatsanwaltschaft- richter-fordern-abschaffung-des-weisungsrechts-13735928.html

30 https://www.handelsblatt.com/politik/deutschland/interview- mit-andreas-mundt-kartellamtschef-mundt-man-muss-darueber- diskutieren-in-europa-monopole-zuzulassen/24096956.html

31 https://de.wikipedia.org/wiki/Bull_(Computerhersteller)

32 https://www.faz.net/aktuell/wirtschaft/airbus-a380-aus-koennte- deutschland-mehrere-millionen-euro-kosten-16086666.html

33 https://www.tichyseinblick.de/wirtschaft/master-of-desaster-oder- die-grusel-bank/

34 Der Reinheitswahn des Blutes als eine der Grundlagen des Holocaust wird gut dokumentiert bei Wikipedia zusammen- gefasst: https://de.wikipedia.org/wiki/Rassenschande

35 https://kommunismusgeschichte.de/jhk/jhk-2010/article/detail/ ideologie-kontrolle-repression-als-sowjetischer-besatzungssoldat- im-westen/

36 In neuerer Zeit war dies insbesondere am Völkermord des IS an den Jesiden zu beobachten. Auch der Völkermord an den Arme- niern 1915 fällt in diese Kategorie. Jaya Gopal beschreibt die Geschichte des Islam seit seiner Gründung durch Mohammed als eine Serie genozidaler Ereignisse und belegt dies mit umfas- sendem Quellenstudium in seinem Buch »Gabriels Einflüsterungen« (siehe Literaturliste).

37 Das bedeutet nicht, dass die Kirche auch als Institution darauf hereingefallen wäre. Es gibt hierzu wenigstens seitens der katholischen Kirche klare und verbindliche Stellungnahmen. Unentwegte Seelsorger, die sich dem Zeitgeist nicht unterwerfen wollen, nehmen auch immer wieder klar Stellung. Aber das öffentliche Bild, das vermittelt wird, ist mittlerweile ein anderes, weil ranghohe Kirchenvertreter jede Stellungnahme weichspülen.

38 https://www.welt.de/vermischtes/article195597945/Evangelischer-Kirchentag-erntet-Spott-fuer-Workshop-Vulven-malen.html

39 Tetzels kolportiertes Zitat lautet:»Die Seele aus dem Feuer springt, wenn das Geld im Kasten klingt«. Es ist allerdings nicht ausreichend belegt.

40 https://www.katholisch.de/aktuelles/aktuelle-artikel/papst-wahrsager-und-horoskope-sind-der-untergang

41 https://www.kirche-duisburg.de/1739kanzelredekge.php

42 https://www.welt.de/politik/deutschland/plus192104093/Bischof-Heiner-Koch-Greta-Thunberg-steht-fuer-prophetische-Botschaft.html

43 https://philosophia-perennis.com/2019/06/04/margot-kaessmann-laesst-jesus-christus-bei-fridays-for-future-huepfen/

44 https://www.focus.de/politik/deutschland/erzbischof-koch-freitagsdemos-erinnern-an-palmsonntag_id_10589211.html

45 https://www.wiwo.de/technologie/umwelt/tauchsieder-eine-krankheit-namens-mensch/11910250.html

46 Brunschweiger, Verena: Kinderfrei statt Kinderlos, Marburg 2019.

47 http://www.vatican.va/archive/DEU0035/_P1Q.HTM

48 https://www.opendoors.de/nachrichten/aktuelle-meldungen/wo-christen-am-staerksten-verfolgt-werden

49 https://www.achgut.com/artikel/der_moscheebesuch_gehoert_zur_schulpflicht/

50 Vgl. hierzu Gopal: Gabriels Einflüsterungen (siehe Literaturliste).

51 https://www.cicero.de/kultur/bischof-marx-kreuz-kirche-soeder-bayern-laizismus

52 https://www.evangelisch.de/inhalte/140018/06-11-2016/bedford-strohm-kreuz-jerusalem-reinhard-marx

53 https://www.israelnetz.com/gesellschaft-kultur/gesellschaft/2016/11/09/israel-haben-bischoefe-nicht-um-abnahme-der-kreuze-gebeten/

54 https://www.welt.de/politik/ausland/plus190739875/Frankreich-Das-Schweigen-ueber-die-Gewalt-gegen-Kirchen.html

55 https://www.nzz.ch/feuilleton/ist-die-aufklaerung-vom-himmel-gefallen-ld.141375
56 Harari, Yuval Noah: Eine kurze Geschichte der Menschheit, München 2015. Harari, Yuval Noah: Homo Deus. Eine Geschichte von Morgen, München 2018.
57 Neues Testament, Matthäus 7, Verse 13 und 14.
58 https://de.wikipedia.org/wiki/Vierte_Gewalt
59 Medienstudie Universität Mainz: https://medienvertrauen.uni-mainz.de
60 Beispiel: https://www.tagesschau.de/ausland/proteste-brasilien-113.html
61 Beispiel: https://www.tagesschau.de/ausland/hintergrund-harter-brexit-101.html
62 https://www.tichyseinblick.de/daili-es-sentials/war-chemnitz-und-die-hetzjagd-eine-notluege/
63 https://www.jetzt.de/politik/harvard-university-feiert-angela-merkel-in-einem-video-wie-eine-legende
64 https://www.evangelisch.de/inhalte/156349/19-05-2019/buendnis-ruft-zur-rettung-des-friedensprojekts-europa-auf
65 Reschke, Anja: Haltung zeigen, Reinbek bei Hamburg 2018.
66 https://de.wikipedia.org/wiki/Claas_Relotius
67 So in seiner bekannten Rede »Who speaks for the Negro?« https://whospeaks.library.vanderbilt.edu/interview/martin-luther-king-jr
68 Dass man dabei vor keiner Lächerlichkeit zurückschreckt, zeigt das Beispiel der Universität Leipzig: https://www.deutschlandfunkkultur.de/generisches-femininum-an-der-universitaet-leipzig-herr.976.de.html?dram:article_id=343071
69 http://www.allesroger.at/artikel/genderwahn-was-hinter-dem-binnen-i-steckt
70 http://www.unwortdesjahres.net
71 http://www.unwortdesjahres.net/index.php?id=104
72 https://www.rnz.de/nachrichten/heidelberg_artikel,-Heidelberg-Was-die-Fluechtlinge-uns-bringen-ist-wertvoller-als-Gold-_arid,198565.html
73 https://www.bild.de/politik/ausland/politik-ausland/saudi-arabien-hinrichtung-mann-21-wegen-whatsapp-nachricht-gekoepft-61522718.bild.html; https://en.wikipedia.org/wiki/2019_Saudi_Arabia_mass_execution
74 https://www.bmw.de/de/topics/faszination-bmw/unternehmen/nachhaltigkeit.html

75 https://de.wikipedia.org/wiki/Klimaneutralität

76 https://www.freiewelt.net/nachricht/buchautorin-haelt-kinderkriegen-fuer-das-schlimmste-gegenueber-der-umwelt-10077240/

77 https://www.profil.uni-muenchen.de/veranstaltungen/profilehre/jul2017/gender_kompetenz/index.html

78 https://de.wikipedia.org/wiki/Neusprech

79 https://www.haz.de/Nachrichten/Politik/Deutschland-Welt/Reaktion-auf-Rezo-Kramp-Karrenbauer-erwaegt-Regulierung-von-Meinungsaeusserungen

80 Hervorzuheben sind hier insbesondere »Tichys Einblick« (https://www.tichyseinblick.de/gastbeitrag/von-der-relativitaet-der-kriminalitaetsstatistik/) und die Internetseite einzelfallinfos.wordpress.com.

81 Quelle: https://twitter.com/DasErste/status/1145656954079076352

82 https://www.tagesschau.de/thema/orban/

83 https://www.daserste.de/information/politik-weltgeschehen/weltspiegel/sendung/weltspiegel-extra-wohin-treibt-polen-104.html

84 https://programm.ard.de/TV/Themenschwerpunkte/Politik/Aktuelle-Reportagen/Startseite/?sendung=2872513861454161

85 https://www.tagesschau.de/ausland/brexit-reaktionen-115.html

86 https://www.tagesspiegel.de/gesellschaft/medien/spiegel-titel-zu-trump-us-praesident-als-schlaechter-der-freiheitsstatue-spaltet-die-gemueter/19347514.html

87 https://de.wikipedia.org/wiki/Rundfunkbeitrag

88 http://www.pi-news.net/2019/02/spd-erzwingt-loeschen-von-artikel-ueber-spd-medienbeteiligung/

89 https://www.fdp.de/justiz-und-rechtspolitik_das-netzdg-gefaehrdet-meinungsfreiheit

90 https://www.deutschlandfunk.de/uploadfilter-warum-kritiker-angst-vor-zensur-haben.684.de.html?dram:article_id=443170

91 https://www.cicero.de/innenpolitik/chemnitz-video-hetzjagd-hans-georg-maassen-tichys-einblick/plus

92 Ein Jahr nach den Ereignissen verurteilte das Landgericht Chemnitz einen linken Aktivisten der Antifa wegen des Zeigens des Hitlergrußes zu sieben Monaten Haft (https://www.tagesstimme.com/2019/08/13/chemnitz-hitlergruss-gericht-verurteilt-antifa-sympathisant/).

93 https://www.welt.de/politik/deutschland/article181318302/Chemnitz-Bundesregierung-verurteilt-Hetzjagden-scharf.html

94 Das zeigte sich, als kurze Zeit später der Verfassungsschutz partei-
politisch instrumentalisiert wurde, um die größte Oppositions-
partei im Land, die AfD, als »Prüffall« für die Arbeit des BVS
einzustufen, obwohl eine solche Konstruktion im Gesetz gar nicht
existiert und aus guten Gründen nicht vorgesehen ist: https://
www.tagesspiegel.de/politik/rechtsstreit-mit-afd-verfassungs-
schutz-verzichtet-kuenftig-auf-prueffall-nennung/24080512.
html

95 https://www.goettinger-tageblatt.de/Nachrichten/Politik/
Deutschland-Welt/Hetzjagden-in-Chemnitz-Bundesregierung-
raeumt-ein-Hatten-keine-eigenen-Beweise

96 Im Vorwort zu Igor Schafarewitschs »Der Todestrieb in der
Geschichte« (siehe Literaturliste).

97 Stéphane Courtois, Nicolas Werth, Jean L. Panné, et al.: Das
Schwarzbuch des Kommunismus – Unterdrückung, Verbrechen
und Terror, München 1998.

98 https://de.wikipedia.org/wiki/Theodizee

99 https://de.wikipedia.org/wiki/Frankfurter_Schule

100 https://www.misesde.org/?p=20892

101 Orlando Figes: Tragödie eines Volkes – Die Epoche der russischen
Revolution 1891–1924, Berlin 1998.

102 Siehe hierzu: Künzli, Reinhold: Karl Marx – eine Psychografie,
Wien, Frankfurt, Zürich 1966.

103 https://de.wikipedia.org/wiki/Rote_Armee_Fraktion

104 https://www.youtube.com/watch?v=SHTVpYhUlzQ

105 https://ef-magazin.de/2019/01/31/14364-ef-konferenz-2019-ef-tv-
der-todestrieb-im-sozialismus-das-beispiel-der-frankfurter-
schule

106 Es ist unklar, ob Stalin dies so gesagt hat oder ob es ihm nur zugeschrieben wurde, unzweifelhaft reflektierte es aber seine Politik
des Terrors: http://falschzitate.blogspot.com/2017/04/der-tod-
eines-menschen-das-ist-eine.html

107 https://www.nzz.ch/feuilleton/erklingt-in-bach-die-wahrheit-des-
christentums-1.18577764

108 https://de.wikipedia.org/wiki/Schöpferische_Zerstörung

109 Quellen: Deutsche Bundesbank, Statistisches Bundesamt.

110 https://de.reuters.com/article/eu-euro-lagarde-20101218-
idDEBEE6BH05H20101218

111 Art. 20 GG:»Gegen jeden, der es unternimmt, diese Ordnung
zu beseitigen, haben alle Deutschen das Recht zum Widerstand,
wenn andere Abhilfe nicht möglich ist.« https://de.wikipedia.org/

wiki/Artikel_20_des_Grundgesetzes_für_die_Bundesrepublik_
Deutschland

[112] https://www.spiegel.de/panorama/justiz/kristina-haenels-verurteilung-wegen-219a-warum-selbst-der-richter-sein-urteil-nicht-gut-findet-a-1232967.html

[113] https://www.focus.de/politik/ausland/31-jaehrige-wird-auf-sizilien-ermittlungsrichter-vorgefuehrt-vater-von-sea-watch-kapitaenin-carola-rakete-hat-keine-guten-worte-fuer-italiens-innenminister-matteo-salvini-ueber_id_10883054.html

[114] https://www.bmwi.de/Redaktion/DE/Pressemitteilungen/2019/20190205-altmaier-stellt-nationale-industriestrategie-2030-vor.html

[115] https://de.wikiquote.org/wiki/Jean-Claude_Juncker

[116] https://www.spiegel.de/politik/deutschland/reem-sahwil-merkels-fluechtlingsmaedchen-darf-unbegrenzt-bleiben-a-1170610.html

[117] https://www.welt.de/wirtschaft/article115143342/Deutsche-belegen-beim-Vermoegen-den-letzten-Platz.html

[118] https://www.abgeordnetenwatch.de/bundestag/abstimmungen

[119] Hier aber eine kurze Zusammenfassung des Bildungsdesasters in Deutschland: https://www.tichyseinblick.de/meinungen/pisa-test-linke-und-gruene-schaden-der-bildung-aller-schueler/.

[120] GG, Art. 146, alte Fassung bis zur Wiedervereinigung.

[121] Artikel 146 wurde abgeändert: https://www.mehr-demokratie.de/fileadmin/pdf/Positionen18_Art146GG.pdf

[122] http://dr-peterreins.de/2009/08/finanzkrise-teil-2-der-community-reinvestment-act-von-1995/

[123] https://www.freiewelt.net/blog/ein-etwas-anderer-blick-auf-die-finanzkrise-teil-i-963/

[124] Krall, Markus: Gouvernance et Conflits d'Intérêts dans les Agences de Notation Financière (Governance und Interessenkonflikte bei Ratingagenturen), in: Revue Internationale de Droit Economique 2016.

[125] Krall, Markus: Monopolstruktur bei Ratings muss weg, in: Interview mit Institutional Money, Februar 2012.

[126] European Rating Agency Project 2012.

[127] Mehr dazu in meinem Buch »Verzockte Freiheit« (siehe Literaturliste), S. 89 ff.

[128] Krall, Markus: Was brachte der Stresstest der Europäischen Zentralbank – ein kritischer Rückblick, in: Kredit- und Ratingpraxis November 2014.

[129] http://www.hanswernersinn.de/de/themen/Energiewende

130 https://www.manager-magazin.de/unternehmen/energie/europas-stromnetz-am-rand-von-blackout-a-1248733.html

131 https://www.zeit.de/wirtschaft/2017-11/elektromobilitaet-elektroauto-rohstoffe-knappheit-lithium

132 http://www.bpb.de/izpb/142137/1880-bis-1914?p=all

133 https://www.nzz.ch/articleCP5HE-1.131904

134 https://www.faz.net/aktuell/politik/inland/pisa-studie-2016-deutschland-erleidet-rueckschlag-14561347.html

135 https://www.n-tv.de/politik/Bundeswehr-Zustand-wird-Geheimsache-article20900756.html

136 Siehe dazu auch mein Buch »Wenn schwarze Schwäne Junge kriegen« (Literaturliste).

137 Ludwig von Mises zeigte bereits auf, dass der Nationalsozialismus keine Form des Kapitalismus war, sondern eine Spielart des Sozialismus, in welchem die eigentliche Kontrolle über die Allokation der Produktionsmittel beim Staat lag, das private Eigentum an ihnen nur eine Hülle zur Aufrechterhaltung des marktwirtschaftlichen Scheins. Vgl. hierzu Vortrag von Reismann, George: Warum Nationalsozialismus Sozialismus war und warum Sozialismus totalitär ist, 2013; https://www.misesde.org/?p=6343

138 Schafarewitsch (siehe Literaturliste) S. 126 ff.

139 https://www.vorwaerts.de/artikel/enteignungen-steht-grundgesetz

140 https://www.lto.de/recht/hintergruende/h/artikel-15-grundgesetz-streichen-sozialisierung-enteignung-fdp/

141 https://lkr.de/bundesvorstand/peter-reich/der-deutsche-bundestag-im-internationalen-vergleich/

142 https://www.spiegel.de/wirtschaft/soziales/euro-votum-im-bundestag-denn-sie-wussten-nicht-worueber-sie-abstimmen-a-789405.html

143 Greenwald, Glenn: Die globale Überwachung, der Fall Snowden, die amerikanischen Geheimdienste und die Folgen, München 2014.

144 https://www.rosepartner.de/steuerberatung/strafmass-bei-steuerhinterziehung.html

145 https://www.bz-berlin.de/berlin/kolumne/wowereit-sprach-im-fernsehen-ueber-den-ber-und-zeigte-gar-keine-reue

146 https://de.wikipedia.org/wiki/Abgeordnetenentschädigung

147 https://www.misesde.org/?p=14652

148 Krall, Markus: The Brexit Negotiations – A German Perspective, Speech at the House of Lords Oct. 24, 2017, in: Global Britain,

Oktober 2017; https://globalbritain.co.uk/a-german-perspective-on-the-brexit-negotiations/

149 https://www.welt.de/print-welt/article332337/Auch-die-Weimarer-Republik-scheiterte-nicht-an-Volksabstimmungen.html

150 https://taz.de/Kolumne-Der-rote-Faden/!5597166/

151 https://www.tichyseinblick.de/gastbeitrag/die-freiheit-zu-handeln-oder-pecunia-ridet-bargeld-lacht/

152 https://www.n-tv.de/wirtschaft/Mafia-setzt-auf-Immobilien-in-Deutschland-article20484128.html
https://www.zeit.de/wirtschaft/2018-12/geldwaesche-immobilienboom-deutschland-mafia-italien

153 Baader, Fauler Zauber (siehe Literaturliste).

154 von Hayek, Der Weg zur Knechtschaft (siehe Literaturliste).

155 Smith, Adam: The Wealth of Nations, London 1776.

156 Erhard, Ludwig: Wohlstand für Alle, Bonn 1957. Seine Haltung hat er treffend mit dem Satz zum Ausdruck gebracht: »Je freier die Wirtschaft, umso sozialer ist sie auch.«

157 Duus, Hans: Freiheit – unser höchstes Gut, Hamburg 1958.

158 https://de.wikipedia.org/wiki/Liste_der_Monarchien_in_Europa

159 https://wortwuchs.net/absolutismus/letat-cest-moi/

160 https://de.wikipedia.org/wiki/Prince_of_Wales

161 http://zitate.net/friedrich-ii-der-große-zitate

162 Schafarewitsch, Der Todestrieb in der Geschichte (siehe Literaturliste), S. 126 ff.

163 https://www.aliceschwarzer.de/artikel/die-gruenen-und-die-paedophilie-311659

164 https://www.rtl.de/cms/niclas-ehrenberg-gruenen-politiker-lebt-seinen-fetisch-fuer-mehr-toleranz-frei-aus-4357397.html

LITERATURLISTE

Baader, Roland: Fauler Zauber – Schein und Wirklichkeit des Sozialstaats. Gräfelfing 2014.

Connolly, Bernard: The Rotten Heart of Europe. The Dirty War for Europe's Money. London 2012

Ebeling, Richard M./von Mises, Ludwig/Rothbard, Murray/von Hayek, Friedrich August: The Austrian Theory of the Trade Cycle. München 2014.

Gopal, Jaya: Gabriels Einflüsterungen. Eine historisch-kritische Bestandsaufnahme des Islam. Freiburg 2014.

von Hayek, Friedrich August: Der Weg zur Knechtschaft. Reinbek 2017.

Krall, Markus: Der Draghi-Crash. Warum uns die entfesselte Geldpolitik in die finanzielle Katastrophe führt. München 2017.

Krall, Markus: Wenn schwarze Schwäne Junge kriegen. Warum wir unsere Gesellschaft neu organisieren müssen. München 2018.

Krall, Markus: Verzockte Freiheit. Wie die Hybris unserer Eliten die Zukunft unseres Kontinents verspielt. München 2019.

von Mises, Ludwig: Menschliches Handeln – eine Grundlegung ökonomischer Theorie, 1940

von Mises, Ludwig: Der freie Markt und seine Feinde, 1951

Rand, Ayn: Für den neuen Intellektuellen. Eine Streitschrift gegen die pseudointellektuellen Verführer in den Medien und Universitäten. Wien 2016.

Schafarewitsch, Igor: Der Todestrieb in der Geschichte. Grevenbroich 2014.

Jetzt auch als Hörbuch!

:: Gelesen vom Autor Dr. Markus Krall
:: Ungekürzte Lesung

Hörbuch | mp3 | 978-3-8032-9227-8 | 21,99 Euro

: Ein neuer provokanter Debattenbeitrag des Bestsellerautors

: Fundierte Analyse unserer politischen und wirtschaftlichen
  Situation

: Mit konkreten Vorschlägen, wie wir aus der Krise kommen
  können